长期护理保险
制度构建的中国进路

武亦文 等 著

中国社会科学出版社

图书在版编目(CIP)数据

长期护理保险制度构建的中国进路 / 武亦文等著 .—北京：中国社会科学出版社，2022.12
（泰康大健康法制论丛）
ISBN 978-7-5203-9995-1

Ⅰ.①长… Ⅱ.①武… Ⅲ.①护理-保险制度-研究-中国 Ⅳ.①F842.625

中国版本图书馆 CIP 数据核字（2022）第 054827 号

出 版 人	赵剑英
责任编辑	梁剑琴
责任校对	夏慧萍
责任印制	郝美娜
出 版	中国社会科学出版社
社 址	北京鼓楼西大街甲 158 号
邮 编	100720
网 址	http://www.csspw.cn
发 行 部	010-84083685
门 市 部	010-84029450
经 销	新华书店及其他书店
印刷装订	北京君升印刷有限公司
版 次	2022 年 12 月第 1 版
印 次	2022 年 12 月第 1 次印刷
开 本	710×1000 1/16
印 张	17.5
插 页	2
字 数	294 千字
定 价	108.00 元

凡购买中国社会科学出版社图书，如有质量问题请与本社营销中心联系调换
电话：010-84083683
版权所有 侵权必究

泰康大健康法制论丛编委会

编委会主任： 冯　果　靳　毅
编委会成员： 魏华林　史玲玲　祝　捷　张善斌
　　　　　　　张荣芳　郭明磊　武亦文　马　微
　　　　　　　王　源　李承亮　杨　巍　南玉梅

序 一

中国传统政治文化视人民的康宁与安乐为治世之要务，有言谓"恩化及乎四海兮，嘉物阜而民康"；党的十九大提出把人民健康放在优先发展的战略地位，强调"全面实施健康中国战略"，建设健康中国。这既是对生命可畏、健康可贵的历史共情，亦是期盼国泰民康、山河无恙的家国宏愿。翻开历史长卷，健康作为人类生存和发展的一个基本要素，是个体与社会心同一系、守望相济的不懈追求，也是各界科学研究者孜孜求索、继往开来的永恒话题。

"健全的法律制度是现代社会文明的基石。"法治作为实现人民健康的重要路径，在践行"健康中国战略"的过程中发挥固根本、稳预期、利长远的保障作用。习近平总书记在全国卫生与健康大会上指出，要树立"大健康、大卫生"理念，拓展健康内容、工作中心和健康服务范围、类别的内涵。由此，以建构"大健康法制"为目标，在法治语境下对卫生、医疗、药品、保险、康养等领域的专项法律制度进行系统整合、归纳、分析，致力于探索大健康法制的可行路径和应有体系，应是相关领域的法律研究者之要务与本分。

围绕大健康法制研究，学界、业界已陆续迈出关键性、实质性的步伐，并取得诸多可见、可喜的成果，但碍于大健康法制领域内仍存在概念厘清、制度设计、产研协同等诸多问题之掣肘，故而尚未形成逻辑严密、层级分明、功能耦合的制度体系。这不仅影响了学术研究的推陈出新和协同并进，也阻碍了大健康产业的规则明晰与业态创新。

千里之行，始于足下。武汉大学大健康法制研究中心作为武汉大学和泰康保险集团共建的大健康法制研究平台，系国内第一家系统研究大健康法制的学术机构，在大健康法制研究领域具有里程碑式的意义。中心致力于开展有关大健康行业政策与法律的联合研究，为推动健康法治建设和推进"健康中国"战略贡献智慧与力量。基于此背景，中心与中国社会科学出版社合作出版《泰康大健康法制论丛》。本丛书涵养于武大法学的深厚底蕴和学术责任，又裨助于泰康保险的实务协助与社会公心，是新时代法学课题研究多元共建、多方参与、多点互动模式下的代表性成果，也是提升和拓宽我国当前大健康法制研究深度和广度浓墨重彩的一笔。

本丛书以兼顾现实性和前瞻性的思维，聚焦大健康领域基本法律制度的实证研究和立法工作，运用法治思维和法治方式思考、研究大健康法制的理论与实践问题，旨在形成层次分明、系统有机、功能整合的大健康法制体系。

本丛书在现有研究成果的基础上，主要对以下问题作更深入探讨：

第一，"大健康法制"之内涵解析与外延界定。如何厘清大健康与经济、社会等相关领域的关系，框定大健康法制的基本范畴，系具体指导各专门分支法律制定和实施工作之关键。本丛书通过对大健康法制基本理论的勾勒，提炼大健康法制的基本原则和建构逻辑，立足于现有法律体系基础，健全更为全面、完善、可行的大健康法律制度和机制。这是对习近平总书记在在全国卫生与健康大会上提出的"大健康、大卫生"理念之法律内涵的解读，也是对党的十九大提出的"实施健康中国战略"整体布局的法律诠释。

第二，"大健康法制"之理论构架与实现路径。本丛书结合我国大健康法制理论研究和实务现状，以大健康法制研究中心为依托，关注医疗、药品、卫生、保险、环保等各领域基本法律制度和法律关系，深入研究商业保险公司参与医疗体制改革、养老机构医养费用支付模式、中国发展长期护理保险等大健康法制领域内重要的制度建构和规则适用问题，推进我国公共卫生和健康法治体系化和科学化，为公众健康权提供根基更加坚实、手段更加充分的保障，为"健康中国2030规划"的相关决策及其实施提供意见和建议。

殷忧启圣，多难兴邦，新冠肺炎疫情揭露出我国健康法治体系在应对突发重公共事件时存在规则缺失和制度漏洞等不足，更启示我们在践行"健康中国战略"的历史进程中应当发挥大健康法制的重要指引和推动作用。作为疫后公共卫生系统和法制体系建设的重点问题，大健康法制研究既是我国法治建设发展进入新水平的必要阶段，也是回应人民与社会关切的必然要求。面对公共卫生和重大疫情事件给我国人民生命健康安全带来的危害，本丛书以大健康法制的整体思维和人文关怀出发，进一步探求构建规范含义明确、学科良性融合、产研互动和谐的大健康法制体系，将助力于营造法治良好、政策友好、系统完好的产业环境，响应我国国家治理体系和治理能力现代化的时代要求。

本丛书总体上由年轻的法学研究者编著而成，青年学者著书立说，或有不足，但能够秉持"紧贴中国大地，研究中国问题，贡献中国之治"的学人风范，关怀本土，沉潜当下，对大健康法制领域进行体系整合和纵深挖掘，积极为我国国家大政方针战略和法律制度的完善提供学术支撑，应予支持和鼓励，也衷请各界关心我国大健康法制建设的人士不吝赐教、批评斧正。

冯　果

2020 年 11 月 1 日于珞珈山

序　二

随着世界老龄人口占比不断增加的趋势日益明显，人类社会逐步迈向长寿时代，开始形成以低死亡率、低生育率、预期寿命持续延长、人口年龄结构趋向"柱状"、老龄人口占比高峰平台期超越1/4为特点的新均衡。在百岁人生悄然来临之际，人类的疾病图谱也发生了巨大变化，各类非传染性慢性病正成为人类长寿健康损失的主要原因，带病生存将成为普遍现象，健康产业逐渐成为推动经济发展的新动力。而为了储备未来的养老和医疗资金，个体和社会对财富的需求亦相伴而生。在此背景下，如何充分发挥制度创新、社会创新和商业创新的力量，探寻对养老、健康、财富等社会问题的解决方案，成为需要各界精诚合作、长期投入的事业。

从宏观上讲，长寿时代的解决方案需要政府、社会与企业的多元共进。在政府层面，需要健全社保体系，推动医养供给侧改革，引导长寿经济转型和个体行为转变；在社会层面，需要通过产业结构的变迁满足长寿时代的个人需求；在企业层面，则需要加速商业模式和组织转型以应对长寿时代的挑战。

当前，在长寿时代的浪潮之下，已有越来越多的中国企业投身社会民生工程建设，成长为大健康和大民生工程的核心骨干企业。为了探索应对长寿时代需求与挑战的企业解决方案，泰康保险集团在23年的商业实践中把一家传统的人寿保险公司逐步改造、转变、转型为涵盖保险、资管、医养三大核心业务的大健康生态体系。作为保险业首个在全国范围投资养老社区试点企业，泰康已完成北京、上海、广州等22个全国重点城市养老社区布局，成为全国领先的高品质连锁养老集团之一；同时，秉承医养融合理念，养老社区内配建以康复、老年医学为特色的康复医院，进一步满足长寿时代下的健康需求。

在对商业模式创新开展探索的过程中，我们愈发深切地体会到，国家健康法制体系的建设和完善对大健康产业发展有着不可替代的促进和保障作用。近年来，国家颁布了一系列文件鼓励和支持保险企业为社会服务领域提供长期股本融资、参与养老服务机构的建设运营、引领医养领域的改革发展。2019年与2020年之交，我国迎来了卫生健康领域首部"母法"《基本医疗卫生与健康促进法》和医改"宪法性"文件《中共中央、国务院关于深化医疗保障制度改革的意见》。2020年银保监会联合十三部委颁布的《关于促进社会服务领域商业保险发展的意见》进一步指出，允许商业保险机构有序投资设立中西医等医疗机构和康复、照护、医养结合等健康服务机构；鼓励保险资金与其他社会资本合作设立具备医养结合服务功能的养老机构，增加多样化养老服务供给等。这些文件对保险参与养老、医疗保障体系建设提供了法律政策层面的支持与保障，也坚定了泰康践行健康中国战略，持续深耕寿险产业链，打造"活力养老、高端医疗、卓越理财、终极关怀"四位一体的商业模式，构建大健康产业生态体系的决心和信心。我们坚信，随着我国健康法制建设的进一步推进，当今社会及相关产业在大健康领域的症结和痛点将得到不断消解，让我国政府、社会和企业焕发更多活力，为这场持续而深远的社会变革做出贡献。

作为面向大健康领域的世界500强企业，泰康始终秉承"服务公众、回馈社会"的理念，希望在自身实践之外，能够从更广泛的范围推动社会进步与产业发展。2019年，泰康保险集团与武汉大学共建的武汉大学大健康法制研究中心揭牌，作为我国第一家聚焦大健康法制领域的学术研究机构，正式开启有关大健康行业政策与法律的联合研究，成为该领域发展的一项重要里程碑。

2020年，中心首批研究成果陆续问世，其中就包括与中国社会科学出版社合作出版《泰康大健康法制论丛》。本丛书融合学术理论研究和产业实践调研，对医疗、健康、养老等展开了探讨，体现了社会各界对长寿时代下健康法制话题的关照，对于进一步推动我国大健康法制研究的拓展和深化大有裨益。

在此，谨代表泰康和中心，对各位专家学者对本领域的关注和研究表示诚挚感谢，并衷心希望各界专家积极参与进来、不吝赐教，以活跃而严谨的学术讨论，为我国大健康法制体系的完善提供坚实的理论基础，为我国在长寿时代下的国家和社会治理构建充分的法治保障，让百岁人生不惧病困、不惧时光，让人们更健康、更长寿、更富足！

陈东升
2020年12月1日于北京

目 录

第一章 长期护理保险制度的建立基础 …………………………… (1)
 第一节 中国发展长期护理保险制度的社会背景与现状分析 …… (2)
  一 社会背景：发展长期护理保险制度是老龄化社会的
   客观需要 …………………………………………………… (2)
  二 现状分析：发展长期护理保险制度有政策与试点的
   现实基础 ………………………………………………… (10)
 第二节 长期护理保险制度中国家的责任与角色定位 ………… (22)
  一 化解长期护理需求社会风险需要国家责任 …………… (22)
  二 我国现有长期护理保障制度中国家责任的实施情况 …… (25)
  三 长期护理风险治理中国家责任的定位转变与实施路径 …… (30)
 第三节 长期护理保险制度的宪法基础与基本原则 …………… (37)
  一 长期护理保险制度的宪法基础 ………………………… (37)
  二 长期护理保险制度的基本原则 ………………………… (42)

第二章 长期护理保险制度的实施模式 ………………………… (48)
 第一节 长期护理保险的两种实施模式及其功能特征 ………… (48)
  一 长期护理保险制度的本质特征 ………………………… (49)
  二 长期护理社会保险与商业保险制度的差异 …………… (50)
 第二节 长期护理社会保险的实施模式考察 …………………… (51)
  一 长期护理社会保险的立法概况 ………………………… (51)
  二 长期护理社会保险的制度优势 ………………………… (56)
  三 长期护理社会保险的制度不足 ………………………… (60)
 第三节 长期护理商业保险的实施模式考察 …………………… (61)
  一 美国长期护理商业保险的实施概况 …………………… (61)

二　长期护理商业保险的制度优势 …………………………………（67）
　　三　长期护理商业保险的制度不足 …………………………………（69）
第四节　中国开展长期护理保险制度的应然模式 ………………………（73）
　　一　中国应建立多层次的长期护理保险制度 ………………………（73）
　　二　建立社会保险制度是长期护理风险治理的必由之路 …………（77）
　　三　发展商业保险是长期护理风险治理的有力补充 ………………（82）
　　四　积极探索长期护理风险的合作治理体系 ………………………（85）
　　五　长期护理社会保险与我国基本医疗保险体系的结合 …………（90）

第三章　长期护理保险制度的相关主体及其法律关系 …………………（92）
第一节　长期护理保险法律制度的保险人 ………………………………（92）
　　一　我国保险制度中的保险人 ………………………………………（92）
　　二　长期护理社会保险中的保险人 …………………………………（96）
　　三　长期护理商业保险中的保险人 …………………………………（100）
第二节　长期护理保险的被保险人 ………………………………………（101）
　　一　长期护理社会保险中的被保险人 ………………………………（102）
　　二　长期护理商业保险中的被保险人 ………………………………（108）
第三节　长期护理服务提供者 ……………………………………………（108）
　　一　德国的长期照护服务提供者 ……………………………………（109）
　　二　我国台湾地区的长期照护服务提供者 …………………………（110）
　　三　我国长期护理保险的服务提供者 ………………………………（111）
第四节　长期护理保险制度主体间的法律关系 …………………………（113）
　　一　社会保险法律关系与商业保险法律关系的区别 ………………（113）
　　二　长期护理社会保险中的法律关系 ………………………………（115）
　　三　长期护理商业保险中的法律关系 ………………………………（121）
　　四　被保险人与护理服务提供者之间的法律关系 …………………（122）

第四章　长期护理保险制度的收支运行 ………………………………（126）
第一节　保费支付 …………………………………………………………（126）
　　一　保费的筹措来源 …………………………………………………（126）
　　二　保费的计算方法 …………………………………………………（135）
　　三　保费的负担比例 …………………………………………………（139）
　　四　保费的支付形式 …………………………………………………（143）
　　五　保费的定期调整 …………………………………………………（144）

六　个人税收递延型养老保险对长期护理保险保费
　　　　　支付的启示 ………………………………………… （144）
　第二节　保险基金 …………………………………………… （146）
　　　一　长期护理保险基金概述 ………………………………… （146）
　　　二　长期护理保险基金的运营 ……………………………… （148）
　　　三　长期护理保险基金的安全管理 ………………………… （152）
　　　四　长期护理保险基金的运营监管 ………………………… （155）
　第三节　保险给付 …………………………………………… （157）
　　　一　保险给付的申请条件 …………………………………… （157）
　　　二　保险给付的实现方式 …………………………………… （166）
　　　三　保险给付的品质保障 …………………………………… （177）

第五章　长期护理保险制度的纠纷化解体系 ………………… （180）
　第一节　长期护理保险的纠纷与风险类型 ………………… （180）
　　　一　长期护理保险投保环节的纠纷 ………………………… （181）
　　　二　长期护理保险给付环节的纠纷 ………………………… （182）
　　　三　长期护理保险的风险 …………………………………… （182）
　第二节　信息公开制度的建立 ……………………………… （189）
　　　一　长期护理保险信息公开制度的建立基础 ……………… （189）
　　　二　信息公开的主体 ………………………………………… （192）
　　　三　信息公开的内容 ………………………………………… （193）
　　　四　信息公开的方式 ………………………………………… （195）
　　　五　违反信息公开义务的后果 ……………………………… （196）
　第三节　独立申诉机制的创设 ……………………………… （197）
　　　一　长期护理保险现有的争议解决模式及其问题 ………… （197）
　　　二　长期护理保险独立申诉机制设立构想 ………………… （203）
　　　三　长期护理保险申诉制度与司法救济的衔接 …………… （208）
　　　四　长期护理保险行政复议与申诉委员会 ………………… （211）
　第四节　司法救济渠道的落实 ……………………………… （215）
　　　一　长期护理社会保险的司法救济 ………………………… （215）
　　　二　长期护理商业保险的司法救济 ………………………… （220）

第六章　长期护理保险制度的监督管理 ……………………… （222）
　第一节　对保险机构的监管 ………………………………… （222）

一　长期护理社会保险机构的监管 …………………………（222）
　　二　长期护理商业保险机构的监管 …………………………（229）
　第二节　对护理服务提供机构的监管 ………………………………（230）
　　一　护理服务提供机构监管的比较法经验 …………………（231）
　　二　我国试点阶段的实践与反思 ……………………………（234）
　第三节　对护理人员的监管 …………………………………………（238）
　　一　护理人员监管的比较法经验 ……………………………（238）
　　二　我国护理人员监管的实践与探索 ………………………（240）
参考文献 ………………………………………………………………（243）
后记 ……………………………………………………………………（262）

第一章　长期护理保险制度的建立基础

《尚书·五子之歌》云："民为邦本，本固邦宁。"坚持保障和改善民生是人类社会的永恒话题。新时期，我国社会的主要矛盾发生了变化，统筹实现各领域的平衡与充分发展，是满足人民日益增长的美好生活需要的必要前提。党的十九大报告指出："增进民生福祉是发展的根本目的。必须多谋民生之利、多解民生之忧，在发展中补齐民生短板、促进社会公平正义，在幼有所育、学有所教、劳有所得、病有所医、老有所养、住有所居、弱有所扶上不断取得新进展，深入开展脱贫攻坚，保证全体人民在共建共享发展中有更多获得感，不断促进人的全面发展、全体人民共同富裕。"[1] 加强社会保障建设，持续改善民生是新时代中国特色社会主义社会建设的主要任务之一。

人口结构的老龄化趋势，举世皆然。联合国经济和社会事务部发布的《世界人口展望2019》报告显示：到2050年，预计全世界每6人中，就有1人年龄在65岁（16%）以上，而这一数字在2019年为11人（9%）；此外，预计80岁或80岁以上人口将从2019年的1.43亿人增至2050年的4.26亿人。与人口结构老龄化趋势如影随形的，是日益凸显的老年人长期护理问题。为解决老年失能照护议题，德国于1989年推行健康保险制度改革，确立了长期照护保险的方向，并于1994年完成长期照护保险的立法程序，1995年开始分阶段实施长期照护保险制度。[2] 此后，日本师法德国于1996年完成《介护保险法》《介护保险法施行令》等相关发案

---

[1] 习近平：《决胜全面建成小康社会　夺取新时代中国特色社会主义伟大胜利——在中国共产党第十九次全国代表大会上的报告》，载《党的十九大报告辅导读本》，人民出版社2017年版，第23页。

[2] 王品：《德国长期照顾保险效应分析：1995—2013》，《人文及社会科学集刊》2015年第1期。

的审议工作，于 2000 年开始提供介护保险之给付。[①] 卢森堡、挪威、韩国等国家也相继针对此问题建立了较为完善的社会保障制度。

相比之下，我国并无专门针对老年失能的社会保险，相关的保障措施零散地分布在若干社会救助体系中，而碎片化的保障供给十分有限。"他山之石，可以攻玉"，借鉴域外长期照护保险的实践经验，运用长期护理保险来解决我国人口老龄化医疗卫生服务和长期护理问题，极具学术价值和应用价值。长期护理保险作为化解失能者长期护理需求风险的重要手段，不仅是保障和改善民生的重要举措，更是国家治理体系和治理能力现代化背景下加强国家治理与社会治理的重要环节。如何建立符合我国国情、具有中国特色的长期护理保险制度，是实务界与学术界共同面临的重要课题。本书以构建我国长期护理保险制度为线索，结合域外实践经验与国内试点成效，对长期护理保险的社会背景、模式构造、法律关系等问题进行深入研究，以期能够对我国长期护理保险制度的建立与完善有所裨益。

第一节 中国发展长期护理保险制度的社会背景与现状分析

一 社会背景：发展长期护理保险制度是老龄化社会的客观需要

我国人口结构的老龄化正处于加速且高龄化的发展趋势，特别是在因社会经济发展、家庭结构变迁导致传统家庭照护功能逐渐式微的情况下，老龄人以及其他年龄组的长期护理需求性风险已经无法由个人及家庭承担，亟须国家在统筹社会资源的基础上，建立长期可持续的长期护理服务体系，以降低护理提供者个人或家庭的成本，满足人民群众日益增长的长期护理需求。在人口结构老龄化日益严重的发展趋势下，探索建立并逐步完善覆盖全民的长期护理保险制度，早已时不我待、迫在眉睫。

（一）老龄社会严峻的发展情势

按照国际上对老龄化社会的惯常判断标准，第五次全国人口普查显示

[①] 林蓝萍、刘美芳：《德、日长期照护保险制度之简介》，《台湾老人保健学刊》2005 年第 2 期。

我国 60 周岁以上老人占全国总人口数的比例超过 10%，我国步入老年化社会；① 第六次全国人口普查时，我国 65 周岁以上的老人已超过 7%，② 这标志着我国进入严重老年化社会。

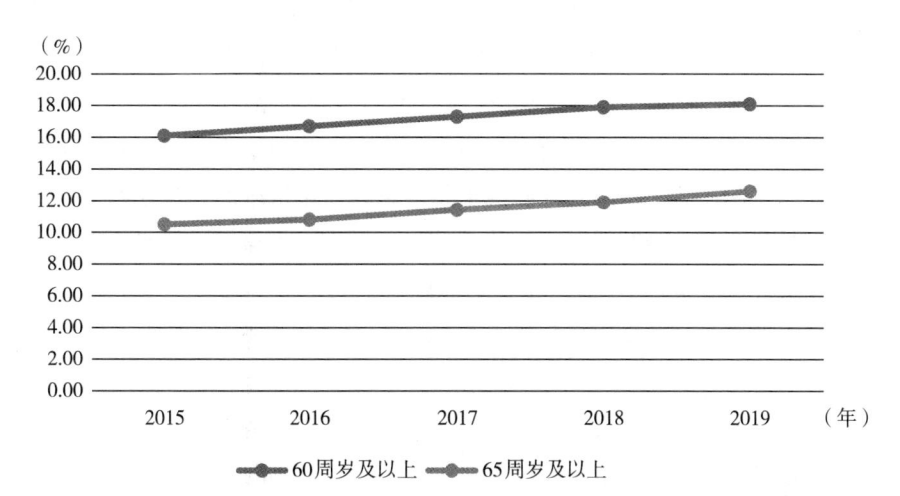

图 1-1　近五年我国老年人口占总人口比重变化趋势

数据来源：国家统计局各年国民经济和社会发展统计公报。

从图 1-1 中可以看出，我国 60 周岁及以上和 65 周岁及以上的老人占总人口比重在逐年快速上升。同时，老年人口的数量绝对值也在逐年增加，2013 年年末 60 周岁及以上的老人为 20243 万人（其中 65 周岁及以上的老人为 13161 万人），截至 2017 年年末，60 周岁及以上的老人为 24090 万人（其中 65 周岁及以上的老人为 15831 万人），涨幅巨大。人口老龄化加剧的同时，高龄化问题也不容忽视。根据国家统计局公布的《中国统计年鉴》（2010 年）统计资料可以看出，低龄老年人所占比重处于下降趋势，而高龄老年人所占比重，无论是绝对数还是相对数，都处于上升趋势。③ 老年人口上涨的原因是多元化的，主要有医疗条件的发展、养老制度的完善和出生率的下降等。老年人口的增加使得养老问题更加突出，完善现有体制下的养老制度刻不容缓。

---

① 2000 年第五次人口普查显示，60 岁以上人口达 1.3 亿人，占总人口 10.2%，65 岁以上老年人口已达 8811 万人，占总人口 6.96%。
② 第六次人口普查显示 65 岁及以上人口占 8.87%。
③ 参见曾光霞《中国人口老龄化新特点及影响》，《重庆大学学报》（社会科学版）2014 年第 2 期。

与人口老龄化如影随形的，是失能老人护理需求节节攀升的社会现实。据统计，我国的失能老人已有4000多万人，截至2015年年末，有照护服务需求意愿的老人占老龄人口的15.3%，高龄老人中则有41%需要照护服务。① 而根据学者测算，2050年我国失能老人的人口数量将达到5224万人。② 老年人最严重的失能状况为视力出现重度以上问题，出现该问题的老人占比25.2%；另一个较为严重的失能状况为听力问题，出现该问题的老人占比25.2%。农村地区老人的失能情况较城市地区严重。各地区中，西部老年人口失能状况最为严重。城市地区的失能老人，生活起居的照顾主要依靠配偶；农村地区的失能老人，生活起居的照顾主要依靠子女或者孙子女。③ 虽然产生长期护理需求的人群不局限于老龄人，但是无须讳言的是，其发生率与年龄老化呈正相关的趋势，④ 老年人更容易产生长期护理需求。

　　与现实生活中不断升高的老年人长期护理需求形成鲜明对比的，是国家与社会对此领域的供给长期严重不足。我国现有的养老政策主要为医疗保险和退休金，但这些手段只能提供有限的现金补助。生活能够自理的老人接受现金补助足以保障其安享晚年；但对于失能老人而言，照顾服务的提供与费用减免才是刚需。目前，失能老人获得照顾的途径主要为以下几种：首先，家庭是承担养老的主力军，家庭对失能老人的照顾是最主要的；其次，养老机构能够为无法获得家庭照顾的失能老人提供养老服务，但公立养老机构一床难求，私立养老机构服务类型单一、质量良莠不齐，无法满足失能老人的需求；最后，无法获得家庭照顾也没有能力进入养老机构的失能老人为获得必要的照顾，可能会选择在医院住院，长期占用本就紧张的医疗资源。

---

① 参见党俊武《老龄蓝皮书：中国城乡老年人生活状况调查报告（2018）》，社会科学文献出版社2018年版，第138—167页。
② 景跃军、李涵等：《我国失能老人数量及其结构的定量预测分析》，《人口学刊》2017年第6期。其他学者的预测数据与之相差不大。参见高传胜《供给侧改革背景下老年长期照护发展路径再审视》，《云南社会科学》2016年第5期。
③ 相关数据参考国家卫生计生委统计信息中心发布的《2013第五次国家卫生服务调查分析报告》，第96—97页。
④ 参见田申《我国老年人口长期护理需要与利用现状分析》，《中国公共卫生管理》2005年第1期。

(二) 传统家庭照顾的功能弱化

中国传统家庭结构可以概括为世代同堂，家庭子女较多，① 大多数家庭的分工为男主外女主内。世代同堂模式下，父母与大多数子女共同居住。当父母年迈需要照顾时，因长期的共同相处，生活习惯和相处模式经过长时间的调和，已达较好状态，父母对住处附近的环境也熟悉，子女照顾方便而且周到，父母的养老感受舒适。而且，因为子女较多，每个子女实际承担的照顾义务并不太重。即使父母只随一个子女生活，其他子女不能照顾父母的日常生活，他们仍负有赡养老人的义务，其义务会转为对老人开销的承担。另外，女性由于承担的社会工作较轻，有更充足的精力与时间照顾家庭。② 随着经济、社会的发展，以及生育政策的宏观调控，我国的传统家庭结构受到了严重冲击，呈现出以下的发展趋势：

第一，家庭结构从核心化向空巢化发展。现代社会中，子女成年后更倾向于组成核心家庭，结婚后仍和父母共同居住的意愿降低，传统四世同堂的家庭结构逐渐被瓦解，③ 这严重削弱了家庭的养老功能。20世纪90年代以来，我国核心家庭占全部家庭的比重一直处于降低态势，1990年、2000年和2010年该比重分别为67.31%、56.02%和48.78%。与此同时，一对夫妇家庭占全部家庭的比重在不断上升，2010年这一数据为17.35%。④ 这些数据表明，在核心家庭仍占主流的整体趋势下，家庭结构正在向空巢化发展，父母独自居住的比例越来越高。若父母需要子女的长期照顾，大多只能搬离熟悉的环境来到子女的住处，在身体状况不好的情况下，仍要花费精力调整自己适应新的生活和居住环境，导致养老舒适度下降。

第二，流动家庭和留守家庭的比例增加。我国大规模的人口流动现象出现在改革开放以后，伴随着市场经济的发展、城镇化进程的加快以及户籍政策的放宽，农村有限的土地资源与日益增长的人口数量之间出现矛盾，人口流动加快，农村剩余劳动力向城市转移，这使得大量完整家庭分

---

① 参见杨菊华、何焰华《社会转型过程中家庭的变迁与延续》，《人口研究》2014年第2期。

② 参见徐慧娟主编《长期照护政策与管理》，洪叶文化事业有限公司2013年版，第70—71页。

③ 1990—2010年，我国三代家庭占家庭户的比重从17.64%降低至14.17%。而四代家庭的占比则从0.66%降低到0.52%。我国三代家庭缓慢减少，四代及以上的大家庭近于消失。参见周福林《我国家庭结构变迁的社会影响与政策建议》，《中州学刊》2014年第9期。

④ 参见周福林《我国家庭结构变迁的社会影响与政策建议》，《中州学刊》2014年第9期。

解为留守家庭和流动家庭。在户籍未发生变动的情况下，居住在人口流入地的家庭成员组成流动家庭，居住在户籍地的家庭成员组成留守家庭。根据我国 2000 年的人口普查数据，老年人在各年龄组单人户中占比最高，2010 年进一步提升，农村最为明显，75 岁以上年龄组超过 40%。这样的趋势显示，老年人在夫妇家庭、单人户中的构成扩大，而在三代直系家庭所占比例缩小。① 在人口流动加快与地区发展不平衡短期内难以改变的当下，流动家庭与留守家庭将持续缓慢增加，而且这些家庭也更容易变化为空巢家庭。

第三，女性职业化程度提高。基于传统性别观念的转变和社会的支持，女性地位得以提高，其活动范围不再仅仅局限于家庭，承担着越来越多的社会事务，同时也分担家庭的经济重担。目前我国女性的受教育程度呈上升趋势，参与各种社会事务的机会随之增加，得到的社会评价越好，这直接提高了女性的就业意愿和就业率。女性走向社会能降低女性个体面临的贫困风险，接受较好的医疗服务和社会服务，有机会获得养老金，享受较高质量的老年生活。但同时不可避免地导致其无法承担较多的家庭照顾责任，以家庭妇女照顾为主的传统养老模式摇摇欲坠，养老照顾需要新的角色和力量注入其中。

一直以来，中国社会都是以家庭来补充社会福利与保障的不足，但上述的结构变迁，使得家庭的这一功能发生了变化。对于具有长期护理需求的老年人来说，家庭能够提供的支持力度一直在减少。目前，国家虽已放开二胎政策并逐步完善生育政策，但独生子女政策所带来的影响短期内无法消除，若不改变养老模式、提高养老服务水平，等"80""90"的父母迈入老年阶段后，一个家庭需要负担双方父母和长寿祖辈的养老，无论是经济还是精力上，均会给家庭和社会带来沉重的负担。家庭子女数量多少对于养老的影响程度如此之大，遑论有子女与无子女养老之间的差别。响应国家政策而出现的独生子女家庭以牺牲家庭生育利益满足国家生育利益，对于已丧失生育能力的失独老人的照护，国家应当制定相关的政策并提供相应的养老服务，保障其度过晚年。② 并且，这种政策应当是可持续

---

① 参见王跃生《中国城乡家庭结构变动分析——基于 2010 年人口普查数据》，《中国社会科学》2013 年第 12 期。

② 参见原新《独生子女家庭的养老支持——从人口学视角的分析》，《人口研究》2004 年第 5 期。

的，绝不是直接插手私人的家庭事务，也不是简单地对存在生存难题的家庭提供社会补助，而是通过社会政策的支持，提高个人及家庭的抗风险能力，实现长期护理风险的可持续治理。①

(三) 长期护理服务的资源匮乏

长期护理服务（long-term care，LTC）的概念并未统一。世界卫生组织的定义为："由家庭、朋友或者邻居等非正规照料者和卫生、社会服务等专业人员提供照料服务，使生活不能自理者获得最大的生理、心理满足，提高生活质量。"② 国内有学者认为长期护理服务是指为生活不能自理的人提供较长时间的医疗保健服务和日常生活照顾。③ 但实际上，前述概念在长期护理服务的核心要素上并没有本质区别，服务的对象均指向缺乏一定生活自理能力的人，服务的内容是维持基本日常生活的支持性服务，目的在于使其"保持自尊、自主和独立性"而提高生命质量。④ 长期护理与医疗护理不同。医疗护理是指在医生的指导下，以治疗疾病或者保全病人生命为目的，由专业的医疗护理人员来承担的护理服务。长期护理服务具有以下特征：一是持续时间较长，通常需要3个月以上；二是侧重人体功能的维持，功能恢复可能性小。从域外实践来看，长期护理的主要内容集中于日常生活的照料，侧重健康恢复的健康照料、提供精神慰藉的社会心理服务、提供全天候的看护服务等。⑤ 因此，绝大部分长期护理的服务与医疗服务不发生重合。

以服务提供者是否为专业人员为标准，长期护理服务可以分为专业的长期护理服务和非专业的长期护理服务。非专业的长期护理服务通常由生活不能自理之人的家属或朋友提供，专业的长期护理服务又可细分为居家

---

① 参见李树茁、王欢《家庭变迁、家庭政策演进与中国家庭政策构建》，《人口与经济》2016年第6期。

② 参见徐敬惠、梁鸿主编《长期护理保险的理论与实践》，复旦大学出版社2018年版，第7页。

③ 参见戴卫东《长期护理保险——理论、制度、改革与发展》，经济科学出版社2014年版，第2页。类似的定义参见刘金涛《老年人长期护理保险制度研究》，科学出版社2014年版，第4页；陈杰《日本的护理保险及其启示》，《市场与人口分析》2002年第2期；和红《社会长期照护保险制度研究：范式嵌入、理念转型与福利提供》，经济日报出版社2016年版，第13—14页。

④ 参见陈晶莹《老年人之长期照护》，《台湾医学》2003年第7卷第3期。

⑤ 参见张勘、董伟《上海城市社区失能老年人长期照料的现状和政策建议》，《中国卫生政策研究》2009年第9期。

护理服务、社区护理服务和机构护理服务。居家护理服务是大多数人能够接受的方式；社区护理服务则融居家护理服务和机构护理服务的优势于一身，具有多元的服务内涵；机构护理服务则适合对护理依赖度较高或者没有居家与社区护理条件的人。但总体而言，这两种长期护理服务均存在供给长期不足的情况。

首先，居家护理和社区护理中护理服务人员严重不足。我国长期护理服务人员一般来源于家属或朋友、长期护理服务从业人员以及志愿者。护理服务需求者的家属、朋友等由于兼负社会工作，一般不会专职长期护理工作，满足不了对护理依赖度较高的人的需求。志愿者提供的长期护理服务，通常为短期暂时服务，具有不稳定性。同时，志愿者素质高低不齐使得服务质量难以得到保证，并且我国的志愿者活动并不流行，实际参与到长期护理服务中的志愿者数量有限。因此，志愿者提供的长期护理服务只能锦上添花，无法雪中送炭。长期护理服务就业意愿不高的主要原因有薪资待遇低、社会地位不佳、护理要求偏高等。另外，我国对医护人员有严格的培训和考核标准，从事长期护理的人员也需具备良好的专业素养，理应具备专业护理知识并经过职业技能培训。但在长期护理人员这一领域，相关的培训与考核处于真空状态，单纯依靠提供长期护理服务的公司自主判断。

其次，机构护理普遍存在机构分布不均匀、床位不足的情况。第一，我国常见的长期护理机构为养老机构，民政部2016年社会服务发展统计公报显示，注册登记的养老服务机构、社区养老服务机构中的养老床位共计730.2万张，每千名老年人拥有养老床位31.6张，老人与养老床位的比例与养老福利待遇完善的国家之间差距较大。[①] 第二，养老机构因护理服务人员较少，倾向接收身体健康、生活能够自理的老人，需要接受长期护理服务的老人大多不能顺利住进养老机构。第三，我国的养老机构有公立养老机构和民营养老机构之分。公立养老机构养老设施完备，服务质量上乘，价格适中；相比之下，民营养老机构在服务提供上参差不齐，价格也较为昂贵。此外，我国各地养老机构发展不均衡，经济发达城市的养老

---

① 中国民政部2016年社会服务发展统计公报显示，全国各类养老服务机构和设施14.0万个。其中：注册登记的养老服务机构2.9万个，社区养老服务机构和设施3.5万个，社区互助型养老设施7.6万个；各类养老床位合计730.2万张（每千名老年人拥有养老床位31.6张），其中社区留宿和日间照料床位322.9万张。

机构和设施明显多于经济不发达城市和农村地区。

最后，针对因疾病和意外丧失自理能力的人的护理机构较少。这类群体获得系统性专业护理服务的途径一般为住院接受医疗护理。如前所述，与长期护理相比，医疗护理的专业性和针对性更强，因此费用也比长期护理高。很多生活不能自理的人没有接受专业的医疗护理的需求，他们的需要往往是帮助穿衣吃饭等较日常化的服务，相对简单的长期护理便能胜任。护理机构的缺乏往往导致失能人员的护理费用花销大，同时大量医疗资源被占用，"社会化住院"导致医疗资源的浪费。

（四）完善保险体系的现实要求

保险作为现代社会分散风险、预防风险的重要手段，被广泛运用到社会风险治理的各个领域。社会保险制度正是为因应各种不断出现的社会风险而形成的，并随着风险的变化不断发展完善。长期护理需求风险是否可以通过保险制度加以治理，首先应该考虑其是否属于保险行业的可保风险。[①] 一方面，长期护理需求风险具有不确定性，主要体现在时间上的不确定和损害程度上的不确定。我国自1999年即已迈入老龄化社会的门槛，人口老龄化呈现加速且高龄化的趋势。[②] 高龄化所导致的身体机能衰退以及由此引发的长期照护需求，将成为大多数社会成员未来必经的生命历程。高昂的护理费用和漫长的时间成本，意味着长期照护需求不再是一种特殊的个人风险，而演变为社会成员均可能面临的一般生存风险，[③] 这种社会风险与疾病、残疾、老龄等传统社会保障法中的风险并无本质差别。另一方面，长期护理风险会给一个家庭带来昂贵的护理代价，造成家庭经济困难，保险所起到的风险分散作用在此时得以凸显。长期护理风险的发生概率并不高，而且长期护理风险发生的概率是能够通过国家的老年人口比例等进行预测的，长期护理风险发生后所产生的损失也能通过一定的手段进行测算和确定。此外，长期护理风险的发生具有不确定性，被保险人也不可能同时丧失自理能力。所以，长期护理风险具有可保性。

长期护理保险与养老保险、医疗保险的承保范围可能存在一定的重合

[①] 保险学中所讲的风险，是指引致损失的事件发生的一种可能性。风险的偶然性形成了个人对保险的需求，而风险的不确定性使之成为可保风险。参见魏华林、林宝清主编《保险学》（第四版），高等教育出版社2017年版，第9页。

[②] 参见唐莹等《人口老龄化视角下中国老年人的长期护理》，《中国老年学杂志》2014年第1期。

[③] 参见谢冰清《我国长期护理制度中的国家责任及其实现路径》，《法商研究》2019年第5期。

之处，但不能借此否认长期护理保险存在的必要性。非专业长期护理成本高、专业长期护理服务少、专业长期护理费用高，但政府针对长期护理的补助十分有限。我国的医疗保险和养老保险通过数十年的完善，目前各医疗保险和养老保险的短板基本上已得到补齐，覆盖面积也越来越全面。人民的医疗和养老负担显著减轻。医疗保险和养老保险的逐步完善使得长期护理的问题暴露在公众视野，医疗保险只能覆盖部分医疗护理服务费用，养老保险提供的养老金在高昂的长期护理费用面前显得力不从心，且两者都只能提供资金补助，无法解决长期护理服务供不应求的问题。[①] 长期护理保险被称为"第六险"，能填补现存的五大社会保险的空白。并且现存的各种社会保险给付都为现金给付，但单一的现金给付已无法满足人们的参保需求。长期护理保险恰好迎合了大众的需求，在现金给付之外，还包括服务给付，即提供长期护理服务。

早在多年前，我国很多保险公司已经察觉到长期护理保险业务中的商机，相继推出与长期护理有关的商业保险业务，比如太平洋公司的"太平盛世附加老年护理费保险"、台资国泰人寿保险公司的"康宁长期看护保险"和人保健康保险公司的"全无忧长期护理个人健康保险"等。但我国长期护理保险体系仍极度不完善。商业性质的长期护理保险存在诸多弊端。其一，实践中存在的商业险基本上都是人身险的附加险，保险给付上仅包括金钱给付，不包含服务给付，而国外长期护理保险的给付核心为服务给付。甚至在某种程度上，失能人员对于长期护理服务的需求比对保险金给付需求更加迫切。其二，长期护理商业保险因逆向选择导致的保费较高，针对的基本是中高收入人群，无法满足普通大众的护理需求。实际上，最需要借由长期护理保险进行救助的，恰恰是普通大众而非高收入人群。在商业保险不能因应长期护理社会需求的情况下，普惠性质的长期护理社会保险又严重缺位，这进一步加剧了问题的严重性。因此，借鉴国际先进经验，建立我国的长期护理保险制度，既是完善社会保险体系的内在要求，也是提高我国社会治理能力的有效手段。

二 现状分析：发展长期护理保险制度有政策与试点的现实基础

我国长期护理社会保险目前处于试点阶段，存废还有待检验。从国外

---

① 参见肖金明《构建完善的中国特色老年法制体系》，《法学论坛》2013年第3期。

经验来看，很多国家和地区都有针对长期护理的社会保险，产生了较为积极的社会效果。与商业保险相比，社会保险具有保险费率低、覆盖人员广、保险给付较为容易的特点，能够惠及大众。试点地区已有提供长期护理服务的方式，但现金给付与服务给付的顺位和考量因素并不统一。我们需要在试点经验的基础上，借鉴域外经验制定符合中国国情的长期护理保险制度。

（一）我国发展长期护理保险制度的政策依据

人口老龄化使各国的长期护理服务从家庭内部走向了社会层面。[①] 如前所述，在未来很长一段时间内，我国人口老龄化的趋势无法逆转，国家、社会、个人的养老压力将持续走高，失能人员的基数与增量是有关部门在决策时不能回避的因素。如何探索出一个既能满足日益增长的长期护理需求，又符合我国国情的长期护理保险制度，是政府机关、理论界、实务界都在努力解决的重大课题。

为了在全国范围内积累发展长期护理保险制度的相关经验，以期构建和完善我国长期护理保险制度，党的十八届五中全会和《国民经济和社会发展第十三个五年规划纲要》提出要将长期护理保险制度作为积极应对人口老龄化的重要政策工具，人力资源和社会保障部办公厅在2016年6月27日发布了《关于开展长期护理保险制度试点的指导意见》（以下简称《指导意见》），确定在河北省承德市、吉林省长春市等15个地区开展长期护理保险制度试点。[②] 其中，吉林省、山东省被确定为国家试点的重点联系省份。《指导意见》立足于应对人口老龄化、促进社会经济发展，保障失能人员基本生活权益，提升其生活质量。《指导意见》以"以人为本、基本保障、责任分担、因地制宜、机制创新、统筹协调"为基本原则，在试点1—2年后，力争在"十三五"时期，基本形成适应我国社会主义市场经济体制的长期护理保险制度政策框架。2020年9月16日，国家医保局、财政部印发《关于扩大长期护理保险制度试点的指导意见》（以下简称《扩大试点指导意见》），就扩大长期护理保险制度试

---

① 参见戴卫东《长期护理保险——理论、制度、改革与发展》，经济科学出版社2014年版，第27页。

② 根据《关于开展长期护理保险制度试点的指导意见》，这15个试点地区是：河北省承德市、吉林省长春市、黑龙江省齐齐哈尔市、上海市、江苏省南通市和苏州市、浙江省宁波市、安徽省安庆市、江西省上饶市、山东省青岛市、湖北省荆门市、广东省广州市、重庆市、四川省成都市、新疆生产建设兵团石河子市。

点的总体要求、基本政策、服务管理和组织实施等进行工作安排。

《指导意见》对长期护理保险制度试点框架进行了原则规定，明确了保障范围、参保范围、资金筹集、待遇支付等基本制度的内容，并对地方自主试点的重点方向进行了明确界定。第一，关于保障内容。明确长期护理保险制度的保障内容，即为重度失能人员的基本生活照料支出以及与基本生活密切相关的医疗护理提供费用支持，试点地区应根据地方承受能力，确定重度失能人员评估判断标准，确定护理保险目录。第二，关于参保范围。明确长期护理保险原则上覆盖职工基本医疗保险参保人员。地方试点应根据基金负担能力，逐步扩大至居民医保参与人员。第三，关于资金筹集。《指导意见》明确各试点地区可以通过优化统账比例结构，划转统筹结余，调剂医保费率等方式筹资。地方试点应根据制度支出责任，积极摸索确定适宜的筹资比例和来源结构。第四，关于待遇支付。原则上按照70%的总体比例支付发生的目录内护理服务费用，由地方探索确定不同护理等级、服务提供方式下的待遇标准和报销比例。第五，关于保险体系。《指导意见》提出发展与长期护理社会保险相衔接的商业护理保险，满足多样化、多层次的长期护理保障需求。除此之外，《指导意见》也注重护理服务机构及从业人员的监督与考核，以提升长期护理保险待遇支付的质量。

上述《指导意见》的主要内容构成了我国发展长期护理保险制度的蓝本，也是各试点开展试点工作的参照。不难发现，该文件的内容多方面、多层次、多角度地建构了长期护理保险制度的基本轮廓，具有较强的操作性和指导性，后续相关制度的跟进以及相关立法的完善也有必要贯彻其主要精神。此外，国务院于2017年2月28日印发了《"十三五"国家老龄事业发展和养老体系建设规划》（以下简称《建设规划》），该规划提出了四个发展目标，[1] 其中第二点强调了健全居家为基础、社区为依托、机构为补充、医养结合的养老服务体系，提纲挈领地规定了我国未来相对完整的养老制度目标。在该规划第三章第一节社会保险制度中，提出了完善养老保险制度、健全医疗保险制度、探索建立长期护理保险制度的建设目标。该规划以满足老年人不同层次的长期护理保障需求为导向，通

---

[1] 根据《"十三五"国家老龄事业发展和养老体系建设规划》，国家老龄事业发展和养老体系建设规划的目标是：多支柱、全覆盖、更加公平、更可持续的社会保障体系更加完善；居家为基础、社区为依托、机构为补充、医养相结合的养老服务体系更加健全；有利于政府和市场作用充分发挥的制度体系更加完备；支持老龄事业发展和养老体系建设的社会环境更加友好。

过统筹兼顾长期护理保险试点地区，鼓励商业保险公司开发相关保险产品。

综上，国家层面关于长期护理保险制度的政策依据主要是《指导意见》《建设规划》，对于各试点开展长期护理保险制度的摸索有原则性的指引作用，但仍需要以法律效力位阶更高的法律法规来规范长期护理保险的制度，笔者建议可以通过修改完善《社会保险法》，将长期护理保险纳入我国的社会保险法律体系，使得该制度之运行可以真正做到有法可依，提升该制度的规范性、操作性。

(二) 我国发展长期护理保险制度的试点成效

在人社部出台《指导意见》之前，我国部分地区已出台长期护理保险的相关文件。山东省青岛市于2012年6月出台《关于建立长期医疗护理保险制度的意见（试行）》，随后于2014年12月颁行《青岛市长期医疗护理保险管理办法》，可以说是我国长期护理保险制度的先驱。2013年，上海市出台《关于本市开展高龄老人医疗护理计划试点工作意见的通知》，明确在浦东、杨浦、长宁三区开展试点工作。2015年2月，长春市人民政府办公厅颁布《关于建立失能人员医疗照护保险制度的意见》，明确规定"医疗照护保险保障对象为城镇职工基本医疗保险和城镇居民基本医疗保险的参保人员"。2015年10月，南通市政府印发《关于建立基本照护保险制度的意见（试行）》，在崇川区、港闸区开展基本照护保险试点工作。这些地区的探索经验有效缓解了老龄失能人员的长期护理需求问题，他们在试点过程中的经验也成为人社部《指导意见》的实践来源。

2016年6月人社部出台《指导意见》后，被指定为长期护理保险制度试点的其他地区，如北京市海淀区、承德市、上饶市等地区分别以《指导意见》为参照，制定了适用于本地区的长期护理保险试点方案。由此，长期护理保险制度的探索实践正式拉开了帷幕。各试点地区在长期护理保险的参保对象、资金筹措来源、服务形式、失能人员的认定等方面积累了一定的实践经验，且正处于初步成熟的阶段，目前已取得的成效如下：

第一，长期护理保险政策作用明显，推动了各试点养老服务事业与产业的发展。在国家层面，民政部等十部门在2015年出台了《关于鼓励民间资本参与养老服务业发展的实施意见》（以下简称《实施意见》），该意见鼓励民间资本参与居家和社区养老服务以及机构养老服务，并提出了完善投融资政策、落实税收优惠政策、加强人才保障等举措。许多试点在出台各自长期护理保险制度的实施方案前后，依据上述《实施意见》推行了养老机构的扶持政策。比如，因养老机构资金前期投入大，回收周期长的属性，上海市政府办公厅在颁行的文件中提出了要创新养老基本公共服务供给，凡符合标准和管理规范的企业、事业单位和社会组织，均可成为养老基本公共服务合格供应商；完善合格供应商发展支持政策，稳步推进价格和财政补贴的联动改革；创新养老服务机构贷款机制；完善土地供应政策，加快推进养老规划落地。① 在湖北省荆门市，符合条件的定点护理服务机构可按规定享受稳定岗位补贴、创业贷款担保及贴息、养老床位补贴等扶持政策。② 此外，各试点在实践中也基本形成了"医疗机构照护、养老机构照护、居家照护"的多层次服务体系，部分试点甚至发展出社区巡护照护的服务方式，这表明我国试点的长期照护服务主体多元、服务内容多样、服务形式灵活。这在一定程度上也拉动了试点养老服务事业与产业的发展，促进了当地经济的增长。

第二，试点长期护理保险制度框架基本形成，运行效果基本符合制度设计的初衷。《指导意见》所提出的制度框架基本上贯彻落实到了各试点的长护险制度实践中。③ 各地在《指导意见》的指引下，基本上形成了各自的长护险制度框架。在参保对象方面，多以职工基本医疗参保人员为主，由社会保险经办机构负责长护险的经办业务，通过调用职工医疗保险基金、调整长护险费率、政府提供财政补贴等多种途径保障长期护理保险的资金来源充足。根据人社部统计数据，2017年试点地区实际享受保险待遇的人数已达64912人，申请待遇通过率为87%，发生长期护理费用5.55亿元，满足《指导意见》关于"对符合规定的长期护理费用，长期护理保险基金支付水平总体控制在70%左右"的要求。此外，各试点也基本上形成了各自对于失能人员的判定标准，并对失能人员进行失能等级的评定，对其实行差别化的长期护理保险待遇给付。这既能保障不同程度的失能人员的基本生活需要，又能在一定程度上实现长期护理保险资金的

---

① 上海市政府办公厅印发《关于完善本市养老基本公共服务的若干意见》和《关于鼓励社会力量参与本市养老服务体系建设的若干意见》的通知（沪府办〔2015〕124号）。
② 参见《荆门市长期护理保险办法（试行）》第21条。
③ 参见杨菊华等《中国长期照护保险制度的地区比较与思考》，《中国卫生政策研究》2018年第4期。

合理、有效、充分利用，减少社会资源的浪费。

第三，长期护理服务人员队伍建设水平得到提高，推动了养老服务水平的改善。人社部《指导意见》指出，要加强护理服务从业人员队伍建设，加大护理服务从业人员职业培训力度，按规定落实职业培训补贴政策，逐步探索建立长期护理专业人才培养机制。① 目前，我国养老人才培养基本形成学历教育和职业培训两个体系。有关数据显示，在2017年度，养老护理员是民政行业职业技能鉴定中全年人数最多的职业，占鉴定总数的75.5%。养老护理员队伍培育主要有院校培养、政府依托基地培养、校企合作、校政合作、医企合作、养老企业和机构自行培养、社会组织培养、专业培训机构培养八类模式。② 例如，上海市采取多种措施提升养老护理人员技能，鼓励养老服务机构开展多种形式技能提升培训、引导各类培训机构积极参与养老护理培训、探索完善养老护理职业发展体系、加强养老护理专业师资队伍建设、推进养老护理实训实习点和鉴定所建设、提高职业培训补贴标准等。③ 湖北省荆门市在《长期护理保险办法》中明确定点护理服务机构要定期培训长期护理人员，提高护理服务水平；并建立执业护士与养老护理员差异化管理制度，培养高水平护理工作团队，稳定护理人员队伍。④ 山东省则对"养老服务人才培养补助项目"单独列项，包括大学毕业生入职养老服务补助、养老护理员职业资格补助、养老服务与管理人员省级培训补助等多项内容，还通过政府购买服务的方式，开展不同内容、层级的护理服务培训。⑤

第四，减轻了个人和家庭长期护理负担，有利于提高失能人员的生活质量，实现"老有所依""弱有所靠""病有所养"的目标。从各试点地区政策来看，规定范围内的医疗护理费和照护费综合报销比例普遍达到70%左右，部分地方提高到了90%，减轻了参保人员因高龄失能产生的生活照料费用的自付负担。以湖北省荆门市为例，保障对象在接受长期照护服务所产生的费用主要包括床位费、护理服务费、护理设备使用费、护理

---

① 《人力资源和社会保障部办公厅关于开展长期护理保险制度试点的指导意见》（人社厅发〔2016〕80号）第13条。

② 详细信息参见《2018年养老服务产业新格局》，http://www.bnu1.org/provide/report/4012.html。

③ 参见《上海市养老护理人员技能提升专项行动计划》。

④ 参见《荆门市长期护理保险办法（试行）》。

⑤ 参见《山东省发展养老服务业省级专项资金补助项目实施方案》（鲁民〔2014〕72号）。

耗材等费用，基本上可以覆盖因年老、伤残、疾病等导致失能的人员的长期护理所产生的费用。荆门市长期护理保险中每日或每月的费用实行限额管理，由长期护理保险基金和个人按比例分担。全日居家护理费每人每日100元（个人承担20%）（非全日为40元，由基金全额承担），养老机构护理每人每日100元（个人承担25%），医院护理每人每床日150元（个人承担30%），即三种情况下个人每日仅需支付20元、25元、45元。而国家卫生健康委员会发布的《2017年我国卫生健康事业发展统计公报》显示，2017年度人均日均住院费用为958.8元，这是长期护理保险试点的荆门模式下，医院护理每人每床日费用的6.4倍，居家或养老机构每人每日护理费用的9.59倍。可见，长期护理保险极大地减轻了个人和家庭在长期护理过程中的负担。保障失能人员的生活尊严是长期护理保险制度的关切之处，而长期护理保险在很大程度上可以减少失能人员拖累家庭的心理负担，有劳动意愿的家庭成员可以依靠长期护理服务体系，心情更加宽慰地照料老年人。[①] 它也能够让家庭成员减少照料失能人员所花费的时间与金钱，也更有精力去追求自身的目标，从而将有劳动意愿的家庭成员从照护负担中解放出来，创造社会财富。家庭成员也将以更加宽和的心态对待失能人员，为失能人员提供精神上的抚慰，并促进了家庭的和睦、社会的和谐。

第五，长期护理保险制度促进了医养结合养老模式的重大变革。作为一种新型的养老服务模式，医养结合整合了相关的医疗资源与养老护理资源，将老年人的医疗、养老提高到一个新的水平。实践中，医养结合主要存在三种实施形式：在医疗机构内开设养老机构、在养老机构内开设医疗机构、养老机构与医疗机构合作。[②] 而医养结合的养老服务模式之所以越来越受到人们的关注，主要是因为：其一，传统的家庭照料功能被大幅度削弱，计划生育政策、人口流动、老少分居等因素导致主流家庭规模减小，老年人难以得到来自子女方面的及时照料。并且老人罹患残障、慢性病、绝症的可能性较大，子女也很难提供专业、全面的养老服务。其二，养老机构难以满足入住老年人的医护需求，我国大多数养老机构主要提供

[①] 参见戴卫东《长期护理保险——理论、制度、改革与发展》，经济科学出版社2014年版，第14页。

[②] 参见赵晓芳《健康老龄化背景下"医养结合"养老服务模式研究》，《兰州学刊》2014年第9期。

日常照料服务，专业医疗较为欠缺，同时养老机构存在一定的风险规避性，其更欢迎有基本生活自理能力的老年人，对失能老人常常拒之门外。其三，大型医院倾向于救治急重病患者，对于大病康复期、残障、绝症晚期、慢性病等老年人很难提供细致的照料护理，而很多老年人及其家属又倾向于留院照顾，反向加剧医疗资源短缺。长期护理保险制度的试点推动了医养结合模式的变革，它与基本医疗保险相结合，能够在制度上解决医疗、养老分离模式下产生的不利局面，广大老年人可以根据自身状况，自由选择居家照护、养老机构照护或医疗机构照护，甚至是某些地区出现的专业医养机构照护。而专业医护人员队伍的不断庞大也将缓解笔者前述的养老机构、大型医院等存在的医养短板问题。

（三）我国发展长期护理保险制度的试点问题

长期护理保险制度的试点取得了一定的成效，积累了宝贵的经验，体现出长期护理保险制度所蕴含的潜力。但实践中暴露的问题也不容忽视。这些问题主要有：试点阶段的长期护理保险制度缺乏独立性、部分试点地区资金筹措模式单一、专业的长期护理人员仍匮乏且稳定性较差、服务供给市场基础薄弱等。

1. 试点阶段的长期护理保险制度缺乏独立性

从立法依据上看，试点阶段的长期护理保险制度缺乏对应的法律制度规范。这种实践先行、立法滞后的模式，将可能导致长期护理保险制度不具有独立性，而只能依附于现有的医疗保险、养老保险体系。这种制度依附关系会造成长期护理保险与医疗保险、养老保险等其他保险的关系亟待厘清。有观点认为，这种形成依附关系的发展模式可减少制度创新的成本，有利于合理配置医养资源，减少固定成本。[①] 的确，这种模式在实践中通过资金支付方式将失能参保人员引导到护理机构和护理病区，增加了医疗机构床位周转率，减轻了"社会性住院"问题。例如青岛的数据显示，与支付失能人员住院医疗费用相比，通过护理保险制度购买机构床位保障失能人员，基金利用效率提高了 14.1 倍。[②]

但笔者认为，这种发展模式存在致命的缺陷。第一，资金筹集的不独

[①] 参见刘昌平、毛婷《长期护理保险制度模式比较研究》，《西北大学学报》（哲学社会科学版）2016 年第 6 期。

[②] 参见关博等《中国长期护理保险制度试点评估与全面建制》，《宏观经济研究》2019 年第 10 期。

立会导致长期护理保险金、基本医疗保险金、养老金三者叠加,给保险基金的支付造成较大的压力,形成保险资金支付的缺口难以弥补。同时,长期护理费用与医疗费用、养老费用在保险待遇支付会形成交集,如何划清彼此的支付界限也是一个需要攻克的难题。第二,行政管理方面,针对具体要解决的问题,试点阶段的长期护理保险制度的设计与实施主要由人社部门牵头,并与相应的部门协同制定具体的实施办法与细则。而长期护理保险的经办业务也主要由医保经办机构、社保经办机构负责,这种精简的经办模式一定程度上节约了人力资源与制度设计的成本,但是也可能难以应对长期护理保险实践中产生的复杂的问题。长期护理保险制度的运行,涉及财政、卫生、民政、残联、工会等部门,如何协调各部门的权责问题,保证各部门信息互联互通,有赖于长期护理保险制度的独立运行。综上,我国发展长期护理保险制度,应当考虑其独立性的问题,如果采用与医疗保险基金相融合的模式,也应当在医保基金内部确立长期护理保险资金相对独立的筹措规则、使用规则。

2. 部分试点地区资金筹措模式单一

社会保险的资金来源通常由雇主、雇员和政府财政共同筹资。就已经出台试点方案的 15 个城市的试点而言,长期护理保险基金的主要来源包括政府财政补助、参保者缴费、用人单位缴费、医疗保险统筹基金划转、医疗保险个人账户基金划转、福利彩票公益金划转等,但医保基金是最主要的筹资来源。例如南通市长期护理保险基金的来源主要有三个:一是基本医疗保险基金,职工护理保险从基本医疗保险统筹基金和个人账户中筹集,而居民护理保险按照每年每人 30 元的标准从居民医保基金中提取;二是财政补助资金;三是从基本医疗保险统筹基金历年结余中一次性划拨 10%。另外,每年从福彩公益基金中划拨 2000 万元。当保险基金出现超支时,由医保基金予以弥补。另外,广州等部分地方甚至以职工医疗保险基金作为单一筹资来源,这种做法值得商榷,要求职工医保基金全面支付医保三大目录之外的服务项目,缺乏明确的上位法依据,对《社会保险法》的规定形成了一定的挑战。

在当前经济发展状况和产业结构调整的背景下,企业要求降低社保费率、减轻负担的呼声越来越高;而政府包揽民生的惯性也使得增加个人负担的阻力大大增强。《扩大试点指导意见》明确提出要建立"互助共济、责任共担的多渠道筹资机制",长期护理保险基金原则上由单位和个人按同比例缴纳，但该意见指出单位缴费在"起步阶段可从其缴纳的职工基本医疗保险费中划出，不增加单位负担"，个人缴费则"可由其职工基本医疗保险个人账户代扣代缴"。因此，构建长期护理保险多元化的筹资机制，并非朝夕之功所能成就，而政策以及实践中的路径依赖又反过来导致更多的试点城市依靠医保基金承担筹资责任，一定程度上形成了恶性循环。

从短期实践看来，以划拨医疗保险基金的方式来筹集长期护理保险基金具有可行性。但是随着我国老龄化程度不断加深，这种单一的筹措模式无法实现长期护理保险的可持续发展，并且会对已经形成的医疗保险体系产生反噬。[①] 首先，护理保险制度普遍依据基本医疗保险制度，将进一步拉大各地基本医疗保险制度待遇结构差异，[②] 对目前正在进行的异地结算改革造成阻碍。同时，深化社会保障体制改革是一项系统性工程，前述做法还将对未来提高医保基金统筹层次、退休人员缴费参保等关联性改革造成不良影响。其次，依靠医保基金筹资将导致长期护理保险制度不具有可持续性。地区经济发展不平衡导致有的地区人口流出严重，人口结构不合理，老年人口比例偏大，导致医保基金收入小于支出。长此以往，医保基金逐渐减少或者出现严重赤字的地方，将没有余力支持长期护理保险的发展。最后，长期护理保险依靠医保基金划拨有违上位法的规定。每一社会保险的筹资和支出都有特定的目标及适用群体，医疗保险制度的建立是为了减轻参保人员因疾病风险造成的经济损失，与长期护理保险的保障目标并不相同。在《社会保险法》未做修改的前提下，使用医保基金作为其他社会保险的筹资来源的做法于法不合。综上，如果改革目标在于将长期护理保险构建为社会保险的组成部分，那么就应该仿照一般的社会保险采取多渠道筹资机制，以彰显社会保险互助共济、责任共担的特性。尽管目前部分试点城市形成了多渠道筹资的基本框架，[③] 但各试点之间、各试点内部对于筹资机制的争议至今也仍未休止。

3. 部分试点地区参保覆盖范围仍显狭窄

从长期护理需求产生的根源上看，但凡是失能、失智等不能维持日常生活的人均具有护理需求。因而长期护理保险的保障对象是所有失能人员

---

① 参见张琳《我国长期护理保险的供需现状研究》，《卫生经济研究》2017年第6期。
② 参见关博、朱小玉《中国长期护理保险制度试点评估与全面建制》，《宏观经济研究》2019年第10期。
③ 上海市和成都市均规定了单位缴费比例，但是在试点阶段，单位缴费的部分仍然由医保基金结余或医保统筹基金划转，单位暂不缴费。

还是仅限于失能老人,是长期护理保险制度设计之初就存在的争议。从世界范围上来看,大部分国家和地区的保障对象都不限于失能老人。对此,人社部的《指导意见》并未作明确说明,从实践的经验来看,我国试点地区参保覆盖范围较为狭窄,体现在以下两个方面:其一,目前很多地区的试点中,参保对象限于城镇职工。例如,安庆市的享受长期护理保险的人员只限于缴纳城镇职工医疗保险的居民,很多其他人员享受不到这项福利。长春市医疗照护保险的参保对象包括城镇职工和城镇居民医疗保险的参保人员,不包含"新农合"的参保人员。其二,在待遇支付上对适用作条件作了较为严格的限制。大部分试点城市将给付对象限定为重度失能人员,目的在于使失能发生率控制在3‰以下,通过减少保险给付的支出项来实现保险基金的平衡安全。但是,中度失能者甚至包括部分轻度失能者也有正当的护理服务需求,却不能享受长期护理保险带来的服务保障和补助待遇,反正成为社会资源再分配过程中"被抛弃"的一方,这种做法违反了长期护理保险制度的设计初衷,也违背了基本的公平原则。

4. 专业的长期护理人员匮乏且护理服务与需求脱节

第一,护理服务人员匮乏,护理服务供给严重不足。长期护理服务人员的劳动强度大,但其薪资水平并未与其劳动强度成正相关关系,人们在观念上对于从事护理服务人员社会地位的认同度还有待提高。在经济发展水平不高的地区,长期护理服务人员的工资、待遇的确保及建立健全绩效考核机制也需要当地政府出台配套政策予以配合。有学者建议,除了基本工资外,应每年根据护理机构专门评审委员会的评定和受护理者的满意程度评出优秀者,为其加薪。[①] 只有这些关乎长期护理人员自身生存、发展的根本事项得到妥当规定,长期护理专业人才队伍的建立才能实现,否则其长期从事该职业的可能性难以确保,护理人员的稳定性较差。此外,尽管很多地区实行养老服务人员持证上岗的制度,但是由于其准入门槛低,绝大多数都是通过短期培训取得初级资格证书就上岗,接受过长期、正规医护教育的人员十分有限,人才转化率较低。因此,长期护理人员的专业性难以得到保障,服务的水平参差不齐,直接导致长期护理保险服务给付的实际效果未达理想状态。

第二,长期护理服务供给城乡差距显著,农村服务供给匮乏。护理服

---

① 参见荆涛《长期护理保险理论与实践研究:聚焦老龄人口长期照料问题》,对外经济贸易大学出版社2015年版,第134页。

务的供给不足不仅存在于城市中，农村服务能力薄弱更是制度建设中的短板。从实践来看，大多数长期护理机构位于城市，而农村的基层护理机构不健全、不完善，大部分地区甚至缺乏相关护理机构。例如南通市共有18家定点护理机构，均设立在市区，长期护理服务供给存在巨大的城乡差异。这直接影响到农村失能人员的保险给付问题，在南通市长期护理保险待遇给付中，城镇退休职工占50.4%，城镇老年居民占37.6%，而农村老年居民仅占6.2%。[①] 在缴纳相同护理保险费用的情况下，居民应当不受行政区域的划分，享受差别化的护理服务，而目前大部分试点地区护理机构的设置与护理服务供给的公平性原则背道而驰。

第三，护理服务与需求脱节。我国护理服务的供给处于初级阶段，在规模化服务与体系化支持方面水平较低，不能满足人民群众多元化的需求。例如青岛的医疗和护理资源丰富，基本上可以满足医疗护理的需求。但是长期护理的内容还涉及日常生活的照料，针对这部分的服务时严重不足的。根据学者的研究，青岛失智老人和子女居住的占42%，独居的占41%，只有1.3%的居住于养老机构，[②] 而目前居家护理服务的供给是严重不足的。

综上，笔者认为，有必要通过更加有吸引力的政策招揽专业人才进入长期护理的人才队伍，具体措施包括：工资水平与劳动强度相匹配、建立工资绩效考核机制、完善护理人员准入前的中长期培训制度与考评制度、加强高校医疗护理专业的建设等。

（四）小结

在《指导意见》和《建设规划》的指引下，各试点地区制定的长期护理保险相关政策在参保对象、资金筹措、服务形式、失能人员评定的方面有所异同。在长期护理保险试点开展以来，试点地区积累了若干成功经验，其在政策作用、制度框架、人力培养、减轻护理负担、医养结合的方面得以彰显。然而，我国试点发展长期护理保险制度也存在一些问题，如制度独立性不足、资金筹措模式单一、专业人员匮乏等。基于我国人口老龄化情势严峻的基本国情，伴随着传统家庭结构发生转变、长期护理资源的匮

---

① 参见邵文娟《我国长期护理保险从试点到普及的跨越》，东北财经大学出版社2019年版，第172页。

② 参见米红、纪敏等主编《青岛市长期护理保险研究》，中国劳动社会保障出版社2019年版，第132页。

乏难以满足日益增长的长期护理需求、我国社会保险体系的完善等现实问题的产生，我国应当尽快培育并完善长期护理保险制度，以回应社会关切。

第二节　长期护理保险制度中国家的责任与角色定位

长期护理保险的宗旨在于为失能者提供日常生活照护，以降低老年或疾病对其身心所造成的不便。在传统观念上，以自然理性观为哲学基础所建立的现代法律，强调个人的行为自由，护理需求的解决属于个人自由安排的私领域。现代社会福利制度的发展趋势日益强调公民权利和政府责任。建立长期护理保险制度，意味着国家公权力对私人领域的干预。国家介入私人领域，除了本身要具备正当性基础外，还会牵涉公民基本权利的限制和社会资源的再分配。因此，在日趋激烈的国际竞争与日益沉重的财政负担之双重压力下，长期护理保险制度的构建如何诠释国家角色及定位，以充分因应老龄化情势日趋严重背景下的现实需求，成为亟待解决的重要问题。

一　化解长期护理需求社会风险需要国家责任

所谓国家责任，是指依据现代法治国原则产生的国家对其国民应承担的权利保护、损害救济与生存托底的责任。[①] 现代国家责任的起源可以追溯到工业革命时期，随着社会生产力的突飞猛进，主要工业化国家的社会经济结构与生活方式发生了颠覆式的改变，人类社会千百年来依赖土地和家庭获得生存保障的基础被严重动摇，失去土地和生产资料的雇佣工人成为社会的基本劳动力，其生存风险随着经济周期的波动从而具有了社会性和周期性，仅依靠个人及家庭的努力难以进行抵御。于是，通过社会力量建立社会化保障，通过社会共同体将个人风险予以分散，成为人们抵御社会性生存风险的现实选择。现代社会中的个人生存问题，已经从自给自足的自我生存、个人责任上升为一项社会性权利。[②] 而社会权的普遍认同和保障的迫切需要，为国家责任的介入提供了落脚点。为保障公民的社会权得以实现，现代意义上的社会保障法应运而生，在传统公私法域的分野

[①] 参见陶凯元《法治中国背景下国家责任论纲》，《中国法学》2016年第6期。
[②] 参见孙国华、方林《公平正义是化解社会矛盾的根本原则》，《法学杂志》2012年第3期。

外，社会法已经发展为兼具公法与私法某些特质的第三法域，成为保障公民社会权利、实现国家责任的主要法律制度。

长期护理风险是否需要国家责任介入，即是否需要将其纳入社会保障法律制度的规制范围，从而运用社会法的调整方法进行风险治理，其依据存在于长期护理风险本身所固有的性质当中。传统的观点认为，社会法的目标在于"解决某个'社会性'问题"①，通过国家积极作为的方式，保障和改善国民生活、增进国民福利来实现整个社会的和谐发展。② 因而，社会法只能从社会问题中去寻找其存在发展的依据，其核心问题是社会需要的存在以及如何来满足的问题。③ 自19世纪80年代德国率先建立以社会保险为核心的现代意义社会保障制度以来，社会保障的内容和体系均处在不断发展和完善之中，贯穿这一发展过程的主线正是社会风险的变化。④ 可以这样说，社会保障的基本功能是化解和防范社会风险，其体系及内容的扩张或收缩，与其所面临的社会风险的变化紧密相关。

随着医疗技术水平的进步和人们生活质量的提高，人均寿命不断延长，人类社会逐步进入高龄化社会。与人口老龄化如影随形的，是失智、失能不能自理的老年人越来越多，老年人护理问题逐渐演化为影响众多家庭的社会关注问题，老人护理风险也演化为整个社会所面临的风险。长期护理服务主要是为身心功能受有障碍的失能、失智者提供持续性、长期性的护理服务，以满足其日常生活需求。过去对于长期护理需求，多半认为属于老化所导致的慢性疾病，广义上来说属于疾病的一种，因此将其视为疾病的附随风险，纳入医疗保险的保障范围。不过与急性疾病能够通过医疗技术治愈不同的是，面对慢性疾病所衍生的长期护理需求往往无法根治，最多只能透过复建或者日常生活协助以维持个人身心状况，减缓慢性疾病对其生理衰退的影响。并且，因失智、失能产生的长期护理需求，一旦发生将可能伴随一生，影响所及包括个人生活起居的总和，这意味着个

---

① ［德］乌尔里希·贝克：《社会法：体系化、定位与制度化》，王艺非译，《华东政法大学学报》2019年第4期。
② 参见郑功成主编《社会保障》，高等教育出版社2007年版，第19页。
③ 参见张世雄《社会福利的理念与社会安制度》，唐山出版社1996年版，第5页。
④ 从社会保障制度的发展历史上来说，社会救助作为抵御贫困风险的保障体系，其历史最为悠久。随着工业革命的发展，社会生产方式发生了颠覆式的变化，劳动者从个别的家庭生产者，变为社会化的劳动者，其面临的工伤、疾病和老龄等个人风险也随之转化为社会风险，化解相应风险的工伤保险、医疗保险、残疾保险和养老保险等社会保障体系亦随之建立。参见马广博《多支柱长期护理社会保障体系构建研究》，《吉林工商学院学报》2018年第4期。

人到死亡为止，均需要他人为其提供可持续性、长期性的照护，才能维持个人的基本生活。照护需求虽然不像疾病的发生那样频繁，但是由于护理需求的时间持续较长，经年累月下来长期护理往往比疾病所耗费的时间或费用更多。对于长期护理风险的解决方式，可以根据内化或外化的思维加以认识。所谓风险内化，是在强调个人自主性原则的前提下，将个人生活所面临的诸多困难归由私领域承担。而风险外化，则是强调国家公权力的介入，进行社会资源的重新分配，以弥补私领域的不足。

传统上，长期护理需求风险内化透过私领域的回应，往往落在个人的自我安排和家庭成员的照顾上。现代法律制度基于理性主义的哲学基础，原则上将个人预设为充满理性的个体，自己责任是法治国家的基本原则。基于这样的逻辑，解决老年人长期护理的需求问题，自然有赖于个人的规划，至于家庭则一直以来都是提供护理服务的最原始形态。不可否认世界各国社会生活的形态，确实朝着个人主义化的方向发展，或许要求由个人及其家庭承担护理需求有其正当性。但随着情势的变迁，个人面临长期护理风险时往往力所不及，而家庭承载的能力也逐渐被削弱，传统私领域对此问题的回应面日益乏力。这体现在两个方面：

其一，个人责任捉襟见肘。个人自负其责的自由主义法律立场其来有自，在法哲学家哈耶克的眼中，个人主义就是个人作为一个独立且具有理性的个体，不受他人的任意干涉，在自利原则的指导下根据自己掌握的知识来处理个人事务，最终实现自身的目的。这样不仅有助于增强个体的自主性，也能减少对于国家的依赖。但是，随着老年化趋势加剧，个人需要独力面对各类不确定风险的机会就大大增加。这就凸显出在个人主义的趋势下，个人更加要具备承担风险的弹性与应变能力，尤其是在今日之风险社会下，个人能否预先防护或者进行事前规划，直接关系到最终承受风险的能力。而个人"理性"的选择因人而异，往往难以抵御长期护理需求带来的灾难性风险。面对此等不确定的长期护理需求，倘若预先准备不足，一旦遭逢严重的失能，个人责任往往捉襟见肘。

其二，家庭承载能力减弱。家庭在工业化背景下的发展，往往以核心家庭为进化趋势，其中男性成员视为家庭责任的主要负担者，女性成员从事家务劳动以发挥家庭照顾作用。但正如本书第一节所讲的那样，目前我国家庭结构小型化、少子化的现象加速，照护年老一代人的中间世代人数锐减，年轻一代需要同时照料多个老人，不论是在经济上还是在精神上均不堪重负。此外，囿于城乡发展严重失衡的现状，大量的农民工进城务工、中西部的劳动力向东南沿海城市转移，导致中西部农村地区失能老人的生存状况更加艰难。偏远贫困地区的失能、失智老人如同"风烛残年的等死队"，老年人因缺乏照料而自杀的现象甚至也频有发生。面对社会发展导致的高龄化趋势与长期护理难题，要求个人或其家庭去承担国家在走向现代化发展过程中所产生的人口结构问题，恐怕是强人所难，极不合理。

因此，随着长期护理风险衍化为一种社会性风险，而难以内化为个人或其家庭的私人领域承担时，外化由公领域承担就成为必然的选择，国家责任因此得以成立。这一点在域外长期护理风险化解的实践中也得到了验证。为了应对前述老龄化社会共同面临的长期护理困境，晚近的学者开始摒弃以损害填补为救济理念的传统思考路径，而将目光投向以风险分散和风险预防为理念的保险制度。[1]

二 我国现有长期护理保障制度中国家责任的实施情况

（一）基于不同程度国家责任的社会保障制度模式

就社会保障制度模式而言，依据不同的指标和类型学方法对世界范围内的社会保障制度进行考察，会得出趋同或者趋异的答案。其中最著名的当属安德森的三分法，这种分类方法以去商品化、社会分层以及公私混合福利供给强度这三个轴线作为分类标准，[2] 将世界范围内的社会保障模式分为自由主义模式、保守主义模式和社会民主主义模式。虽然学者对这三种模式的具体定义存在不同意见，但着眼于国家责任包含内容和实施程度的差异，我们可以通过总体描述的方式，大致阐述这三种社会保险模式存在的不同之处。

社会民主主义模式强调团结互助、自由和平等，认为强行在复杂的社会中推行激烈的社会变革将会影响社会成员的经济福利，因此应当以渐进的、改良的缓和式手段推进社会主义。社会应该为实现个人的真正自由提

---

[1] 相关研究详见陈君山《德国保险制度之研究》，《社区发展季刊》1997年总第78期；庄秀美《高龄社会的老人长期照护对策：以日本的公共介护保险法为例》，《东吴社会工作学报》2006年第6期。

[2] 匡亚林：《社会福利引论：福利体制模式的类型化考察》，《国家行政学院学报》2018年第3期。

供必要的条件,使得个人能够在教育、就业、社会保障等政治、经济、文化等领域获得相对平等的条件。同时,国家应该通过社会福利的提供以减少社会成员之间的贫富差距。因此社会民主主义模式在价值取向上属于追求普惠型的社会保障制度,其"去商品化"程度最高,费用由国家财政统一支出,惠及全体国民,具有国家性、普遍性和平等性的突出特征,因而是实现公民社会权利程度最高的模式。这一模式以北欧国家为典范。但这种社会保障模式贯彻国家的直接给付责任,系以国家强大的财政力量作为制度运行的后台保障,否则相关的制度就宛如无源之水、无本之木,毫无持续运转的可能性,这也正是近年来西方高福利国家对社会保障制度进行大规模改革的原因所在。

自由主义模式主张有限的社会保险计划、有限的财政普遍性转移和精准调查基础上的社会救助。为这一模式进行辩护的主要理由,一种是认为如果国家拥有全部的社会资源,便会拥有不受任何约束的强制权力,导致国家对社会事务过度干预。[①] 另一种担心是失去个人自由,避免福利供给对工作的替代效应,正如尼尔顿·弗里德曼所言:"即使社会成员选择年轻时花天酒地,挥霍掉所有财产,宁愿在年老时过着穷困潦倒的生活,这也是他个人自愿的选择,不应该以举办社会保险形式干预其自由。"[②] 因此,自由主义社会保障模式中国家责任的干预程度最低,国家财政仅对特殊困难群体给予补贴,呈现出非常明显的残补式特征。一方面依赖残补式的福利供给,另一方面十分重视发展以市场为基础的商业保险。因此这类国家中社会保障的"去商品化"程度最低。

保守主义模式则兼有社会民主主义和自由主义的某些特征,这主要体现在保守主义模式中的国家责任之落实,往往受到国家财政实力、传统观念、社会利益群体以及官僚体系利益的综合影响,因此在对公民提供社会保障方面,经常处于缓慢推进的状态。保守主义的社会保障模式以德国为代表,其社会公民权的概念来源于标准的工作安排,以家庭为中心。即公民权的实现与就业工作有关,参加就业的公民能获得由国家安排的社会福利,没有参与工作就只能获得低水平的社会救助。德国社会福利制度主要覆盖的人群是劳动者,基本目标在于维护现存的社会状况和保障对象的基

[①] [英]弗里德里希·奥古斯特·哈耶克:《自由宪章》,杨玉生等译,中国社会科学出版社2012年版,第195页。

[②] 王福重:《公平中国》,东方出版社2013年版,第15—16页。

本生活条件。1998—2005 年，德国政府通过劳动力市场改革和社会保障改革，实施积极的社会保障政策，保守主要的倾向有所改观，社会福利有了较大幅度的提高。由此可见，在保守主义模式中，国家权力对社会保障发展存在较深的影响，社会保障水平取决于国家社会福利政策的价值取向与现实考量。

我国兼有保守主义和自由主义模式的特征。首先，我国社会保障模式制度的建制和发展受国家权力的干预非常明显，而对公民权利的支持保障则相对薄弱，具有保守主义的特征。其次，就自由主义的特征而言，突出表现在改革开放之后，对市场化的内涵存在错误理解，导致在国家层面关于社会保障的行政权力被分散于多个部门，在中央部门分权的同时，大部分的保障责任又被转移给地方政府，之后又被转嫁给企业和个人。从实践来看，在这种混合模式中国家为社会中的优势群体提供保障，弱势群体反而依靠力量较弱的企业和个人保障，以身份、职业为划分基础的碎片化保障供给，加剧社会群体之间的隔阂，违背了社会保障制度的设计初衷，造成了极度不公平的局面。

（二）我国现有长期护理保障制度中国家责任的具体实施特征

我国老年人长期护理主要依赖个人与家庭，国家仅通过社会救助体系扮演最后出场的角色。这种国家承担兜底责任的模式，除了与中华人民共和国成立初期国家财政不富裕相关外，还与我国传统的儒家文化的"孝道"观念一脉相承。因此，在中华人民共和国成立后的很长一段时间内，长期护理需求中的国家责任主要是通过分散在社会救助体系中的若干制度来完成的。

1. 《农村五保供养工作条例》对"三无"人员的照护安排不够全面

我国农村五保供养制度建立于 20 世纪 50 年代。① 1994 年国务院颁布《农村五保供养工作条例》，对村民中无法定扶养义务人或者虽有法定扶养义务人但其无扶养能力的，无劳动能力的，无生活来源的老年人、残疾人和未成年人在吃、穿、住、医、葬等方面提供生活照顾和物质帮助。1994 年《农村五保供养工作条例》第 9 条明确规定了五保供养的内容主要包括 5 项，其中第 4 项为"及时治疗疾病，对生活不能自理者有人照料"，并对农村失能人员的服务形式、经费开支等具体问题作了规定。

---

① 1956 年颁布的《高级农业生产合作社示范章程》，规定对生活没有依靠的老、弱、孤、寡及残疾社员，由集体给予保吃、保穿、保烧的保障，对于年幼的人保证其接受教育，对于年老的人保证其死后安葬，这些保障简称"五保"。

2006 年修正后的《农村五保供养工作条例》对五保供养提出了"不得低于当地村民的平均生活水平"的新标准。

"五保"制度对于保障农村失能人员的正常生活,发挥着扶危济贫的重要作用。但在实施的过程中也暴露出许多问题,除覆盖范围狭窄,失能护理保障水平有限外,还存在着供养标准全面落实难、实施敬老院集中供养难、地区供养负担不均衡等现实困境。①

2. 《残疾人保障法》确定的护理补贴水平过低

1990 年颁布的《残疾人保障法》第六章"对残疾人福利",明确规定了国家和社会要采取扶助、救济和其他福利措施保障残疾人的基本生活。2008 年修订的《残疾人保障法》第 48 条规定:"各级人民政府对贫困残疾人的基本医疗、康复服务、必要的辅助器具的配置和更换,应当按照规定给予救助。对生活不能自理的残疾人,地方各级人民政府应当根据情况给予护理补贴。"从而在对"三无"残疾人供养安排的基础上,明确了对生活不能自理的残疾人给予现金补助的保障,主要包括残疾人生活津贴和护理津贴,前者是满足残疾人的基本生活,后者则是为了保障生活不能自理的残疾人能够获得护理保障。

残疾人护理津贴能够解决部分失能人员对护理需求的燃眉之急,但总体而言作用是极其有限的。一则残疾人护理补贴的对象是非因工致残的低收入残疾人,覆盖范围狭窄。二则补助标准低。残疾人在康复训练、辅助器具适配、家庭无障碍设施购置方面需要额外支出成本远高于普通社会成员,低水平的护理补助对于高昂的护理费用无异于杯水车薪。

3. 工伤失能补贴和军人优抚制度覆盖范围过于狭窄

《工伤保险条例》第 34 条规定:"工伤职工已经评定伤残等级并经劳动能力鉴定委员会确认需要生活护理的,从工伤保险基金按月支付生活护理费。生活护理费按照生活完全不能自理、生活大部分不能自理或者生活部分不能自理 3 个不同等级支付,其标准分别为统筹地区上年度职工月平均工资的 50%、40% 或者 30%。"这是我国法规第一次明确提出护理保障制度的标准,也即失能等级挂钩职工平均工资水平。② 同样地,《军人抚

---

① 参见洪大用等《困境与出路:后集体时代农村五保供养工作研究》,《中国人民大学学报》2004 年第 1 期。

② 参见朱铭来、李新平主编《护理保险在中国的探索》,中国财政经济出版社 2017 年版,第 9 页。

恤优待条例》第 29 条也根据与平均工资挂钩的方式对护理费作出了明确的规定。① 因公伤残的职工和军人，失能保障的方式均为现金给付，同时现金给付的水平均为当地职工平均工资的 30%—50%。

两类失能人员护理标准的统一，在某种程度上反映了我国当前护理保障标准的取向，这也为我国失能老人护理补贴标准的确定提供了一定的参考。但是工伤失能补贴仅针对参加工伤保险的劳动者，并且现实中的工伤与伤残等级认定较为困难，导致其实际覆盖人群较为狭窄。军人优抚制度则是针对军人而言，其范围更加狭窄。

4.《老年人权益保障法》对长期护理的规定过于原则性

1996 颁布的《老年人权益保障法》，是一部适用对象为老年人的特别法，从物质、家庭、社会等各方面为老年人的权益提供了全面的保障依据。该法第 5 条规定："国家建立多层次的社会保障体系，逐步提高对老年人的保障水平。国家建立和完善以居家为基础、社区为依托、机构为支撑的社会养老服务体系。倡导全社会优待老年人。"该法 2012 年经修正后，增加第 30 条："国家逐步开展长期护理保障工作，保障老年人的护理需求。对生活长期不能自理、经济困难的老年人，地方各级人民政府应当根据其失能程度等情况给予护理补贴。"

立法具有先导作用，上述条文为应对日益严重老龄化趋势提供了正确的导向和安排。对我国今后开展长期护理保障工作、建立长期护理保险制度和护理补贴制度具有很强的指导作用。但《老年人权益保障法》的弊端也是显而易见的，上述条文仅仅提供了一般性的指导，并没有详细的实施细则。从各地的实践来看，该条文作为一个原则性规定，目前还没有与之衔接的配套措施，不具有落地施行的可能性。

通过梳理我国既有的失能人员保障制度，不难发现这些制度主要以维持基本生存为目的，以经济补偿作为主要方式解决贫困群体的生存危机。② 从社会保障模式上看，具有显著的自由主义模式的特征：其一，长期护理风险的防御主要依赖个人，国家仅扮演最后出场的角色，对困难群

---

① 《军人抚恤优待条例》第 29 条规定："对分散安置的一级至四级残疾军人发给护理费，护理费的标准为：（一）因战、因公一级和二级残疾的，为当地职工月平均工资的 50%；（二）因战、因公三级和四级残疾的，为当地职工月平均工资的 40%；（三）因病一级至四级残疾的，为当地职工月平均工资的 30%。"

② 参见张浩淼《发展型社会救助研究：国际经验与中国道路》，商务印书馆 2017 年版，第 137 页。

体提供救助，相关的费用列入国家财政支出，其资金来源于国家税收。其二，救助的标准普遍偏低，以维持个人的基本生存为限。其三，相关的保障制度或完全独立或部分交叉，呈现出碎片化的状态。这体现出诸多弊端：首先，社会救助水平低。在国家和地方财政普遍吃紧的情况下，全国许多城市的低保标准普遍低于当地的实际贫困线，[1] 农村的低保标准普遍低于城镇低保标准，[2] 难以保障贫困者的基本生活。其次，服务救助缺失。社会救助注重物质救助，以发放现金和实物为主，缺乏相应的服务救助。对于失能人员来说，为其提供协助日常起居的居家服务往往才是解决问题的关键。最后，覆盖范围狭窄。综合各种与失能人员救助有关的制度来看，社会救助能够覆盖的范围相当狭窄，即便是仅提供最基本的生存所需，也还有大量的人员没有纳入救助的范围，同时还出现了救助对象多重叠加的情形，救助资源分配不平衡的现象时有发生。

综上所述，随着老年人的长期护理需求演化为一种社会风险，仅依靠私领域自力承担的解决方式，在今日情形下恐将难以为继。而长期护理风险透过社会保障体制的回应，是国家干预程度最低的自由主义模式。国家仅仅承担兜底的直接给付责任，并不能很好地应对新形势下的社会需求。长此以往，长期护理风险极易外溢损及公共利益。因此，在国家治理治理体系和治理能力现代化背景下，化解长期护理风险亟须国家责任的重新定位与转变。

三 长期护理风险治理中国家责任的定位转变与实施路径

长期护理需求的持续增加与传统公私领域回应此问题的极度乏力，使得长期护理风险衍化为一种社会风险，需要从社会治理的角度化解社会矛盾和冲突。[3] 我国长期护理风险治理的实践表明，国家责任在这一领域的介入是不足甚至是缺失的。2016年，人社部发文明确在河北、吉林、上海等15个省市开展探索建立长期护理保险制度的试点工作，终于在失能人员权益保障方面取得了实质性进展。但目前我们仍然处于摸着石头过河的阶段，进退的方向如何，还没有十分确定的方案。我国既有的长期护理

---

[1] 参见郑功成、杨立雄《中国社会救助改革与发展战略：从生存救助到综合救助》，载郑功成主编《中国社会保障改革与发展战略（救助与福利卷）》，人民出版社2011年版，第5页。
[2] 参见江治强《我国社会救助的财政问题与对策探析》，《山东社会科学》2005年第5期。
[3] 参见徐敬惠、梁鸿主编《长期护理保险的理论与实践》，复旦大学出版社2018年版，第9页。

保障制度权力和资金分散,造成制度"碎片化"状态。因此,长期护理风险治理中国家责任回归的实质是加强顶层设计,形成统一的长期护理社会保障体系,实现制度的"去碎片化"。

(一) 长期护理风险治理中国家责任的定位转变

第一,在价值取向中贯彻平等原则。社会保障制度由国家统一实施,本质上是间接地在国民之间进行资源的再分配,如何保证分配的正义性,是理论和实践中的一个难题。关于何为正义,实为世界学术研究中一桩久讼难决的公案。古希腊时期的亚里士多德和柏拉图等哲学家都曾讨论过此话题,但他们的目光聚焦于政治领域,更加关注政治地位的分配正义。现代意义上的分配正义,要求国家保证社会产品在社会成员之间公平分配,以便使每个社会成员都能够拥有一定的物质产品,分配正义要求在国家干预下社会产品公平分配,而且任何社会产品的分配都应该分配给所有人。[1] 因此,可以说分配正义是长期护理保障制度的根本价值观。在罗尔斯看来,如果国家和社会的基本制度缺乏正义,就应该被摒弃。同时,他把"差别原则"作为分配正义的准则,认为即使社会分配中不得已存在差异分配现象,那么这些差异中的不平等也应该倾向于社会中处于弱势地位的群体。

我国既有的长期护理风险保障制度之所以呈现出碎片化状态,很大程度上是因为缺乏平等正义的理念,突出表现在文化价值中缺乏平等主义的文化积淀,在其制度构建中缺乏平等主义价值观。以我国的基本养老保险制度为例,其以参加者的身份为基础进行分流保障,不同的职业者参加不同的养老保险体系,在保费缴纳、待遇支付以及国家补助等方面存在显著差异。但是,在国家的政治、经济、文化条件都相同的情况下,所有的社会成员面临的基本养老风险几乎是相同的,以身份不同为基础建立不同的保障制度,忽略了前述社会成员面临的风险的一致性,无视社会成员作为国家公民所享有的受国家保障的权利的平等性,违背了国家基本制度应具有的理念和原则。因此,长期护理保险制度的建立,必须贯彻国家责任的平等原则。

本书认为,长期护理风险保障制度是否符合分配正义的平等原则,可

---

[1] 参见约翰·罗默《分配正义理论》,第1页。转引自 [美] 塞缪尔·弗莱施哈克尔《分配正义简史》,吴万伟译,译林出版社2010年版,第5—6页。

以从以下几个方面加以检视：其一，不同群体的社会保障权是否存在身份性差异，并且这种差异是否是未经国民同意的客观的制度安排。其二，社会保障的各项目是否充分覆盖了所有社会成员。其三，社会保障给付水平在不同的社会成员之间是否存在很强的差异性。我国深受儒家文化影响，社会公众对理想的社会构建是一个相生相养、各得其所、使民养生送死无憾的时代，而此时代又可借政治之力达之，所以在无形之中，所责于政府者甚深。① 这某种程度上说明在我国社会公众的思维方式中，已经习惯了国家对于社会基本制度的主导和安排，但也正是因为国家承担着如此重任，所以国家责任在国家基本制度安排中必须公平公正，不得有所偏颇。

第二，在产品供给中实行公私合作。面对日益增长的公共服务需求，社会主体参与公共产品供给、社会福利制度改革向社会倾斜的趋势日益明显。这种趋势也与党的十九大在判断社会主要矛盾转变的基础上提出要打造"共建共治共享的社会治理新格局"相一致。在未来的治理转型过程中，各治理主体之间关系格局的优化仍将是值得关注的核心。② 作为公共部门与私人部门合作完成公共任务的新型话题，有关公私合作的讨论早已在全球范围内广泛展开。自 20 世纪 70 年代末以来，公私合作逐渐成为全球行政改革极为重要的组成部分和治理工具，给付行政民营化被实行行政改革的大多数国家奉为圭臬。③ 实则，这种全球范围内的趋势其来有自，公私合作的背后蕴含着深刻的国家担保责任思想。

担保国家理念起源于 20 世纪 90 年代的德国，德国"担保国家"理念的代表性人物是柏林洪堡大学的舒珀特教授，他认为作为一种富有前瞻性的先进理念，担保国家促成了新的历史时期国家与社会之间相互关系的重构。④ 担保国家是指私人参与公共任务履行时，国家对该公共任务的确实完成，所应负担的担保责任。具体到长期护理领域，就意味着国家不再像社会救助体系中那样承担直接的给付责任，而是要寻求与私部门的合作，协力共同承担。换言之，国家从长期护理给付责任中解脱出来，取而

---

① 参见吕思勉《中国政治思想史》，中华书局 2012 年版，第 111 页。
② 参见李友梅《当代中国社会治理转型的经验逻辑》，《中国社会科学》2018 年第 11 期。
③ 参见刘淑范《公私伙伴关系（PPP）于欧盟法制下发展之初探：兼论德国公私合营事业适用政府采购法之争议》，《台大法学论丛》2011 年第 2 期；詹镇荣《论民营化类型中之"公私协力"》，《月旦法学杂志》2003 年第 10 期。
④ 参见杨彬权《论国家担保责任：主要内涵、理论依据及类型化》，《西部法学评论》2016 年第 4 期。

代之的是承担监督、担保责任。至此，国家担保责任的基本内涵已较为清晰，需要进一步追问的是，长期护理服务的供给缘何需要国家担保责任？这还要从长期护理服务的特殊性谈起。

长期护理保障具有长期性，具体包括护理服务供给的长期性和资金平衡的长期性。老年人由于身体各器官功能的衰退以及各类疾病的侵袭，生活自理能力的丧失往往具有不可逆性，长期护理服务旨在维持老年人的身体状况，该需求一旦产生将伴随其余生。因此，长期护理社会保障具有极为突出的长期性特征。由于老年人的长期护理需求具有长期性，满足其需求的长期护理保障基金收支平衡也必然要求从长期性的角度考量。例如，采取基金积累模式，从被保障人个体角度看，长期护理保险在受益前往往有很长的缴费期，一旦护理风险发生，受益期往往覆盖其余生。因此，这种模式需要考虑被保障人一生生命周期内的基金平衡。如果采取现收现付的基金模式，长期护理保险基金需要考虑人口年龄结构变化、不同时期失能率的变化、长期经济增长情况和工资水平的变化等因素。除此之外，长期护理服务具有个性化，根据个人失能程度的不同，护理需求也就存在差异，这种个性化的服务需求应发挥市场对资源配置起决定性的作用，让市场提供。

正是基于长期护理服务所具有的独特性，国家担保责任在化解长期护理风险的社会治理中得以立足。第二次世界大战后，国家模型从传统自由主义观"干预最少的政府"或夜警国家的立场，转变为强调对人民提供生存照顾的福利国家，进而导致诸多的公共任务均被纳为国家所应负担的任务。此种福利国家模式在提高人民保障水平的同时，如影随形的还有其固有的弊端：一方面，传统的管制手段越来越难以充分回应日益复杂且多变的社会环境，加上长期护理的服务供给具有跨领域的色彩，仅靠个别手段或单一制度势难解决今日所面临的问题；另一方面，国家介入越深就意味着越加沉重的财政负担。目前，我国尚属于发展中国家，在长期护理制度中采取国家自力承担的模式，对于财政日益吃紧的当前状况，无疑是一大难题。综上，面向社会治理现代化发展，长期护理风险共担机制的构建成为必然的选择，而国家直接责任向担保责任的转变是此项机制的题中应有之义。

第三，在筹资上采取多渠道模式。社会保障制度作为一种社会风险的保障系统，是在个人不幸遭遇到无法化解的风险时，以经济补偿的形式对他们提供帮助,以期助力风险的化解。那么,从经济实质上来讲,社会保障也可以被视为系针对社会需求而设计的一项供给制度。在这一供给制度中,最重要的莫过于融资功能,也即怎样筹措资金,具体包括资金的来源、资金的使用以及资金的管理。而资金的来源又具有基础性的作用,资金的使用与管理均以筹集到一定的资金为前提,因而资金的筹集尤需关注资金的来源。进而,资金筹集中的国家责任可以分解为两个问题,即谁为筹资行为负责,谁有责任提供资金来源。公民享有社会保障权利,相应地国家有预防社会风险的发生、控制以及减轻或消除其对社会的破坏的责任,也即国家负有保障公民社会权利得以实现的责任。在长期护理保障制度的构建中,国家应该承担的主要责任就是对制度进行顶层设计,长期护理保险基金的筹资是制度的重要组成部分。

  目前,我国既有的长期护理保障制度属于救助型体制,由国家财政保证其各项费用支出,资金来源极度单一,给付水平普遍偏低,因此在保障水平与国家财政安全之间形成两难境地。一方面,随着老龄化的加剧和家庭照护功能的减弱,老年人面临长期护理的风险显著增加,这就要求相关制度保障能够提供更高水平的费用给付;另一方面,我国尚处于发展中国家阶段,国家尚不富裕,在国际化竞争日趋激烈的今日,倘由财政全部负担此项费用,对于国家财政安全来说是一项不小的负担。想要成功解决当前长期护理保障制度中的这一对矛盾,筹资模式中的国家责任必须予以转变。因此,本书认为采取多元化的筹资模式是成功实现国家责任在筹资机制中转变的不二选择。

  国外的实践经验表明,长期护理社会保障不能简单地依靠单一的筹资渠道,而要依靠政府、企业和个人等的责任共担。[①] 社会保障之所以称其为社会的保障,是因为其区别于个人风险与公共风险。纯粹的个人风险应该以自我保障为主,国家不宜僭越干涉,而公共风险中个人的作用微乎其微,需要国家强力干涉。社会风险则介乎二者之间,其兼具个人和公共的属性。长期护理风险传统上其属于个人风险,依赖个人的力量解决,但随着老龄化社会的加剧以及家庭辅助能力的减弱,其逐渐转化为一项社会风险,倘若国家不加以治理,则将外溢为公共风险。正是因为长期护理风险在个人风险、社会风险和公共风险之间的相关性,长期护理社会保障制度

---

① 李长远、张会萍:《发达国家长期护理保险典型筹资模式比较及经验借鉴》,《求实》2018年第3期。

所提供的是准公共产品而非纯公共产品，国家财政不必完全负责。并且市场存在失灵，政府同样存在失灵的时候，倘若由国家提供全部资金，不仅会降低资源配置的效率，而且最终恐将危及公共安全。因此，在长期护理社会保障资金的筹集中，应该对外化为社会风险的部分采取由个人、企业以及国家共同承担的模式。当然，在实践中很难对上述的三种风险所占的比重予以量化，因此，各主体间实际承担的筹资比例还应该考量其他合理因素，衡量各主体的负担能力、地区社会经济发展水平等予以综合确定。

（二）长期护理风险治理中国家责任的实施路径

长期护理需求背景下的国家责任之实现，既"要跨越消极责任的藩篱，突出国家对公民的生存保障，强调对弱势群体生存发展风险的公共负担"[1]，又要"防止民主赤字、公法逃遁、公益旁落的负面风险"[2]。而是否能够真正降低或者消除失能者面临的长期护理风险，具有两位维度的观察视角：其一，个人和其他家庭成员组成的风险共同体具有的防御各项风险的能力；其二，国家通过合理的制度安排能够帮助消除或降低个人的风险。本书认为，落实长期护理社会风险治理中的国家担保责任，最佳途径就是建立长期护理保险制度。同时，在此基础上构建高效率高质量的服务供给体系。其中，社会保险制度从国家保障的角度增强社会成员的抗风险能力，商业保险制度从个体的角度扩展自我防御空间，高效高质的服务供给体系是前述制度得以发挥实际效用的关键。

1. 建立强制性长期护理社会保险制度

保险具有填补损害、分散风险的功能，长期护理风险衍化为一种社会风险，将此项个人难以承受的损失分散由社会全体成员共同承担势在必行。社会保险是落实我国社会保障的重要方式。社会保险之所以被世界范围内的大多数国家广泛采用，缘于其具有的两项优势：其一，它采用将风险分散到全社会的方式，为全体成员提供必要的保障，避免了个人因遭遇不幸风险而落入无法挽回的困境，确保了国家不会因承担完全给付责任而陷入财政赤字的泥潭。其二，社会保险也没有和当今仍占主流的个人主义原则发生决裂，享受社会保险福利的民众必须为此支付保费，它鼓励个人

---

[1] 陶凯元：《法治中国背景下国家责任论纲》，《中国法学》2016年第6期。
[2] 陈松：《公私合作的公法调适——以国家担保责任为中心》，《武汉理工大学学报》（社会科学版）2015年第5期。

的积极劳动,而非单纯依靠国家救助。[①]

我国已经建立起以工伤、失业、健康、生育、养老等保险为核心的社会保障体系,行经多年并取得了良好的社会效果。在现有制度的基础上构建长期护理社会保险制度,既能节约立法成本,又便于制度落地。并且社会保险具有强制性,只要符合预设的条件均需按照法律规定缴纳保费,这为保险基金提供了稳定的财源,从而使长期护理保险具有普适性。正是社会保险的强制性和普适性,平等对待社会生活中每一个具有长期护理需求的人,实现保险对象的全覆盖,真正起到社会保障的作用。根据人社部《指导意见》的规定,试点阶段长期护理保险制度原则上主要覆盖职工基本医疗保险参保人群,这种做法值得商榷。党的十九大报告明确提出在发展中保障和改善民生,要补齐民生短板、促进社会公平正义,国家担保责任不应止步于有能力缴纳社会保险费的部分社会群体,还应及于无力缴纳社会保险费的社会弱势群体,并且在现实中,这部分群体的需求也是最为迫切的。未来长期护理社会保险的制度设计,保障对象应该扩展至所有符合条件的城乡居民。

2. 发展完善长期护理商业保险制度

构建长期护理社会保险制度意味着国家力量对私人领域的干涉,但是这并不意味着拒绝个人力量的建设,从而放弃长期护理商业保险的完善及发展。恰恰相反,发展完善长期护理商业保险制度,是增强个人及家庭共同体防御能力的重要途径之一。"社会保险与商业保险一体成为社会运转过程中的保险体系,前者在于其社会性的普遍,在于社会安全保障的基本理念,后者在于个性化追求,在于当事人自身特别需求之满足。"[②] 商业保险由企业进行社会化运行,保险合同的成立贯彻自由原则,在退出机制、投保加入机制、续保机制以及待遇给付机制等方面具有灵活性,能够满足社会成员对长期护理服务的多层次需求。

3. 建立高质量长期护理服务市场供给体系

建立长期护理保险制度只能解决保险基金的财源问题,要想成功化解长期护理社会风险,离不开高效率与高质量的护理服务供给体系。现阶段,我国长期护理服务供给能力的来源主要有五个渠道:一是养老机构,

---

① 蔡宏政:《社会保险作为一种风险治理的政治技艺:以台湾的保健为例》,《健康与社会》2014年第2期。
② 参见郑尚元《社会保险之认知——与商业保险之比较》,《法学杂志》2015年第11期。

为失能老人提供以生活照料为主的护理服务。二是医疗机构，为失能老人提供住院医疗护理、康复和临终关怀等服务。三是基层医院设立的家庭病床，为失能老人提供部分居家医疗护理服务。四是由民政部门主导、社会力量举办的日间服务中心和社区服务社等。五是家政服务机构，提供日常生活照料服务。上述五种方式中，社会力量的参与是十分有限的，长期护理服务供给能力严重不足。这种不足转由医院等医疗机构补充，其后果是导致医疗资源的严重浪费，进而损及医疗卫生服务的供给能力。

我国社会保障改革的核心是重构责任分配机制，而多方分担责任是基本改革取向。[①] 同样地，国家担保责任的转向要求公私协作风险共担。一方面，应发挥市场在资源配置中的决定性作用，积极培育社会力量，实现长期护理服务供给市场化。例如湖北荆门市采取"补、减、免、贷"等优惠政策，积极推动市场主体参与长期护理服务供给，打造市、县、乡、村四级护理机构，在试点中取得了良好成效。[②] 另一方面，长期护理服务供给的市场化，绝不意味着政府责任的消退，而是要求政府从差异化、微观化的服务中解脱出来，将供给的中心转向社会组织无法提供的普遍性义务性服务中去。

第三节　长期护理保险制度的宪法基础与基本原则

一　长期护理保险制度的宪法基础

《宪法》是我国的根本大法。宪法作为中国特色社会主义法律体系中的最高规范，社会保险制度理应受到宪法的约束。长期护理保险制度的建立也应当受到宪法的规制，符合宪法的相关规定。而宪法从公民、国家的层面规定了一系列根本性问题，包括长期护理保险在内的社会保险制度在宪法中也能找到相应的依据。长期护理保险在未来的实际操作中，难免会涉及公民、国家、企业等主体权利与义务的限制或扩张，因此我们在构建长期护理保险制度之前，有必要分析其宪法基础，使其具有合宪性。

---

① 参见华颖《中国社会保障70年变迁的国际借鉴》，《中国人民大学学报》2019年第5期。

② 参见陈耀峰《中国长期护理保险制度建构的研究——基于湖北荆门长期护理保险试点工作》，《当代经济》2018年第14期。

（一）是实现依法治国的必然要求

《宪法》第 5 条规定："中华人民共和国实行依法治国，建设社会主义法治国家。"任何法律法规都不得同宪法规范相抵触。依法治国的中国化内涵就是依照人民的意志，坚持和实行法治，反对人治和专制。强调依法治国实际上就是强调以法治思维和法治方式为治国理政的基本方法。党的十八届三中全会提出："全面深化改革的总目标是完善和发展中国特色社会主义制度，推进国家治理体系和治理能力现代化。"推进国家治理现代化的核心是推进国家治理的法治化。[①] 社会保险法律制度是中国特色社会主义法律体系的有机组成部分，长期护理保险的构建必须先走法制化道路，最终走向风险治理的法治化。[②] 长期护理风险衍化为社会风险，处理不慎将损及公共利益，需要在社会治理视角下将其纳入社会保障体系内加以解决，其核心仍然是风险治理的法治化。

社会保险制度肇始于德国，该制度的法治化也成为世界社会保障领域立法的典范。日本在引入社会保险制度后，经过不断的立法完善，已经形成了相对齐全的社会保险法律体系。而我国社会保险制度发端于 20 世纪 80 年代，目前形成了以《社会保险法》为中心的社会保险法律体系，主要包括《失业保险条例》《工伤保险条例》《社会保险费征缴暂行条例》等，社会保险的法制化已走上正轨，但距离社会保险的法治化仍有距离。首先，其立法精细程度较低，可操作性较差，在既有的立法中基本沿袭了政府本位的传统思维和理念，"有法可依"尚需很长的路要走。其次，社会保险制度的行政脱法情况严重，权责不明的问题尤其突出，"依法行政"仍是我们在社会保险的立法工作中需重点完善的领域。最后，社会保险制度的司法救济规定较为粗略，可适用性较低，参保人员寻求救济的途径仍有待完善。

长期护理保险作为社会保险的构成部分，上述问题表现得尤其突出。现行的长期护理保险仍处于试点积累经验阶段，遵循"实践先行、立法后行"的制度构建模式，这虽然有利于试点地区根据自身情况选择适合自身的长护险发展道路，但是其运行的法律依据欠缺会导致试点期出现较

[①] 参见胡建淼《国家治理现代化的关键在法治化》，《学习时报》2014 年 7 月 14 日；张贤明《以完善和发展制度推进国家治理体系和治理能力现代化》，《政治学研究》2014 年第 2 期。

[②] 参见郑尚元《依法治国背景下社会保险法制之建构》，《武汉大学学报》（哲学社会科学版）2017 年第 4 期。

多争议,此时,如何与行政复议、行政诉讼等程序进行衔接仍是难以解决的问题。加之《社会保险法》中关于现行社会保险的规定也基本上属于粗线条的框架条款,可适用性不高。因此笔者建议,在全国推行长期护理保险制度之前,应当尽快总结试点地区的经验,分阶段、分步骤地启动相关立法工作,争取于长护险制度正式推行之前出台《长期护理保险条例》,并在未来修改《社会保险法》时纳入长期护理保险,并单独成章。

(二) 是尊重保障人权的切实体现

人权问题引起了当今国际社会的广泛关注。人权概念的提出与人权理论的发展水平息息相关,体现了人类现代社会的进步程度。政府决策的研究视域回归到公民自身,既彰显了政府的人文关怀,又表达了公民对于自身的社会主体地位的认同与维护。同时,人权不应当成为一种空洞的口号,而应当成为人们能够切实享受的实在权利,这就有赖于国家和政府出台一系列政策、措施,保障公民的人权能够得到实现与发展。因此社会保障与人权保障之间存在着密切联系,人权保障是社会保障的理论基础,社会保障则是人权保障的重要措施。

人权理论为社会保障制度的建立提供了正当性基础。第一,保障人的生存权是社会保障的根本出发点。国家中的每个公民都有生存下去的权利,当公民因各种原因陷入贫困、疾病、意外等生存危机时,有从国家和社会获得帮助以维持生存的基本权利。生存权是人之生命得以延续的基本权利,是人权体系中最为核心的本质。生存权要求国家和社会保障每个公民维持生存的基本需求。同时,生存权与发展权紧密联系。公民有完善、发展、满足自身需求与目标的权利,国家和社会要创造各种条件满足公民实现自身发展的需求。第二,保障人的平等权是社会保障的重要立足点。平等权是受我国宪法保障的重要人权,它意指公民同等地享有权利和履行义务的自由度。[1] 使得所有的社会成员,无论男女老少,不分种族民族,一律享有社会保障的权利,享有平等的生存条件,是贯彻国家责任的重要方式。第三,保障人的自由权是社会保障的重要目标。"只有在创造了使人可以享有其经济、社会及文化权利,才能实现自由人类享有免于恐惧和匮乏的自由的理想。"[2]

---

[1] 参见林喆《公民基本人权法律制度研究》,北京大学出版社 2006 年版,第 27 页。
[2] 参见董云虎、刘武萍《世界人权约法总览》,四川人民出版社 1991 年版,第 963 页。

社会保障制度的建立是实现人权保障的重要途径，现代社会中的社会保障制度主要有社会救助、社会保险、社会福利三种。社会救助主要体现为两种方式，第一种是国家和社会为陷入生存危机的社会成员提供临时性的无偿的物质服务，比如救灾赈灾、扶贫等；第二种是国家和社会为保证全体社会成员享有的基本生活权利而提供经常性、制度化的帮助、救济，比如最低生活保障。社会保险是全体社会成员参加强制保险来实现对生存权、发展权的保障，旨在防御若干典型的社会风险，诸如年老、失业、疾病、工伤等，在发生上述社会风险之后，社会成员可以获得来自国家与社会的经济补偿或者服务保障等。社会保险是保障人权的重要方式，它可以避免社会成员独自面对生存危机，保障其生存权，而且可以通过一定手段为其创造发展所需的条件，保障其发展权。社会福利旨在保障社会成员的发展权，是国家社会经济发达到一定程度时，向社会成员提供福利设施、福利服务、福利津贴等。

长期护理保险作为社会保险的一种，也遵循前述基本法理。长期护理保险保障的是失能人员的最低生活品质，是实现其生存权的手段之一。首先，长期护理保险具有社会保险的强制性，由全体社会成员缴费并参保，可以帮助社会成员抵御年老、疾病等所致的失能风险，在其出现失能状况时，享受长期护理服务，保障其生存权，从而实现失能人员的基本人权。其次，从长期护理保险的实践价值来看，除了上述对于失能人员的生存权保障外，还可以促进相关养老服务产业的发展，为养老服务人员提供就业机会，实现其生存权与发展权。最后，无论失能人员是选择居家照护服务还是机构照护服务，都将很大程度地减轻其家庭成员对其照料的压力，他们能有更多的时间、精力、金钱去创造自身价值，实现自己的发展权。因此，长期护理保险作为我国未来重点培育和发展的社会保险险种，对于我国人权工程的进一步推进有着十分重要的现实意义，更能彰显社会主义的优越性。

(三) 是落实物质帮助权的制度保障

我国现行《宪法》第45条第1款规定："中华人民共和国公民在年老、疾病或者丧失劳动能力的情况下，有从国家和社会获得物质帮助的权利。"本条从宪法层面确立了我国公民的物质帮助权，为公民基本权利项下的社会经济权利之一。理论界对于物质帮助权的权利属性有不同意见。第一种意见认为该权利是生存权。虽然我国宪法文本并没有明确提及

"生存权"，但许多域外国家在宪法中都规定了生存权，① 我国也不例外，应在宪法语境上与其他国家保持一致性。第二种意见认为该权利是社会保障权，国家、社会对于年老、疾病、失业、丧失劳动能力的社会公民提供物质帮助。② 第三种意见认为该权利是物质帮助权。我们应当充分尊重我国宪法文本，不应参照外国宪法命名我国宪法上的实定权利，该条体现了社会主义的宪法理念，应直接以《宪法》第45条命名该权，即物质帮助权。③ 笔者也认同第三点意见，既然我国《宪法》第45条已经规定了"物质帮助"，就无太大必要去用"生存权"这一域外法的表述，直接定性为"物质帮助权"即可。

《宪法》第45条第2款规定："国家发展为公民享受这些权利所需要的社会保险、社会救济和医疗卫生事业。"本条作为社会保险制度完善的宪法依据，体现了国家对社会中的弱势群体的生存权益的关注，反映了我国在推进依法治国进程中"以人为本"的价值追求。根据该条，可以对于正处在生活困难状况下的社会成员的救济提供宪法确认和保障，也能对现时不存在生活危机而今后可能陷入生存危机的社会公民发挥前瞻性的救济功能。因此，宪法规定的物质帮助权不仅可以解决现时的弱势群体所面临的生存困局，也具有安抚其他暂时生存无忧的社会成员的作用，对于国家和社会的安定、和谐具有重要的意义。

社会保障制度是国家践行物质帮助权之宪法义务的手段与保证。④ 换言之，物质帮助权作为社会保障的宪法本源，国家应当通过建立并不断完善社会保障制度，以达到物质帮助权从道德权利到宪法权利再到实体权利的逐步实现。首先，我国宪法中没有"社会保障权"的概念，因此在这种立法安排的前提下，以物质帮助权作为发展社会保险的宪法依据，有利于将社会保险上升到宪法高度，也能够具体落实宪法的物质帮助权，使得其成为实实在在的公民权利。其次，建立长期护理社会保险制度，能够推动国家责任的积极作为。长期护理保险中，政府帮助和保障社会成员中失能人员的基本生存，物质帮助权既是公民的权利，也是对政府的宪法责任

---

① 参见张更全《论〈人格权法〉与〈宪法〉的立法协调》，《广西政法管理干部学院学报》2007年6期。
② 参见上官丕亮《究竟什么是生存权》，《江苏警官学院学报》2006年第6期。
③ 参见郑贤君、李样举《作为宪法权利的物质帮助权辨析》，《长白学刊》2009年第3期。
④ 参见邓炜辉《从文本到实践：中国社会保障的宪法学透视》，《甘肃政法学院学报》2013年第2期。

要求，政府应当积极履行物质帮助的宪法义务。最后，以该条为宪法依据能够促进对失能人员这类社会弱势群体的权益保护。宪法对老人、妇女、儿童、残障人士等社会弱势群体的权利作出了专门规定，公民物质帮助权与上述特殊主体的权利类似，也侧重于对社会弱势群体的特别保护。长期护理保险的设计侧重于对失能人员基本生活权益的保障，也体现了该条宪法依据的趣旨。

二 长期护理保险制度的基本原则

（一）实物给付原则

实物给付是现金给付的对立概念，指为被护理人提供康复辅具与护理服务的给付方式，由长期护理保险人为被保险人安排第三方提供的康复辅具和长期照护服务。实物给付在居家护理、社区护理、机构护理之中均有体现。居家护理中的实物给付以长期护理人员为被保险人提供上门服务或者康复辅具的形式存在；社区护理中的实物给付除提供上门护理服务和康复辅具外，还表现为在社区中安排相应的职位和人员对被保险人的身心健康恢复提供相应辅导；机构护理中的实物给付是最为明显的，被保险人进入专门护理机构接受护理。

荷兰过去只允许提供服务而没有现金给付，但现在越来越注重现金给付方式，而且现金给付成为被保险人更愿意选择的方式，因为被保险人可以用该现金购买服务，服务选择范围更宽，而且服务提供者不限于专业长期护理服务人员。① 与荷兰相反，美国实行长期护理保险之初，采用的为现金给付方式，但随着长期护理保险的发展和完善，作为实物形式的护理服务开始展露光芒，并成为推动美国长期护理保险继续向前发展的动力。在日本和韩国，除特殊情况外，不允许采用现金给付方式。② 以色列规定只有在当地无法为被保险人提供服务时，才能暂时给予现金。在卢森堡，长期护理保险立法确立了受保护人群实物护理的权利，辅助者有享受现金服务的权利，从被保险人的角度来看，这也是一种实物给付原则。德国也

---

① 参见梁亚文、徐明仪《德、荷长期照护保险之比较》，《护理杂志》2010年第4期。
② 参见林蓝萍、刘美芳等《德、日长期照护保险制度之简介》，《台湾老人保健学刊》2005年第2期。

遵从实物给付原则。① 我国长期护理保险制度宜采用实物给付原则。

首先，实物给付原则能够降低道德风险的发生。通过实物给付的方式，被保险人获得与自己失能状况相适应的护理服务，使自己在生活无法自理的期间内仍然可以尊严地生活。而且，为被保险人筛选合格护理服务提供者的是资金雄厚的保险机构或者权威的政府机构，一旦护理服务出现问题，比如护工虐待被保险人、工作敷衍等给被保险人身心造成伤害，保险机构或政府机构作为后盾，被保险人获得赔偿的概率更大。相对而言，现金给付方式并不能保证给付的现金确实用于护理支出，存在一定的道德风险，可能出现失能人员的亲属或朋友得到现金给付后，将钱挪作他用，失能人员的生活状态未因此发生好转的情况。

其次，实物给付原则能够降低保险费率，增加大众投保积极性，扩大保险覆盖面积。现金给付方式需要保险机构保持较大的流动资金，保险成本的高低会直接影响投保人缴纳保费的多少。作为一种以惠及全民为目标的长期护理保险，其保险费率理应在尽可能的范围内选择成本最低的模式，以求不会给投保人造成过大的经济压力，使更多的人加入到长期护理保险当中。参加该保险的人越多，基数越大，将会产生规模效应，保险费率降低，吸引更多人购买该保险，从而形成良性循环。② 当然，在长期护理保险发展成熟后，除基本保险费率档次，还可以参考社会医疗保险的模式，增加若干档次以供参保人员根据经济承受能力进行选择，保险费率越高的档次接受的保险给付越好，但无论如何，应当保证最低档的保费能被绝大多数人接受，极少部分经济特别困难的家庭可以从政府扶贫专项基金中支出。所以，实物给付原则能够保证长期护理保险费率处于较低水平，满足绝大多数人的投保意愿。

最后，在将实物给付作为原则的背景下，我国将会对长期护理产生巨大的需求，为就业市场增加就业岗位，缓解就业压力。从其他国家和地区长期护理就业的情况来看，实物给付在解决社会就业难问题上起着重要作用。长期护理行业中存在的大量商机也会使各公司争相开展相关业务，为争取到保险机构、政府机构和被保险人的青睐，其需要不断改革以求服务最优化的同时进一步降低成本。此时，伴随着被保险人监督反馈机制的设

---

① 参见林谷燕《德国法定健康保险制度之探讨——以 2010 年底之修法为中心》，《弘光人文社会学报》2012 年第 15 期。

② 参见黄运财等《试论保险规模经营》，《银行与企业》1992 年第 8 期。

置、市场自由竞争和政府政策指导的引入，长期护理市场将欣欣向荣，服务质量越来越高。

(二) 居家护理优先原则

在保险给付方式的选择上，居家护理应当优先于社区护理和机构护理，同时居家护理可以和社区护理结合，① 即大多数的老人应当在家里接受长期护理的保险给付，同时可以接受社区组织的体检和心理辅导等。

首先，在家养老更符合中国的传统，更能被接受。根据学者针对上海市老年人护理服务需求的抽样调查，选择居家护理的老人占有效抽样总数的 47.56%。② 这显示当前以家庭为中心的护理观念仍占主流，中国传统孝文化是家庭养老的道德基础，子女有赡养老人的义务。家庭是社会的细胞，家庭的和谐与否事关社会治理的大局。养老压力中所涉及的经济压力得到较好的缓解之后，老人所需要的精神关怀得到凸显，其中来自子女的情感慰藉最为重要。相较机构护理模式而言，居家护理模式更能满足老人的情感需求。

其次，被保险人熟悉的环境更有利于其情绪稳定，加快体力、精力和智力的恢复。在一个已经居住几年乃至十几年的地方，周围的邻居、志趣相投的朋友、超市商店、交通设施等都已熟记于心，哪怕已经丧失行动能力，但在身体稍微好一点的情况下，可以依靠轮椅出门散心，被保险人心里会有一种踏实感和对接下来生活的向往，内心会变得更加积极，这对疾病的康复将产生很重要的影响，也能和预防优先原则实现较好的对接。如果被保险人在失能以后搬去护理机构接受长期护理，面对完全陌生的新环境，身体机能的缺失和内心深处的孤独感会使被保险人性情暴躁、怨天尤人，消极面对生活，会导致身体机能进一步恶化。

再次，居家护理有助于保护被保险人的隐私。护理机构中集体生活的模式，更加重视团结、和谐，并以满足大多数人的集体利益为决策依据，而非集中在个人的身上。一项学者的调研结果显示，很多老年人也表达了

---

① 参见郑尚元《长期照护保险立法探析》，《法学评论》2018 年第 1 期。
② 参见朱铭来、李新平《护理保险在中国的探索》，中国财政经济出版社 2017 年版，第 199 页。

在集体生活中他们不认为跟别人一起活动及同住在一个房间会侵犯隐私。[1] 某种程度上表现出老年人对集体生活的认同。但现如今，由于受教育程度和经济实力的提高，人们对于隐私权等个人权利越发看重。隐私权已经由过去的民事利益升级成为民事权利，其外延也有了新的扩充。居家护理中，被保险人的隐私能够得到较大程度的尊重。而我国的机构护理过于机构化，被护理人的隐私权无法得到满足。

最后，居家护理是各个国家和地区实行长期护理保险时较为偏爱的一种给付方式。德国明确提出以居家护理和社区护理优先，[2] 而且通过为非正式护理者提供养老保险和失业保险达到鼓励居家护理的目的[3]。日本以促进日常生活自理为基础，强化居家护理，[4] 以家庭和亲属的护理为前提，并希望通过将居家护理负担社会化的方式来巩固居家护理在长期护理各选择模式中的主要地位。韩国则提出，在被保险人愿意在家中接受长期护理服务的前提下可以提供家庭内护理补助，并制定了详细的税收优惠鼓励和居家养老支持政策。我国台湾的长照保险法也规定有居家护理优先原则，具体是指居家护理优先于机构地区护理，半机构式护理和短期护理优先于机构护理。

综上，从尊重中国传统文化、稳定被保险人情绪、保护被保险人隐私和专业护理的匮乏角度分析，目前我国的长期护理保险应当以居家护理为原则。

（三）被保险人自决原则

被保险人自决原则，是指被保险人有权在咨询相关机构，对长期护理有关事宜具有充分认识之后，于符合相关法律规定的情形下选择适合自己的保险给付方式。长期护理保险涉及公共利益，为国家责任的介入提供了立足点。公权力的扩张就意味着私权利的相对收缩，二者之间的此消彼长应遵循比例原则。公共利益在特定条件下的价值优位并不是对个人权利的否定，而将在制度功能上最终指向对个人权利的回归。[5] 虽然在长期护理保险的保险给付方式选择中应遵循实物给付原则和居家护理优先原则，但对于保险给付方式的选择，却不能忽视和违背护理需求者自身的意愿。

---

[1] 参见李子芬等《香港安老院老年人对隐私的理解及需求》，《中华护理杂志》2006年第12期。
[2] 参见梁亚文、徐明仪《德、荷长期照护保险之比较》，《护理杂志》2010年第4期。
[3] 参见华颖《德国长期护理保险最新改革动态及启示》，《中国医疗保险》2016年第7期。
[4] 参见李光廷《日本介护保险实施现况、发展与未来》，《研考双月刊》2008年第6期。
[5] 参见张颖《指向个人自由："公共利益"的原理辨析》，《西北工业大学学报》（社会科学版）2011年第2期。

从国际实践来看，被保险人自决原则也被大多数国家的长照保险所采纳。德国长期护理保险中的自决原则是其基本法中自我决定权的体现，自决原则是指被保险人在长期护理咨询人的引导之下，参考长期护理咨询人的建议作出决定，该决定的作出不只是建立在被保险人主观意愿的基础之上。① 回归长期护理保险的初衷，保险给付应当有助于被保险人自主决定如何度过具有人性尊严的生活并回复身心健康，被保险人有权选择接受何种保险给付，而且护理机构应当提供满足被保险人宗教信仰需求的服务。②

在我国，被保险人自决原则是《宪法》尊重和保障人权在长期护理保险领域的体现。我国的人权是广义上的人权，既包括基本权利，也包括基本自由。③ 被保险人自决原则要求尊重被保险人的意愿，不能干涉其选择自由，是基本自由的应有之义。没有任何个体的权利可以被忽视，在没有更加坚强的理由下，不能使用外部的标准来决定某个人的权利意志优于或劣于他人，由此发生的所谓公共利益或社会利益只能是强迫赋予的，这与个体自由即发生冲突。被保险人自决原则还体现在护理过程之中，被保险人能够自主决定护理服务的具体内容。有关的长期护理专业评估机构凭借其专业知识能够就被保险人需要何种保险给付得出较为客观的结论。但是一项给付的确定不应只考虑客观情况，被保险人的主观意愿也不能忽视，相比于评估机构，被保险人对于自己的家庭是否支持居家养老，经济承受能力等较为主观的因素有着更清晰的认识。保险机构应当给予被保险人在一定范围内更多的选项，以保证其提供的服务更加适合被保险人的实际情况。

（四）预防优先原则

预防优先原则可以从以下两个方面进行解读。首先，从长期护理保险人的角度分析，在长期护理保险中，长期护理保险人应当采取一定的预防措施，减少被保险人失能风险，从而达到降低长期护理需求的目的。④ 其次，从被保险人的角度分析，被保险人应当具有一定的健康意识，关注自

---

① 参见蔡雅竹《论我国长期照护双法草案及其法律问题——兼论德国之长照保险制度》，元照出版公司2016年版，第15页。
② 参见林谷燕《长期照护保险制度之立法建议——以德国长期照护保险法为借镜》，《高龄服务管理学刊》2011年第1期。
③ 广州大学人权理论研究课题组：《中国特色社会主义人权理论体系论纲》，《法学研究》2015年第2期。
④ 参见李宗派《美国2014年实施之健康保险制度对高龄者之影响》，《台湾老人保健学刊》2014年第1期。

己的身心健康，对于察觉到的身体和心理上的不适应当及时采取预防措施，并积极接受治疗，防止疾病恶化，这也是被保险人对自己的健康负责的体现，所以又被称为被保险人自己责任原则。在更加微观的层面来讲，预防优先原则可视为被保险人的减损义务，所以如果被保险人不积极采取预防措施、任由疾病发展，保险人可以按照合同具体约定减少一定数额的保险给付。德国规定长期护理保险人应尽早采取适当的预防措施以避免照护需求的出现，被保险人也应当积极应对可能面临的疾病问题。[1] 在韩国，护理服务要与医疗服务结合，以防止老年人的健康恶化，[2] 从而减少护理需求的产生。

古语云："天有不测风云，人有旦夕祸福"，无论是过去、现在还是将来，人类社会都会面临着这样或那样的风险，但也正是这诸多危险铺就了人类"趋利避害"的生存之道。在长期护理保险中采取预防优先原则，能够降低失能风险的发生，被保险人整体失能概率下降将引起连锁反应。首先，降低保险费率，减轻被保险人的经济负担，提升人民的幸福感；其次，减少国家对于居民医疗健康方面的财政支出，能够在其他领域投入更多，对于社会建设来讲也是一件利好的事情；最后，失能概率下降意味着国民身体素质的提高，身体健康是一切之根本，从微观层面着眼，人们会有更多的精力完成自己感兴趣的事情，从宏观上看，人们可以更好地为社会做贡献，加快社会发展进程。

落实预防优先原则，长期护理保险人应当采取适当措施提高被保险人的健康意识，并及时关注其健康状态，以求能及时发现疾病征兆并督促被保险人积极治疗。首先，长期护理保险人可以加强健康宣传力度；其次，通过线上或线下的健康教育、睡眠打卡、运动打卡等方式培养被保险人良好的生活习惯；最后，定期或不定期地组织被保险人参加体检活动，及时掌握被保险人的健康情况，在被保险人健康亮起红灯时，及时采取预防措施。被保险人应当配合长期护理保险人开展工作，及时反馈自己的身体状况，在疾病发生时积极接受治疗。

---

[1] 参见林谷燕《长期照护保险制度之立法建议——以德国长期照护保险法为借镜》，《高龄服务管理学刊》2011 年第 1 期。

[2] 参见戴卫东《OECD 国家长期护理保险制度研究》，中国社会科学出版社 2015 年版，第 111 页。

第二章　长期护理保险制度的实施模式

未来，我国人口结构的老龄化趋势将持续加重，失能人员的队伍将越发庞大，我国相关机构已经意识到在中国发展长期护理保险的必要性。目前，我国很多地区关于长期护理保险的试点工作正在如火如荼地展开，有些地区长期护理保险的试点经验已较为成熟，在此基础上，相关正式文件也已出台。但总体而言，我国的长期护理保险的理论与实践均处于起步阶段，在制度模式的选择上还需要借鉴其他国家和地区的经验。本章将选取典型国家和地区长期护理保险的具体实施模式进行比较研究，分析各制度模式的优劣，并在结合我国具体国情的基础上，构建长期护理保险制度的中国模式。

第一节　长期护理保险的两种实施模式及其功能特征

保险制度主要有商业保险和社会保险两种模式。商业保险是指经营主体为商业性保险公司，相关保险产品和服务由保险公司自行安排，社会公众可自由选择是否参与投保且由个人单方付费的商业保险。长期护理社会保险则是指由政府主导，通过颁布法律的形式明确其地位，强制社会公众进行投保，且保险费用通常由企业、个人和政府三方承担的社会保险，德国、日本等为典型的采取长期护理社会保险模式的国家。

长期护理的商业保险模式和社会保险模式各有特点，各国在充分考虑本国的政治、经济、文化和民众需求之后，建立了与具体国情相适应的长期护理保险模式。在长期的实践过程中，为更好地满足失能人员的护理需求，长期护理保险制度得以不断改进，其中所产生的丰富的实践经验值得我国参考借鉴。

一　长期护理保险制度的本质特征

工业革命以来，科学技术的进步在促使人类文明快速发展的同时，也给我们来带许多无法消除的客观危险。在面对客观危险所造成的不利益时，集体的力量往往比个人的力量更能发挥作用。正是在与危险相抗争的过程中，"抱团取暖"这种朴素的观念融入人们生活的方方面面，这种防御危险的理念也逐渐发展为高效可行的各种制度。

从不同的标准出发，"保险"一词可以在多重意义上使用，例如准公共物品、社会治理工具、规模化产品等，但是从法律的视角来看，其首先被视为一种私法意义上的合同。[1] 这种合同的原型可以追溯至意大利中世纪的海上冒险借贷，[2] 在古罗马法复兴的时期，这种海商冒险借贷又被发展为以船舶抵押为担保的高利借贷。14世纪，意大利沿海的城邦国家允许成立相互保险组织，专门经营海上贸易中的船舶或物品的借贷业务，出现了保险业的雏形。[3] 之后，这种经济手段随着贸易的扩大传播至英国及世界各地。[4] 保险业务的产生给地中海商人带来了相对稳定和安全的经营环境，转而促进了地中海贸易的更加繁荣。之后保险业务和规则逐渐由法学家提炼而成法则，逐渐形成了稳定的法律制度。[5] 从保险的起源可以看出，保险首先是一种社会经济现象。在进行商业贸易的过程中，为了降低不确定的风险对贸易行为造成的损害，需要通过不特定多数人的协力以建立相当规模的基金，对符合约定条件的社会成员遭遇特定的危险事故受到的损害予以补偿。因此，在经济学上保险被视为一种经济互助的工具，分散风险和消化损失是保险制度的基本功能。

长期护理保险制度在属性上归类于现代保险制度之一种，其本质特征是转移、分散风险。持续走低的生育率以及人口预期寿命的延长，引起了人口结构和家庭结构的变化，因年老、疾病等引起的身体机能障碍和精神障碍概率上升，导致长期护理风险从传统意义上的个人领域外溢到公共领域，其性质由个人风险转换为社会风险。从国际社会来看，部分国家和地

---

[1] Kenneth S. Abraham, "Four Conceptions of Insurance", *University of Pennsylvania Law Review*, Vol. 161, 2013, p. 653.
[2] 参见陈云中《保险学》，五南图书出版公司1984年版，第20页。
[3] 参见邹海林《保险法》，社会科学文献出版社2017年版，第3页。
[4] Kenneth S. Abraham, *Insurance Law and Regulation*, Foundation Press, 2010, pp. 1-2.
[5] 参见郑尚元《社会保险之认知——与商业保险之比较》，《法学杂志》2015年第11期。

区运用保险制度来化解长期护理风险，经行多年，取得了良好的效果。

二 长期护理社会保险与商业保险制度的差异

商业保险业务的产生和兴起源于客观危险的扩大，社会保险的产生和发展也遵循这一逻辑。社会保险制度源自德国，[①] 1981年威廉一世根据俾斯麦的建议，颁布"皇帝诏书"，下决心用更加"积极的手段来改善工人的福利"。1883年颁布的《工人医疗保险法》、1884年颁布的《工伤事故保险法》以及1889年颁布的《伤残和养老保险法》，由此德国建立体系较为完整的社会保障法律制度。工业化和城市化彻底改变了传统的社会结构和社会风险。当个人及家庭无力承担这些新型的社会风险时，国家成为社会保障的责任主体的理论及实践便应运而生。因此，社会保险制度的创设，是人类在面对现代工业化社会进程中出现的各种社会问题和社会风险的现实回应。

商业保险和社会保险都致力于转移、分散风险，但二者在法律制度上存在不同：

首先，保险性质不同。社会保险由政府主导，具有强制性，凡是法律明文规定的劳动者和企业均负有缴纳社会保险的义务，缴费方式、缴费金额、保险给付等皆由法律明定，当事人并无自由协商之余地。因此，社会保险制度以当事人的生存保障为法律价值之目标，其社会政策性目标非常显著，故该类法律称为社会法。[②] 而商业保险由企业经营，具有自愿性，当事人之间可以基于各自的自由意志缔结保险合同，可以自由协商选择保险的类型、缴费的方式以及金额等。商业保险法律制度的目的在于规制保险行业，法律功能定位于当事人之间保险合同之订立、履行及相关救济，并在一定程度上维系金融制度之运转，其经济性政策导向非常明显，因此该类法律归属于民商事法律。

其次，保障范围不同。社会保险的保险对象通常是法定范围内的社会成员，出于现实因素的考量，法律通常会作出一定范围的限缩。随着社会保险的发展和完善，不同种类的社会保险的保险对象存在差异，有的基本能够覆盖全民，而有的仅仅限定于某类人群。但是无论如何，社会保险的保险对象由法律规定，对于未被法律明文规定的群体，基本上被排除在社

[①] 参见江朝国《保险法基础理论》，瑞兴图书股份有限公司1995年版，第14页。
[②] 参见郑尚元《社会保险之认知——与商业保险之比较》，《法学杂志》2015年第11期。

会保险的范畴之外。而商业保险的保障范围是全体社会成员，凡是符合商业保险投保条件的主体，都可以与经营保险业务的企业自由缔结保险合同，从而享受保险待遇。从这个角度上来说，商业保险的保障范围通常比社会保险广泛得多。

再次，保障水平不同。社会保险以保障社会成员的基本生活的目的，给付水平的高低需要考虑国家财政的负担能力。因此其给付水平通常较低，并且方式与金额通常是固定的。而商业保险的给付水平可以根据投保人的具体需求而设计不同的保险产品，以满足不同层次的风险保障需求，其保障水平具有多样性和层次性的特点。

最后，国家责任不同。社会保险是公民享有的一项基本权利，举办社会保险是国家保障人民基本权利的一种有效方式，是政府公共事业管理的重要内容。因此国家对社会保险的实施负主要责任。商业保险主要受市场竞争机制的约束，由保险公司自主经营、自负盈亏。国家责任在商业保险中主要体现为对保险业进行监督和管理，维护保险市场的正常运行。

从世界范围来看，各国面对长期护理需求风险这一类似的社会问题时所给出的解决方案不尽相同，[①] 比如德国采取社会保险、奥地利采取的是现金津贴、美国则主要依靠商业保险。但是如果将考察标准限缩为保险方式时，其具体的法律构建分为商业保险模式和社会保险模式。古语云："夫以铜为镜，可以正衣冠；以史为镜，可以知兴替；以人为镜，可以明得失。"检视一项福利政策的长期实践效应，分析其实施过程中的利弊得失，有助于未来制定相关法律政策时的思考。

第二节　长期护理社会保险的实施模式考察

一　长期护理社会保险的立法概况

（一）荷兰长期护理社会保险的建制原因及其历程

荷兰是全世界最早以强制性的社会保险来回应长期护理需求的国家。1900 年，荷兰 65 岁以上的老年人口所占比例就达到 6.0%；随着 20 世纪 30 年代起人口结构老龄化开始加速，该比例于 1950 年上升到 7.7%，荷

[①] Grega Strban, "Distinctive Long-term Care Schemes as a Response to Changed Family Structures and Demographic situation", *Original Scientific Article*, Vol. 67, 2012, p. 259.

兰由此正式进入老龄化社会。1960年，荷兰老年人口占全部人口的比例更是上升到8.9%，人口老龄化进程进一步加剧，[①] 老年失能者的比例也随之增加。此外，荷兰选择建立社会性长期照护保险的主要原因还有以下三项：一是政府财力的增长为长期照护服务的提升和社会长期照护保险制度的建立提供了一个坚实的经济基础；二是社会健康保险制度的改革因多方反对而流产，为了在控制医疗费用支出和保证医疗服务质量中寻求平衡，不得不对传统上落入医疗领域的长期护理需求予以适当分流，构建长期护理社会保险制度以保障人们的健康护理权便应运而生；三是长期护理服务具有跨领域的特点，区别于传统医疗卫生和社会福利服务，理应成为一个独立的社会保险项目。[②]

荷兰于1968年通过了《特殊医疗费用支出法》，旨在以社会保险方式筹措长期照护保险资金，对老人、残疾人的长期护理服务进行社会保险给付，由此开了长期护理保险的先河。而后，荷兰于2003年对《特殊医疗费用支出法》作了修正，修改后的法律文本更加强调制度的运行和服务的管控秩序。一方面，服务从强调供给面向强调需求面转向，为兼顾被保险人的特殊需求，增加了更多的弹性服务类型；另一方面，成立健康照护机构，对与保险公司以及患者行为予以更大强度的监督。[③] 其后，荷兰又于2007年颁布《社会支持法》，在废止《特殊医疗费用支出法》中不合理规定的基础上，促成市政当局负责经费以及自愿性组织提供或购买服务的新格局。2015年荷兰政府推行长期照护法案，其主要目标有三：一是节约成本，使长期照护制度可负担可持续；二是在保持较高的机构入住率的情况下，尽可能让人们就地解决护理需求；三是提高服务质量，增加服务协调性。自2015年起，所有护理服务将通过医疗保险基金支付。将个人服务和咨询服务转移到社会支持服务，这能减少25%的特殊医疗支出费用。[④] 至此，荷兰长照法律制度已相对完善，整个制度体系由医疗保险、长期护理和社会支持三部分构成，分别负责医疗、护理和养老及其社

[①] 中国社会科学院外事局编：《当代外国发展考察与研究》，中国社会科学出版社1993年版，第491页。

[②] 参见伍江、陈海波《荷兰长期照护保险制度简介》，《社会保障研究》2012年第5期。

[③] 张深深：《长期照护保险如"荷"构筑——概说荷兰长护保险制度》，《天津社会保险》2018年第4期。

[④] 参见胡苏云《荷兰长期护理保险制度的特点和改革》，《西南交通大学学报》（社会科学版）2017年第5期。

会支持服务。让有限的医疗资源尽可能满足多样无限的医疗需求,成为该项制度不断精细化的目标追求。

(二) 德国长期照护保险制度的建制原因及其历程

德国作为现代民主制和社会福利国家的典范,其社会保险制度可谓源远流长,发展历史可以追溯至19世纪后半叶。但是,德国采用长期护理社会保险来解决失能人员护理需求风险,却是非常晚近的事。20世纪70年代以来,老年人长期护理保障问题受到全民的广泛讨论,已经由社会问题悄然转变为朝野进行博弈的政治话题。[①] 到了90年代,德国的人口老龄化进程进一步加深,1991年的统计数据显示该年60岁以上老年人口占总人口的比例高达20.4%,已经迈入高龄化社会。而在1993年时全德国大约有150万人接受长期照护服务,约占全国人口的1.87%。[②] 由于长期照护需求人数的日益增加,以及人均寿命的延长致使照护需求的时间亦相对延长,德国相当多的家庭因负担高昂的机构式长期照护费用而耗尽毕生积蓄,落入社会救助的低收入户,导致地方政府社会救助费用支出增加,救助体系财务负担沉重,入不敷出几近崩溃。正是在完全依靠税收并不足以支持庞大的长期照护费用支出的情形下,联邦政府不得不将此项传统上归属于私领域的个人风险转变为社会风险,讨论采用社会保险的模式来化解此项风险。经过将近20年的争议与讨论,德国联邦议会最终于1994年5月26日通过长照保险法,成为德国社会保险第5个独立运作的体系。之后,德国于2008年对长照保险法作了部分修正。修正之目的在于使被保险人于发生长期护理需求时,能够在自主选择权得以保障的前提下,获得更有效率与品质的护理服务,朝着更符合人性需要满足的护理保险制度发展。

(三) 日本介护保险制度的建制原因及其历程

日本介护保险制度的讨论源于1995年的"关于创设介护保险制度"的议案。[③] 日本早于1970年即进入老龄化社会,65岁以上老年人口从7%

[①] 参见[德]拉尔夫·格茨等《德国长期护理保险制度变迁:财政和社会政策交互视角》,苏健译,《江海学刊》2015年第5期。

[②] 参见周丽芳《德国长期照护保险制度》,载《长期照护财物问题各国经验及台湾前景研讨会论文集》,转引自林蓝萍等《德、日长期照护保险制度之简介》,《台湾老人保健学刊》2005年第2期。

[③] 参见陈娜、王长青《日本介护保险制度对健全我国失能老人照护体系的启示》,《中国卫生事业管理》2019年第2期。

到14%的转变仅用了25年，[1] 其老龄化呈现出速度快、数量大的特点。老年人口绝对数量的增长意味着需要介护服务的群体规模不断扩大，而人口寿命的延长意味着人口老年期的延长，进而导致了护理需求的长期化。此外，日本的年金制度也出现问题：一方面，个人负担年金费用的意愿减弱与年金危机的恶性循环，对社会养老保障的制度设计提出新要求。日本社会保险厅的统计显示，国民年金保险费用的缴纳比率由1996年的82.9%渐次降为2000年的73%，[2] 国民缴纳国民年金保险费用的意愿日益减弱，年金空洞化的加剧反过来又降低了国民对年金制度的信任感，从而引发恶性循环，由此导致社会养老保障的财源危机。另一方面，施行社会养老保障制度所形成的财政负担，迫使日本必须在保障制度的思路和构想上有所创新。1962年日本即确立了"全民皆年金制度"，1973年则大幅度提高了国民年金和国民健康保险的给付水平，由此社会保障支出急剧增长。两次石油危机和泡沫经济崩溃等带来的负面影响，导致日本社会养老保障的财政状况日益恶化，亟须采取措施来维持社会保障体系的财政平衡。[3]

在前述多项因素的综合作用下，日本于1995年提出"关于创设介护保险制度"的议案，1996年审议报告获得通过并公示，《介护保险法》于1997年颁布。1998年和1999年，《介护保险法施行令》和《介护保险法施行规则》也相继出台。[4] 2011年，日本厚生劳动省在总结长期介护保险制度实施10周年的基础上，对《介护保险法》作了部分修正。修改后的法律文本更加强调中央政府和都道府县的责任，为了让被保险人能够在家里或者社区接受长期护理服务，进一步加强了护理预防政策和相关福利政策的整合行动，同时明确了都道府县对护理信息的公开义务，并赋予都道府县在必要情况下进行调查的权限。

(四) 韩国长期疗养保险制度的建制原因及其历程

2000年韩国65岁以上的老年人占比7.2%，已进入老龄化社会，预计2026年将达到20.8%，进入超老龄社会。老人长期护理需求陡然上升。

---

[1] 参见张小靓《日本"介护保险"养老制度对中国养老政策的启示》，《齐齐哈尔大学学报》(哲学社会科学版) 2016年第3期。
[2] 参见林丽敏《日本介护保险制度相关问题分析》，《现代日本经济》2018年第2期。
[3] 参见张腾《日本介护保险制度及其效用与特点分析》，《西北人口》2010年第6期。
[4] 参见林丽敏《日本介护保险制度相关问题分析》，《现代日本经济》2018年第2期。

同时，韩国家庭结构的变迁使得这一需求雪上加霜。韩国保健社会研究院对全国家庭形态调查表明，2005年韩国独居老人的家庭占24.6%，老年夫妇家庭占26.6%，与子女同住的家庭仅占43.4%。① 而传统上承担家庭照顾责任的80%是女性，随着受教育程度的提高，女性参与经济社会活动的比例逐年提高。据韩国统计厅统计，1985年女性参与经济活动的比例是33.5%，2006则年上升到50.3%。② 与我国类似，韩国传统上依靠社会救助体系解决长期护理需求，服务对象是最低生活保障对象或低收入阶层。而对大多数的中下阶层来说，他们既无力购买价格高昂的商业保险，也无法享受公共服务。因此，老年人长期护理问题越来越严重，引起社会民众的高度关注。

21世纪以来，韩国政府为了解决老年人长期护理问题，对此做了大致分为五步走的战略规划。③一是政策讨论阶段。韩国政府为因应老年人长期护理问题，于1999年10月向社会发布《老年人保健福利中短期发展计划促进报告》，在报告中正式提出长期护理相关的政策议题。④ 2001年8月15日，前总统金大中在光复节祝词中提出引进老年人长期护理保险是政府的主要工作任务。二是准备体制构建阶段。从2003年3月起，卢武铉政府设置了公共老年人护理保障促进计划团，针对老年人护理体系的构建及实施方案进行多方论证，并组成公共老年人护理保障制度执行委员会，拟定老年人长期护理险法案。三是试点示范阶段。自2005年起，韩国政府分三批选定27个市、郡、区作为示范试点，率先探索长期护理保险，积累经验。四是立法阶段。2006年2月韩国政府向国会提交老年人长期疗养保险法案，并2007年4月该法案获得通过，定于2008年7月1日起开始正式实施。五是正式实施阶段。即自2008年7月1日起开始正式实施老年人长期疗养保险制度。该法的具体措施体现了韩国当时以社会服务为重心的社会保障发展理念和老年人护理服务从残补型向普惠型转变的趋势。

---

① 参见［韩］郑京喜《2005年度老年人生活现状及福利需求调查》，韩国保健社会研究院2005年版，转引自高春兰、班娟《日本和韩国老年长期护理保险制度比较研究》，《人口与经济》2013年第3期。

② 韩国统计厅：《2007年经济活动人口调查》，转引自高春兰、班娟《日本和韩国老年长期护理保险制度比较研究》，《人口与经济》2013年第3期。

③ 参见詹军《韩国老年人长期护理保险制度述要——兼谈对中国建立养老服务新体系的启示》，《北华大学学报》（社会科学版）2016年第2期。

④ 参见陈诚诚《韩国长期护理保险制度、政策过程及其对我国的启示》，《桂海论丛》2015年第1期。

二 长期护理社会保险的制度优势

(一) 保险覆盖范围广, 具有公平性

社会保险制度自诞生以来, 其初衷和追求就在于化解民众所共同面临的社会风险, 其保障的对象为一国的全体国民。从这个意义上来说, 社会保险作为一种全民风险的分担机制, 公平性是其最为本质的特征。"如同市场机制天然追求效率一样, 社会保障制度的出发点与归宿都天然地表现出对社会公平的追求。"[①] 公平性构成了社会保险的出发点和归宿点。

一方面, 基本覆盖全民的保险设计体现了长期护理社会保险的形式公平。长期护理社会保险是强制性保险, 大多数国家均要求全民参保。德国的长期照护保险的保险对象原则上涵盖全体国民。根据其长期照护保险依附于健康保险的原则, 法定健康保险的被保险人也是长期照护社会保险的被保险人, 投保私人健康保险者, 也有义务投保私人长期照护保险。[②] 荷兰的长期护理保险建立伊始属于医疗保险分属品种, 沿袭了医疗保险的管理体制, 原则上全国所有合法居民都要参加护理社会保险。其覆盖面最为广泛, 不仅服务老年人, 还有残疾人、精神病患者, 以及年轻人中需要长期照料者。[③] 日本的介护保险制度原则上以年满40岁以上的国民为强制保险对象, 具体的被保险人又被严格地分为两类: 一是65岁以上的老人; 二是40—60岁已参加全国性医疗保险的人。[④] 另外, 在日本, 残疾人则不论年龄, 一概按照残疾人福利法解决护理问题, 而不适用护理保险。[⑤] 长期护理社会保险不会因被保险人的身体状况不好而将其拒之门外, 在任何一个实施长期护理社会保险的国家或地区, 健康因素都不会成为一个人无法参加长期护理保险的理由。

另一方面, 长期护理社会保险还体现了社会保险的实质公平。其一,

[①] 参见郑功成《完善社会保障实现共建共享》,《人民日报》2008年3月25日。
[②] 参见卓俊吉《德国长期照护保险法制之研究》, 硕士学位论文, 台湾政治大学, 2004年, 第47页。
[③] 参见胡苏云《荷兰长期护理保险制度的特点和改革》,《西南交通大学学报》(社会科学版) 2017年第5期。
[④] 参见荆涛《长期护理保险理论与实践研究: 聚焦老龄人口长期照料问题》, 对外经济贸易大学出版社2015年版, 第86页。
[⑤] 参见戴卫东《OECD国家长期护理保险制度研究》, 中国社会科学出版社2015年版, 第85页。

在保费的缴纳上以个人的收入为基数按比例收取。德国长期照护保险的保费费率由法律规定。自1995年1月1日起至1996年6月30日止,保费费率一律定为1%的薪资税;而自1996年7月1日起则统一定为1.7%的薪资税。① 其二,在保费的缴纳上兼顾不同群体的负担能力而予以差别对待。政府会给予没有投保能力的对象以帮助,根据具体情况减少或者免除保费,妨碍长期保险范围扩大的最大阻力——家庭经济困难得到一定程度的削弱。例如,德国享有失业救济金与生活津贴的人员,因其生活本就困难,其长期照护保险的保费由联邦劳动局负担。同时,尚未领取失业救济金但已受到失业扶助的人员,其保费由联邦政府负担。参与职业重建措施的人员,其保费由该重建主体承担。② 这种由政府补助贫困人口参与长期护理保险的行为,是将社会财富进行二次分配,体现社会的实质公平。其三,在保险给付上不考虑缴纳保费的多少而按照统一的标准进行给付。长期护理社会保险的保费按照收入的一定比例进行缴付,但最后所接受的保险给付与所缴保费多少无关,只与失能等级高低有关,这也是社会实质公平的体现。一般进行保险给付前,会根据需求性的评估结果测算失能者照护服务所需的时间与频率,进而在照护服务的提供上采取分级护理的模式。

(二) 投保人承受的经济压力较轻

首先,长期护理社会保险不以营利为目的,社会保险有关机构的运营只需考虑纯粹的管理成本。而且,其覆盖面广,参保人数覆盖全民,规模经济效益明显,由此导致相同水平的保险给付尤其是实物给付所需的保险成本下降。另外,保险给付以满足最低护理标准为限,建立在最低水平之上的保险给付有助于大幅节省保险成本。保险成本的降低将直接导致投保人需要缴纳的保险费随之下降。

其次,长期护理社会保险的保费一般由两方或者三方主体承担,需要由投保人承担的保费从而再一次得到降低。德国社会保险的资金来源系采多元化的筹措模式。③ 其《社会法典》第四编第20条规定,社会保险的

---

① 林蓝萍、刘美芳:《德、日长期照护保险制度之简介》,《台湾老人保健学刊》2005年第2期。

② 参见卓俊吉《德国长期照护保险法制之研究》,硕士学位论文,台湾政治大学,2004年,第49页。

③ 参见卓俊吉《德国长期照护保险法制只研究》,硕士学位论文,台湾政治大学,2004年,第88页。

财物需要系透过被保险人、雇主与第三人所缴纳之保费、国家的补助以及其他收入加以筹措。长期照护保险的资金筹措原则上参照法定健康保险的制度设计,即负有投保义务的受雇者与雇主各负担保费的半数。例如,受雇者为法定健康保险所强制纳保,由受雇者和雇主各自分担半数的保费。长期照护保险的保费亦参照这一模式,不过雇主在长期照护保险中承担的保费,可得到联邦政府的补偿,因而实际上仅受雇者承担保费。日本与荷兰的长期护理保费由投保人、企业和政府缴纳,对于没有工作单位的经济水平低于一定程度的人群,将由政府代替其缴纳保费。从2008年开始,荷兰的工作单位不再承担缴纳长期护理保险费用的义务,由投保人和政府共同承担保费。① 日本的介护保险费用由国库和投保人各负担50%。其中,国库负担的部分由中央、都道府县与市町村按照2∶1∶1的比例分担。保费自负的部分,在市町村内有住所且年满65周岁的被保险人负担17%,在市町村内有住所年满40岁不满65岁且参加全国性医疗保险者负担33%。② 综合来看,长期护理社会保险投保人承担的保费不会超过所收取保费总额的一半,很大一部分由企业和政府承担,至于经济困难的家庭,保费甚至还可以得到进一步的减免,所以投保人因保费所承受的经济压力得到很大程度的缓解。

(三) 道德风险较低

道德风险,即个体行为由于受到保险的保障而发生变化的倾向。道德风险亦称"败德行为",一般表现为一种无形的人为损害或风险。保险中的道德风险源自保险中各主体之间的信息不对称和骗保行为的发生。长期护理商业保险对于道德风险的防范有效性不明显,因为它对诚实信用的依赖度高,保险所涉及的任何环节都有可能导致道德风险的产生。而长期护理社会保险因其对投保对象要求低、保险给付水平低,道德风险相对较低。

首先,从对投保人的投保要求上看,投保人没有虚假陈述的动力。长期护理社会保险作为一种普惠性的社会保障措施,在确定投保资格和保费时,一般只考虑年龄因素,不会考虑被保险人的病史以及目前的身体状

---

① 参见戴卫东《OECD国家长期护理保险制度研究》,中国社会科学出版社2015年版,第68页以下。
② 林蓝萍、刘美芳:《德、日长期照护保险制度之简介》,《台湾老人保健学刊》2005年第2期。

况。例如日本的介护保险确定了65岁以上的老人和40岁到60岁已参加全国性医疗保险的人是法定的投保对象，在这里投保人的年龄是唯一的考量因素。在荷兰，投保对象的要求则更低，凡是其境内的合法居民均可投保长期护理社会保险。社会保险的普惠性催生了投保人的强制投保义务，社会保险的本质就是将现代社会中仅仅依靠个人力量难以承受的社会风险向全社会分散，为了保证保险基金池的稳定，必须强制性地扩大投保人的范围。换言之，凡是符合法律预设条件的国民，均负有投保的义务。因此，在长期护理社会保险中，被保险人没有必要隐瞒真实的健康情况，而在信息共享时代，年龄造假不再是通过一张假身份证就能解决的简单事情，所以被保险人如实告知的可能性大大增加。进而，订立合同环节隐藏的道德风险很低。

其次，从长期护理社会保险的保险给付上看，被保险人骗保的可能性低。一方面，长期护理社会保险的保险给付以维持丧失自理能力的被保险人基本生活为目的，是一种给付水平较低的社会保障措施，被保险人故意使自己陷入需要长期护理的境地将得不到多少额外收获。甚至，从各国的长期实践来看，长照保险给付定额并不能满足使用者所需要的完整照护程度，倘所需要的服务量超过保险的给付定额，则大多是时候需要自费购买。通常而言，被保险人实施骗保行为很大程度上是受到高额保险赔付的诱惑，在无利可图的情形下，一个理性人并不会做出这样得不偿失的事情。另一方面，长期护理社会保险以实物给付为原则，以现金给付为补充。例如荷兰2007年《社会支持法》颁布施行后，将现金给付的受益群体缩小为有资格接受机构照护的被保险人。同时，不再向机构照护中有轻微照护需求的人提供现金给付。[1] 综合来看，实物给付的类型主要有居家护理服务和机构护理服务。例如德国和日本其法律所明确的实物给付类型就是居家式照护服务和机构式照护服务。[2] 但是，实物给付不管是何种类型，均是由护理服务人员直接为长期护理服务者提供日常生活协助。很大概率上被保险人并不能接受现金给付，因此大大降低了其骗取保险金的道德风险。

最后，从失能等级的评估环节上看，被保险人与保险人通谋骗保的概

---

[1] 参见方雨《荷兰长期照护保险制度述评》，《中国医疗保险》2015年第5期。
[2] 林蓝萍、刘美芳：《德、日长期照护保险制度之简介》，《台湾老人保健学刊》2005年第2期。

率不高。在对被保险人的失能等级进行评估时，评估人员有一定的主观判断空间，因而可能存在评估机构与护理机构相互勾结，滥用其主观判断，为被保险人评定较高的失能等级，相关护理机构虚构护理服务和费用从而骗取保险金的现象。但这一担心实在不足为虑。如前所述，在长期护理社会保险中，保险给付旨在维持失能人员最基本的日常生活需求，因而给付水平偏低，并不足以吸引相关机构冒险。并且保险给付以实物给付为原则，提供的是一定的护理服务而非直接给付现金，这进一步降低了勾结骗保的概率。更为重要的是，相较于商业性的保险公司，主管长期护理社会保险工作的政府机构利用公权力，能更好地保证失能等级评估过程中的客观公正。

三 长期护理社会保险的制度不足

（一）国家和地方财政压力大

由于投保人缴纳的保费只占保费总额的一部分，中央和地方的财政需要对长期护理保费提供很大力度的支持，而大额的财政预算则会为国家和地方带来严重的财政压力。从其他国家的实施经验来看，德国最初采取长期护理社会保险的一个重要原因是试图通过长期护理社会保险制度减轻社会救济系统的财政压力。[1] 长期护理社会保险施行之初，德国地方政府的财政压力的确显著下降，但之后由于保险给付条件宽松、给付标准高等原因，长期护理社会保险财政岌岌可危，无法支撑长期护理上的费用支出，不得不在2008年进行改革。[2]

长期护理社会保险在减轻被保险人经济负担的同时也加重了国家财政的压力，国家缓解财政压力的途径通常为增加被保险人的保费负担比例、制定更严格的给付标准，以及从其他方面增加财政收入这几种途径。我国在实施长期护理社会保险时，应注意个人、工作单位和国家之间保费的负担问题，同时制定出合理的保险给付标准，以免重蹈其他国家财政不堪重负的覆辙。

（二）灵活性差

长期护理社会保险的内容由国家统一规定，为强制投保，投保人不能

---

[1] 参见林志鸿《德国长期照顾制度之发展、现状及未来》，《研考双月刊》2008年第6期。
[2] 王品：《德国长期照护保险效应分析：1995—2013》，《人文及社会科学集刊》2015年第1期。

根据自身需求调整保险方案,无法改变既定的保险给付条件和待遇。从实践来看,在确定保险给付时,除不同地域之间存在差异外,其他确定标准仅涵盖失能护理等级、护理类型。德国根据患者需要护理的程度进行分级并以此为据确定保险给付标准;① 韩国在确定保险给付时,除考虑需要护理的程度外,还会考虑接受护理的场所以及接受护理服务的种类。② 一旦保险给付标准的考量因素在长期护理社会保险文件中得以确认,便不能通过投保人个人意志而增加或减少。长期护理社会保险以维持失能人员的基本生活为目标,保险给付只能满足最低生活水平需求,无法提供多档次的待遇支付,难以满足对长期护理有较高要求的人群的需求。也正是因为这一点,在实行长期护理社会保险模式的国家和地区,长期护理商业保险也有生存发展的空间。

第三节 长期护理商业保险的实施模式考察

一 美国长期护理商业保险的实施概况

长期护理保险制度的出现与人口老龄化趋势加剧紧密相关,美国亦不例外。1900年美国老龄人口占总人口的4.08%,此时人口年龄结构刚刚过渡到成年型,成年型的阶段一直持续到20世纪40年代。直到1950年,美国65岁及以上的人口约1239.7万人,占总人口的8.14%,年龄中位数为30.2岁,③ 从此美国人口结构类型开始步入老龄化阶段。1995年,美国65岁以上的人口占总人口的12.8%。根据卫生与公共服务部(the Department of Health and Human Services)的测算,2030年这一比例将增加到20%。④ 同时,医疗水平的提高大大延长了人口的预期寿命,在2014年,在美国的八个州中至少一半的居民处于85岁或以上。至少有十个州

---

① 参见钟秉正《德国长期照护法制之经验》,《长期照护杂志》2006年第2期。
② 参见陈伶珠《韩国老人长期照护保险服务输送之实施经验:对我国的启示》,《长期照护杂志》2015年第1期。
③ 参见曾念华、李红《美国人口老龄化及相关福利政策》,《人口与经济》1991年第3期。
④ Timothy C. Pfeiffer, "The Long-term Care Dilemma: An Insurance Strategy", *Experience*, Vol. 13, 2003, p. 10.

的10.2%—13.3%的居民是95岁或以上。[1] 人口老龄化和高龄化的加剧，发生各种慢性疾病和残疾的概率也随之升高，由此导致长期护理需求显著增加。据调查数据显示，美国65岁及以上老年人中有70%需要长期护理服务，其中，40%至少需要一段时间的养老护理院服务，且12%的男性和22%的女性入住养老护理院超过3年，[2] 进一步研究表明，10%—20%的老年人要在此生活5年以上。[3] 更加严重的是，根据学者的预测，随着"婴儿潮一代"的老龄化加剧，预计2015—2055年，需要长期护理服务以维持日常生活的人数将增加140%。[4] 一旦产生长期护理需求，老年人及其家庭陷入困境便成为常态。在美国，长期护理费用主要由家庭护理费用和护理院护理费用两部分构成，而两者均处于快速增长的态势。20世纪60年代和70年代二者的增长趋势达到两位数，超过同期总卫生费用的增长速度。根据1977年国家护理院的调查数据，65—69岁的老人每月收取费用656美元，85岁以上的老人每月收费715—755美元。而根据1985《商业周刊》的统计数据，年收费上升到了20000—50000美元不等。[5] 根据2004年的调查数据，护理院中长期护理服务的日均费用高达169—192美元不等，每年分别为78100美元和61700美元。[6] 预计到2030年，护理院每年的费用将上升到97000美元。[7] 护理院高昂的护理收费是大多数美国家庭所无法承受的。与此同时，美国也存在着家庭提供长期护理服务能力下降的问题。

实际上，美国的公共部门并没有建立专门的长期护理社会保障制度。实践中主要采取长期护理附加于医疗护理的模式来满足失能老人的长期护理需求，针对长期护理服务项目提供政策以及资金支持的政府计划主要有

---

[1] Williams, Brendan, "Failure to Thrive: Long-term Care's Tenuous Long-term Future", *Seton Hall Legislative Journal*, Vol. 43, 2019, p. 292.

[2] Brown, J. R., and A. Finkelstein, "The Interaction of Public and Private Insurance: Medicaid and the Long-term Care Insurance Market", *American Economic Review*, Vol. 98, 2008, p. 1083.

[3] Judy Feder, "The Challenge of Financing Long-term Care", *Saint Louis University Journal of Health Law & Policy*, Vol. 8, 2014, p. 47.

[4] Melissa M. Favreault, "Financing Long-term Services and Supports: Option Reflect Trade-offs for Older Americans and Federal Spending", *Health Affairs*, Vol. 31, 2015, p. 2181.

[5] 参见李慧欣《美国商业长期护理保险的发展及其启示》，《保险研究》2014年第4期。

[6] Alan M. Garber, "To Comfort Always: The Prospects of Expanded Social Responsibility for Long-term Care: Individual and Social Responsibility", *Victor R. Fuchs*, Vol. 134, 1996, p. 148.

[7] Karin C. Ottens, "Using Tax Incentives to Solve the Long-term Care Crisis: Ineffective and Inefficient", *Tax Review*, Vol. 22, 2003, p. 749.

联邦医疗保险计划（Medicare）、联邦医疗救助计划（Medicaid）以及商业性质的长期护理保险（Private Long Term Care Insurance）。据统计，美国2012年长期护理服务的总成本约为2199亿美元，约占个人医疗支出的9.3%。其中Medicaid和Medicare负担了大部分的费用（约占总费用的62%），约17%的费用由个人自掏腰包，而约12%的费用长期护理商业保险支付。[1] 换言之，美国政府通过政府和市场两个手段来保障失能老年的长期护理需求：一是通过公共保障计划落实有限的国家责任，主要方式是通过联邦政府和各州政府的财政转移支付，对符合医疗保险计划以及医疗救助计划的低收入人群进行费用补贴。二是加强市场供给力量的建设，通过各种优惠政策引导商业保险的发展，并鼓励民众购买商业性质的长期护理保险，以增强自我抗风险能力。但是前述的两种方式大多数是依附于其他具体的保障制度展开，一定程度上无法满足失能人员的长期护理需求，且相关制度的实施给美国的财政带来不小的压力，所以美国的长期护理社会保障制度并不发达。[2] 详述如下：

（一）联邦医疗保险计划（Medicare）

医疗保险是美国联邦政府在1965年根据《社会保障修正案》（*Social Security Amendments*）而建立的一项医疗健康保险计划。(1) 保险内容。医疗保险传统上由两部分组成：住院保险（Hospital Insurance）和补充医疗保险（Supplementary Medical Insurance），前者通常被称为A部分，后者被称为B部分，这两部分又被称为基本医疗保险（Original Medicare）。除此之外，《医疗保险处方药改进和现代化法案》（*Medicare Prescription Drug, Improvement, and Modernization Act*）为医疗保险增加了两个新的部分：医疗保险优势计划（Medicare Advantage program）和处方药费保险（Prescription Drug Coverage），前者被称为C部分，后者被称为D部分。[3] 具体而言，A部分帮助支付住院和住院护理的部分费用；B部分帮助支付医生门诊和门诊护理费用；C部分为医疗优势计划，必须参加注册A部分和B部分，才能符合C部分计划资格，由联邦医疗保险核准的私营保险

---

[1] Jalayne J. Arias, "The Last Hope: How Starting over Could Save Private Long-term Care Insurance", *Health Matrix: Journal of Law-Medicine*, Vol. 29, 2019, p. 132.

[2] 参见何玉东等《美国长期护理保障制度改革及其对我国的启示》，《保险研究》2011年第10期。

[3] Medicare, Annual Statistical Supplement to the Social Security Bulletin, 2005, p. 37.

公司提供，可就超出 A 部分与 B 部分之项目给付，但是通常来说也需要额外收取费用。与按服务收费的医疗保险相比，这些私人赞助的计划针对不同的需求提供了不同的成本结构和福利方案。而最新增加的 D 部分则针对处方药专门制定的政策。为了获得处方药品保险给付，医疗保险受益人必须从药品保险公司赞助的私人计划中进行选择，他们可以选择将原始的医疗保险与独立的 D 部分药物政策结合起来，或者签署包含药物覆盖的医疗保险优势计划。① （2）参保资格。A 部分连续五年在美国合法居住，已满 65 周岁或者虽然未满 65 周岁但符合残疾标准，或者任何年龄但诊断患有末期肾病或肌肉萎缩性脊髓侧索硬化症（俗称"渐冻人"）。B 部分享有 A 部分保险的人能经由每月自行给付保险费参加。（3）保险费用。A 部分的保险费由满 65 周岁或以上的美国公民或永久居民，在工作时都有缴纳联邦医疗保险税给政府，具体计算方式为以每季 1 点累积社会安全点数，累积满 40 点后由政府支付此部分费用，若未积满 40 点，则需自行负担。B 部分依据被保险人总收入区分等级计算保险费。（4）费用给付。美国对医疗护理服务的付费方式非常精细化，在 Medicare 制度中被划分在资源消耗分组（Resource Utilization Groups）中，可更准确匹配患者日常护理服务需求和费用支付，保障护理服务机构服务规范性。② 其给付条件也较为严格，其中 A 部分覆盖的住院保险，申请保险给付者需要近期住院 3 天以上，并且此前已经在官方认证的护理院中住院 30 天及以上。符合前述条件的，Medicare 的 A 部分才支付 100 天专业护理的部分费用。而 B 部分覆盖的门诊类保险，包括门诊医生和护理服务、康复治疗和家庭护理费用，其支付条件仅限于在出院 14 天内在家或者在 Medicare 的定点机构接受必要的健康护理服务。

（二）联邦医疗救助计划（Medicaid）

医疗救助计划是依据 1965 年《社会保障修正案》由美国各州政府开办的医疗健康保障计划。在覆盖人群方面，Medicaid 专属提供给低收入家庭（program for the poor），导致陷入低收入家庭的原因可以是多样的，可以是本来就处于联邦划定的贫困线以下的家庭，也可以是原本较为富裕但

---

① Gene Coffey, Gerald McIntyre & Anna Rich, "Medicare, Medicaid and SSI", *GPSolo*, July-August 2008, p. 16.

② Schlenker R. E., Powell M. & CGoodrich G. K., "Initial Home Health Outcomes under Prospective Payment", *Health Services Research*, Vol. 38, 2005, p. 185.

因支付巨额医疗费而陷入贫困的家庭。Medicaid 是美国长期护理服务费用的最大负担者,其支付了长期护理服务费用总数的 60%。2013 年,有超过 1700 万的残疾人和 65 岁以上老年人(占总人口的 5.5%)依赖 Medicaid 提供的给付购买长期护理服务。仅在 2016 年,州和联邦政府就透过 Medicaid 向长期护理服务需求者提供了约 1670 亿美元的资金支持,相较 2015 年的 1520 亿美元,增幅巨大。① 一般而言,Medicaid 的保障对象主要包括绝对贫困(Categorically Needy)、医疗贫困(Medically Needy)及其他特殊困难群体(Special Groups)。因此,医疗救助资格标准要求个人证明自己的收入和资产符合"均值测试",这意味着个人资产应少于一定数额(通常少于 2000 美元)。由于 Medicare 只负担不超过 100 天的护理费用,因此 Medicaid 实际成为政府化解长期护理风险的主要项目。不难看出,在美国有长期护理服务需求者会面临一个困境,如果他们不是穷困到符合低收入这医疗救助计划的补助标准,就必须富有到足以自行支付所有费用,在这两个极端收入间,一般长期护理服务需求者将会十分不幸且十分辛苦。长此以往,长期护理服务需求者在面对美国长期护理服务系统上的漏洞时,只能透过家人或者朋友来填补。当人口老化且家庭无力负担长照服务时,如果欠缺一套可替代、稳健之财务机制,那美国现行长护制度将无法满足不断增加的长护需求。

(三)长期护理商业保险(Private Long Term Care Insurance)

美国寿险管理协会(Life Office Management Association,LOMA)对长期护理保险的定义为:长期护理保险是为由于年老或严重疾病或意外伤害影响,需在家或护理机构接受稳定护理的被保险人,在支付医疗或其他服务费用时进行补偿的一种保险。② 美国的长期护理商业保险发端于 20 世纪 70 年代,最初是以"护理院保险"(Nursing Home Insurance)的形式为专业护理提供保险给付,一开始并未得到市场青睐。自 90 年代开始,美国医疗保障系统的改革促使长期护理商业保险迎来高速发展的时期,保险商开始向市场提供覆盖机构护理和社区护理的综合性保单,到 2015 年,大多数保险公司的产品已经将家庭护理纳入可保范围。随着长期护理保险的不断发展,其所占的市场份额越来越大,长期护理保险保单的数量也在

---

① Jalayne J. Arias, "The Last Hope: How Starting over Could Save Private Long-Term Care Insurance", *Health Matrix: Journal of Law-Medicine*, Vol. 29, 2019, p. 136.

② 参见荆涛《长期护理保险研究》,对外经济贸易大学出版社 2005 年版,第 13 页。

逐年增加。① 早在 2000 年的数据就显示，长期护理保险产品已经成为美国市场上最受欢迎的健康保险产品之一，约占近 30% 的人身保险市场份额。② 这主要得益于政府提供的财政税收上的优惠支持，即美国健康保险协会（Health Insurance Association of American，HIAA）和美国税法中个人退休账户制度（Individual Retirement Account）的有关优惠政策支持。根据《健康保险携带和责任法案》（Health Insurance Portability and Accountability Act，HIPPA）的规定，符合税收优惠资格的长期护理保单，其个人缴纳的长期护理保险费用可列入医疗费用进行税前抵扣；企业或雇主为雇员缴纳的长期护理保险费用以及雇主直接支付的长期护理费用给付，可以进行税收抵扣，个人获得的长期护理保险给付给以免税待遇，同时美国国内税法亦有相关优惠规定。③

长期护理商业保险的发展，对长期护理风险的防范与化解发挥了重要作用。被保险人能够获得更多时长的护理服务，护理服务的类型也更加多样，与此同时，长期护理保险给付能够覆盖很大一部分护理费用，在减轻个人及家庭负担方面效果显著。④ 但尽管如此，因为长期护理保险的相关产品主要面向中高层收入人群，价格较为昂贵，从而在覆盖范围方面存在缺陷。⑤ 有鉴于此，美国政府一直计划加强长期护理的社会保障。2010 年美国政府试图推行《社区生活援助服务和支持法案》（Community Living Assistance Services and Supports Act，CLASS Act），⑥ 该法案将长期护理作为《病人保护和平价医疗法案》（The Patient Protection and Affordable Care Act）的组成部分加以规定，⑦ 但是该法案并未得到实施便胎死腹中。2011 年，奥巴马政府经过评估以"财政上不具有可持续性"为由放弃了该法案的实施，2013 年该法案被彻底废止。实际上 CLASS 法案的失败仅仅是

---

① 参见荆涛等《长期照护保险制度的国际经验及借鉴》，《中国医疗保险》2017 年第 10 期。
② 参见徐为山《长期护理保险的开发建议》，《上海保险》2000 年第 11 期。
③ 参见游春《长期护理保险制度建设的国际经验及启示》，《海南金融》2010 年第 7 期。
④ Jalayne J. Arias, "The Last Hope: How Starting over Could Save Private Long-term Care Insurance", Health Matrix: Journal of Law-Medicine, Vol. 29, 2019, p. 135.
⑤ Kali S. Thomas & Robert Applebaum, "Long- Term Services and Supports (LTSS): A Growing Challenge for an Aging America", Gerontological Soc. of America, Vol. 25, 2015, p. 57.
⑥ Community Living Assistance Services and Supports Act, Pub. L. No. 111-148, 124 Stat. 148 (2010).
⑦ The Patient Protection and Affordable Care Act, Pub. L. 111-148, 124 Stat. 119 (2010).

美国最近试图扩大长期护理覆盖面的众多失败尝试之一。2012年，国会两党联合提案建议将CLASS法案作为美国《纳税人救助法案》（Taxpayer Relief Act）的组成部分，① 该法案为长期护理设立了专门的委员会，委员会的职责是"制定一项计划，以建立、实施和资助一个全面、协调和高质量的系统，确保向需要这种服务和资助的个人提供长期服务和支助"②。但是，2013年提交给国会的报告指出，"委员会没有就融资方式达成一致"，该法案最终也未获得通过。总的来说，美国目前并没有详尽的国家计划来解决长期护理需求，联邦政府的财政赤字正在激增，未来出台相关政策法案也缺乏期待可能性。

二 长期护理商业保险的制度优势

从美国的实践来看，长期护理商业保险制度具有自主性、灵活性和竞争性的特点。③

（一）长期护理商业保险拥有高度的自主性

商业保险自主性的主要内涵体现为长期护理商业保险的经营与管理自主，产品项目研发自主。首先，长期护理商业保险的产品研发自主。在美国，长期护理商业保险的自主性激发了市场主体的创造性，在长期护理保险诞生后的数年间，不断推出适应社会需求的保险产品。比如按照美国全国保险监督官协会对商业长期护理保险的分类，实践中存在的保险类型可分为个人长期护理保险（Individual Policies）、通过雇主购买的长期护理保险（Policies from My Employer）、联邦和州长期护理保险（Federal and State Long-term Care）、协会长期护理保险（Association Policies）、持续护理退休社区提供的长期护理保险（Policies Sponsored by Continuing Care Retirement Communities），以及人寿保险或年金保险（Life Insurance or Annuity Policies）六种。④ 种类丰富的保险产品很大程度上满足了不同群体的保险需求，可以为不同的参保人群提供最贴近自身情况的保险服务，这

---

① American Taxpayer Relief Act of 2012, Pub. L. No. 112-240 § 642, 126 Stat. 2313, 2358.
② Taxpayer Relief Act, P. Law No. 112-240, § 642, 126 Stat. 2313 (2012).
③ 参见戴卫东《OECD国家长期护理保险制度研究》，中国社会科学出版社2015年版，第169页。
④ 参见胡宏伟等《美国长期护理保险体系：发端、架构、问题与启示》，《西北大学学报》（哲学社会科学版）2015年第5期。

对于化解长期护理社会风险至关重要。① 其次，长期护理商业保险的运营自主。通过保险合同的约定，投保人可以是个人也可以是团体，长期护理保单可以是独立保险也能作为其他保险的附加险，常见的是作为寿险保单的附加险形式出现，甚至该保单可以由其他保单转化而来，方式之多样令人眼花缭乱，因而给投保人创设了充足的自由选择空间。投保人也可自由选择保险内容。护理模式的选择中，投保人可自主选择居家护理、社区护理或机构护理；保险给付的选择中，投保人可选择保险金给付或者实物给付，若选择保险金给付，投保人还可自由选择最高给付额；护理人员的选择中，投保人可自主选择能提供基本医疗服务的专业护理人员、不提供医疗服务的基本专业护理人员或家人朋友等非专业护理人员；除此之外，投保人还可以自主选择等待期和给付期等。

（二）长期护理商业保险拥有巨大的灵活性

首先，对投保人的选择具有灵活性。美国长期护理保险对参保人的补偿条件要求不高，因此不拘泥于参保人的失能程度，参保人需要除医疗急救治疗外的各种其他护理以及因此而产生的个人护理费用，均能依据不同的标准得到不同形式、性质的补偿。②

其次，保费的确定和缴纳具有灵活性。一方面，保费的确定需要考虑被保险人的年龄、健康状态、保险给付期限和方式等因素，这些因素对于保费的影响程度属于各保险公司的决策范围。年龄大小、保险给付期限长短与保费高低成正相关，给付方式的成本越高，选择该种给付方式的保险方案所需的保费也就越高。同时，美国保险公司为了吸引广大消费者参加长期护理保险，还会在确定保险费时提供一些优惠，比如一定期限的豁免保费条款、通货膨胀条款等。除此之外，不同的保险公司和不同的投保时间也有可能对保费产生一定影响。长期护理商业保险公司在具体保单中考虑上述因素之后，大多数采用均衡保费的方式收取保险费，在缴费期间内，投保人按期缴纳等额的保险费，这可以避免被保险人年龄增大导致保费上升而不能续保的情况发生，但也有少数保险公司采用固定数额上调保费的方式收取保费。另一方面，当投保人因特殊原因无法继续缴纳保费但又不愿意中断保险时，投保人可以向保险公司申请展期保险或者缴清

---

① YEE DL, "Long-term Care Policy and Financing as a Public or Private Matter in the United States", *Aging Social Policy*, Vol. 13, 2001, p. 41.
② 参见赵艳《我国实施老年人长期护理保险制度探析》，《经济纵横》2014年第8期。

保险。

最后，保险给付的条件和方式具有灵活性。投保人获得保险给付与其健康状态下降程度、生活自理能力丧失程度以及认知能力障碍程度息息相关。保险给付所需的程度具有灵活性，需视保险内容而定。保险合同中可能会约定保险给付的限定条件，包括给付时间、给付水平等，限定条件的约定上也体现保险内容的灵活性。保险给付方式可为实物给付也可为现金给付，实物给付和现金给付下又可分出很多类型，给付水平也有高低之分，十分灵活。

(三) 长期护理商业保险具有激烈的竞争性

毫无疑问，创新已经成为世界各国维持经济可持续增长的重要途径之一。有研究表明竞争和创新之间存在显著正向关系，市场的竞争程度较低很大程度上会导致企业的创新动力相对不足。[①] 因此，优化营商环境、促进企业之间的充分竞争，是促进企业自主创新能力提升的重要途径。长期护理商业保险处于市场化运营中，有多家保险公司同时开展此项业务，消费者的自由选择空间大，保险公司为争夺客户，增加本公司长期护理保险产品市场份额，不得不相互竞争。在相互竞争的过程中，为增加企业的竞争力，保险公司会根据市场情况对保险产品进行全方位的创新，由此在提高长期护理服务质量的同时也降低了服务成本，从而吸引更多消费者选择在自己公司投保。美国长期护理商业保险已组成一条产业链，从长期护理保险方案的设计、健康评估到提供服务等环节都完全处于自由市场之中，各机构部门都在努力提高竞争力，以便在众多的同质机构中脱颖而出。美国长期护理商业保险业务中蕴含的竞争性推动着美国长期保险制度的完善和健康发展。

三 长期护理商业保险的制度不足

(一) 长期护理商业保险的价格过高

长期护理保险价格昂贵的主要原因有二：一是目前80%以上的长期护理保险产品都是单独销售的，这导致了高额的管理和运行成本；二是长期护理保险的购买者平均年龄偏高，而高龄人群失能风险也偏高，这导致

---

① 参见张杰等《竞争如何影响创新：中国情景的新检验》，《中国工业经济》2014年第11期。

保险产品的价格随着购买者年龄的提高而增加。[1] 其中高额的运行成本对保险价格的影响最为明显，在保险领域，保单的价格是保险人在综合考量多种因素后进行保险精算所形成的，其中需要考虑的一项重要内容就是附加保费。[2] 研究表明，高水平的附加保费费率导致美国长期护理保险的保费价格过高。在美国现存的大部分长期护理商业保险中，假设投保人在65岁购买市场上最常见的保险产品，并持续缴纳保费直至死亡，其附加保费的费率高达32%，也即每缴纳1美元的保费，有32美分属于保险公司的费用指出，而其只能期望得到价值68美分的护理费用赔付。[3] 这一附加保费的水平比同期的年金产品（附加保费为15%—25%）和健康保险产品（附加保费为6%—10%）都要高得多。另有研究显示，如果将投保人的退保率纳入考量的话，长期护理商业保险的附加保费率还将提高到50%。[4] 因此，当长期护理保险的保险费率远高于预期赔付时，消费者更愿意把收入投入到子女教育、金融投资等其他方面。至于高水平的附加保费费率的形成，其原因包括保险公司管理成本、非完全市场竞争、信息不对称已经整体护理费用上升等。[5] 高额保费的形成也有其客观的社会因素，短期内这种社会因素的影响势难消除，长期护理产品的价格下降也不具有可期待性。

（二）长期护理商业保险的覆盖范围较窄

根据经济学的一般原理，商品的市场价格过高将会导致某种商品的实际市场需求低于理论上存在的需求。高昂的保费使得有能力购买长期护理商业保险的投保人群有限，覆盖范围相对狭窄。在美国，购买长期护理保险的人，其年收入的中位数是87000美元/年，家庭的净资产的中位数是

---

[1] Joshua M. Wiener, Jane Tilly & Susan M. Goldenson, "Federal and State Initiatives to Jump Start the Market for Private Long-term Care Insurance", *Elder Law Journal*, Vol. 8, 2000, p. 60.

[2] 保费可分为纯保费和附加保费。纯保费是保险公司给付保险金的资金来源。实践中厘定纯保费的基本原则是：保险人在整个保险期间提供的保险金给付与投保人缴纳的纯保费二者的精算现值在保单生效时是相等的。而附加保费则是用于支付寿险公司的各项费用。

[3] Brown, J. & A. Finkelstein, "Insuring Long Term care in the US", *NBER Working Paper*, Vol. 11, 2011, p. 1. An online appendix is available at: http://www.nber.org/data-appendix/w17451.

[4] 参见王末《国际商业长期护理保险发展情况及启示》，《保险理论与实践》2018年第5期。

[5] Brown, J. & A. Finkelstein, "Why Is the Market for Long Term Care insurance So Small", *Public Economics*, Vol. 91, 2007, pp. 1973-1974.

325000 美元/年，有能力购买长期护理商业保险的家庭不超过半数，并且就算已经购买长期护理保险，也还会有很大一部分人因无法续保而使保单失效。另外，只有身体在投保时处于健康状态的人才能顺利投保长期护理商业保险，身患疾病甚至曾经身患疾病已治愈的人无法正常投保，这导致长期护理商业保险的覆盖范围进一步缩小。并且从购买者的特征上看，消费者平均在 59 岁时购买长期护理产品，理赔则通常发生在其 80 多岁或者接近 90 岁的时候，跨越的时间较长。由于过去的保单定价经验不足，旧业务给保险公司的运营带来了巨大亏损，整个投资的收益假设已经从 20 世纪 90 年代的 5% 降低到目前的 3.25%。从 2012 年开始整个长期护理保险行业开始出现衰退，销售长护险的公司从高峰期的将近 130 家下降到 15 家左右。① 保险公司面对未来长期护理成本的上涨、服务供给的进化以及组织管理结构的变化等不确定风险，设置高保费和低收益条款，反过来降低了投保的积极性。② 由此可见，保险成本高昂的必然后果是压缩了长期护理的市场需求，导致长期护理保险覆盖范围较窄，而低覆盖率所反映的市场需求疲软又反过来增加保险成本，某种程度上形成了恶性循环。

（三）长期护理商业保险不具有普惠性

与社会保险相比，长期护理商业保险的投保是自愿性的而非强制性的，因此在社会保险模式下 90% 以上的人口被纳入保障范围，而商业保险远远低于这一比例。基于自愿性原则，是否能够负担购买长期护理商业保险的费用完全取决于投保人个人的经济力量以及投资意愿。就可负担性方面来说，在美国目前的长期护理保障体系中出现了分层，低收入者主要依靠医疗救助（Medicaid）来支付护理费用，而高收入者完全可以依靠自己的收入来支付护理费用，因此长期护理商业保险主要针对中产阶级。然而布鲁斯金研究所（Brookings Institution）的一项调查显示，在美国实际上只有 4%—5% 的老年人拥有私人长期护理保险。③ 其中一项重要的原因就是保险产品的价格高昂，对于很大部分的人来将不具有可负担性。而人

---

① 本段所引数据源自美国 Genworth 金融集团总裁兼首席执行官托马斯麦金纳尼（Thomas McInerney）先生在"2017 中国健康保险业创新峰会"上的演讲。参见《中国保险报》2017 年 7 月 3 日第 7 版。

② 参见戴卫东《商业长期护理保险的全球趋势及其思考》，《中国医疗保险》2016 年第 10 期。

③ Thomas D. Begley, Jr. & Jo-Anne Herina Jeffreys, "Assuring Quality Long-term Care in America", *Elder's Advisor*, Vol. 2, 2001, pp. 1–3.

口结构的老龄化和家庭结构的变迁使得长期护理风险演化为社会的一般性风险,是所有人都可能遭遇的风险。根据目前的发展趋势估计,到 2040 年全美将有 1400 万人需要不同程度的长期护理服务。富人阶层通过自身的收入就可以支付长期护理的费用,还可以通过购买长期护理保险分散长期护理风险,并且能够承担更高额保费的富人将享受待遇更好的长期护理保险。相形之下,而没有经济能力负担长期护理保险费用的穷人只有在符合条件的情况下从医疗救助中获得救助,在丧失生活自理能力后将会面临更加贫穷的境地。长此以往将会加大一个国家的贫富差距,阶级高墙将牢不可破,社会不稳定因素加剧。

(四) 长期护理商业保险存在突出的逆向选择问题

信息不对称导使险市场资源得不到有效配置,导致保险市场的失灵。[1] 这种现象在长期护理保险市场中更为严重,其主要表现就是逆向选择。所谓逆向选择,是指在长期护理商业保险中,高风险者选择购买保险产品,而低风险的群体选择不购买保险产品,从而使得承担风险的共同体所面临的整体风险升高。许多实证研究都表明商业长期护理保险市场中存在逆向选择问题,投保人认为自己在未来几年内进入养老院的"主观"概率和其购买商业保险的概率之间有显著正向性的统计关系。[2] 而美国长期护理保险的购买者平均年龄是 59 岁,这也印证了逆向选择的存在。逆向选择带来的不良影响主要有两点:一方面,基于保险对价平衡原则,较高的风险通常收取较高的保险费,风险发生也会带来更高的保险赔付,造成保险基金的亏损和透支,共同体共担风险的能力减弱。另一方面,保险公司为了扭转这一不利局面将会提高保险费率,导致长期护理保险的产品价格越走越高,最终将一部分无法负担的消费者排挤出保险市场。近年来包括 Met Life 在内的多家保险公司退出长期护理保险市场,这显示逆向选择已经导致个别保险公司的风险池出现螺旋式死亡。[3] 如果不对市场结构进行重大调整以及出台支持长期护理保险发展的良好政策,那么这些仍然经营长期护理保险业务的公司,其未来的处境可能更加艰难。

---

[1] Chiappori P. & Salanie, "Testing for Asymmetric Information in Insurance Markets", *Political Economy*, Vol. 38, 2000, p. 69.

[2] Sloan, F. & E. Norton. "Adverse Selection, Bequests, Crowding Out and Private Demand for Insurance: Evidence from the LTC Market", *Risk and Uncertainty*, Vol. 15, 1997, p. 208.

[3] Peter Kyle, "Confronting the Elder Care Crisis: The Private Long-term Care Insurance Market and the Utility of Hybrid Products", *Marquette Elder's Advisor*, Vol. 15, 2013, p. 113.

另外，长期护理保险的购买和费用发生这两个节点之间往往相差十几甚至几十年。正如前文所指出的那样，从投保人购买保险产品到获得保险理赔，通常需要25年以上，这意味着长期护理保险实质上是一种长期合约，因此和所有长期合约一样，面临买卖双方履约能力的问题。在投保人方面，随着时间的推移，投保人将不断地更新和积累自己的健康信息，对自己未来失能的概率有了更准确的认识，而保险公司仍然处于相对的信息劣势。此时身体健康的人群就可能选择退保，即发生动态的逆向选择问题。有研究发现提前终止护理保险合同的人群在进入老年后，住进养老院的概率更低。同时，如果大多数的投保人故意隐瞒对自己不利的健康信息，以低于保险精算确定的一般价格取得长期护理保险，最终将会导致长期护理需求风险实际发生的概率远远高于保险公司预期估算的概率，破坏保险基金的对价平衡，给保险公司的经营带来巨大的损失。[①] 如果保险公司由于预见到这一现象而提高初次投保的保费，将可能引发静态逆向选择。

第四节 中国开展长期护理保险制度的应然模式

一 中国应建立多层次的长期护理保险制度

（一）建立社会保险为主、商业保险为辅的保险体系

当今世界范围内，针对长期护理社会风险可能提供的保障可以归纳为三种主要模式：市场主导的商业保险模式、社会保障体系下的社会保险模式和财政转移支付模式。前两种模式前文已有详尽阐述。而所谓转移支付模式，或称"福利模式"，是指由政府对老人提供长期护理协助，其财源一般由中央或地方的财政税收支付。[②] 实际上，转移支付模式又可以具体分为两种类型，一是以北欧国家为代表的高福利模式，二是以许多发展中国家为代表的社会救济模式。我国财政转移模式主要体现在社会救济中，国家承担直接给付的兜底责任，给付内容单一，保障水平低下。因为转移

[①] 参见贾清显《中国长期护理保险制度构建研究——基于老龄化背景下护理风险深度分析》，南开大学出版社2010年版，第41页。

[②] 参见和红《社会长期照护保险制度研究：范式嵌入、理念转型与福利提供》，经济日报出版社2017年版，第158页。

支付模式由国家承担完全的给付责任，将对国家的财政平衡造成潜在的巨大威胁，故少有国家采用此种模式。在目前的讨论中，关于我国长期护理制度的选择已经达成初步的共识，那就是应采取保险模式而不是财政转移支付模式。[1] 与财政转移支付模式相比，保险模式更加强调市场的作用，这也与党在十八届三中全会上作出"市场在资源配置中起确定性作用"的定位相一致。

我国的长期护理保险应采取何种模式？其他国家和地区均是根据本国具体国情制定并逐步发展的，我国在选择长期护理保险模式时应当注意他们在完善过程中所暴露的问题和可取之处，吸取经验教训。选择不同的制度模式，将会产生不同的社会实效。同样地，基于不同的价值取向，对长期护理保险模式的选择也会呈现不同程度的偏好。目前，国内学术界对我国长期护理保险制度的模式选择，主要有三种观点：第一种观点认为应采取以社会保险为主体、商业保险作为补充的模式。这种观点认为采取社会保险模式可以解决长期护理保险市场的逆向选择问题。[2] 第二种观点认为应该采取商业保险模式。这种观点认为采取商业保险能够给企业和政府带来更大的压力，促使企业和政府的转型。[3] 第三种观点认为应该采取过渡型长期护理政策，在尚未建立长期护理保险制度时，采取家庭医疗保险包的方式，将老年长期护理作为基本医疗的补充。[4]

一项制度的建立除了具有现实的社会需求外，成熟的政治条件亦不可或缺。韩国长期护理保险制度的建立与卢武铉政府执政时期推出的"参与式政府"改革是密不可分的。[5] 在德国，采取保险制度来化解长期护理需求风险是基本共识，但社会保险立法取得突破性进展却和1991年基督

---

[1] 参见吕国营、韩丽《中国长期护理保险的制度选择》，《财政研究》2014年第8期。
[2] 参见戴卫东《中国长期护理保险制度构建研究》，人民出版社2012年版，第173页及以下；吕国营、韩丽《中国长期护理保险的制度选择》，《财政研究》2014年第8期。荆涛等《影响我国长期护理保险需求的实证分析》，《北京工商大学学报》（社会科学版）2011年第6期。
[3] 参见王新军、郑超《老年人健康与长期护理的实证分析》，《山东大学学报》（哲学社会科学版）2014年第3期。
[4] 所谓"家庭医疗保险包"，是指以家庭户为单位，设立家庭医疗健康保险账户，放款了对职业、年龄、地域的限制，父母、配偶、子女都可以随时参保，共用一个保险账户，谁需要谁使用。转引自赵曼、韩丽《长期护理保险制度的选择：一个研究综述》，《中国人口科学》2015年第1期。
[5] 参见梁川、［韩］朴顺景《"参与式政府"的构筑——韩国卢武铉政府行政改革综述》，《东北亚论坛》2008年第5期。

教民主联盟、基督教社会联盟和自由民主党成功组成执政联盟紧密相连。① 甚至，在我国台湾地区，因为2016年"大选"导致的"政党轮替"，使得民进党成为我国台湾地区"立法院"多数，直接导致其"长期照护保险法"胎死腹中，延宕至今仍未完成长期照护保险的"立法"。韩国从2008年建立起老年人长期疗养保险制度，其中一个重要的原因在于，其自1988年开始实施面向全体国民的养老金制度，养老金制度规定的最低缴费年限为20年，因此从2008年起国民养老金开始支付，这为韩国推行老年人长期疗养保险提供了相应的配套基础。②

党的十九大报告提出要"提高保障和改善民生水平，加强和创新社会治理"，③ 其中"积极应对人口老龄化，构建养老、孝老、敬老政策体系和社会环境"④ 成为实施健康中国战略的重要举措。党的十九届四中全会进一步提出要"坚持和完善统筹城乡的民生保障制度，满足人民日益增长的美好生活需要"。社会保障体制的改革与完善将是政府未来的一项重点工作。2019年4月16日，国务院办公厅《关于推进养老服务发展的意见》明确提出要建立健全长期照护服务体系，为今后一段时期的改革指明了方向。好风凭借力，面对不断攀升的长期护理社会需求，借助社会保障领域全面深化改革之机，在总结各试点地区的实践经验的基础上，建制长期护理保险制度，可以起到事半功倍的效果。

党的十九届四中全会强调要完善覆盖全民的社会保障体系，满足人民多层次多样化需求。这就要求对社会保障体制进行改革，目前大致有三个改革方向：一是完善社会保障法律体制，由单一社会保障体系向多层次社会保障体系转变；二是完善社会保险服务供给体系，发挥市场在资源配置中起决定作用，加强引导社会力量参与社会保险服务供给；三是加强政府职能转变，由政府作为服务提供者的社会保障向由政府作为监督者、管理

---

① 参见卓俊吉《德国长期照护保险法制研究》，硕士学位论文，台湾政治大学，2004年，第35页。

② 参见詹军《韩国老年人长期护理保险制度要述——兼谈对中国建立养老服务新体系的启示》，《北华大学学报》（社会科学版）2016年第2期。

③ 习近平：《决胜全面建成小康社会 夺取新时代中国特色社会主义伟大胜利——在中国共产党第十九次全国代表大会上的报告》，载《党的十九大报告辅导读本》，人民出版社2017年版，第44页。

④ 习近平：《决胜全面建成小康社会 夺取新时代中国特色社会主义伟大胜利——在中国共产党第十九次全国代表大会上的报告》，载《党的十九大报告辅导读本》，人民出版社2017年版，第48页。

者的社会保障转变。因此，笔者赞同第一种观点，主张我国长期护理保险制度应采"长期护理社会保险为主，长期护理商业保险为辅"的模式。

(二) 长期护理商业保险补充社会保险的具体体现

将商业保险作为社会保障的一种重要补充这种观点在学术界和实务界已经达成共识，两者的互补关系主要体现在承保范围、业务范围、保障水平等方面。党的第十四届三中全会《中共中央关于建立社会主义市场经济体制若干问题的决定》强调，要"按照社会保险的不同类型确定其资金来源的保障方式"，"社会保障水平要与我国社会生产力发展水平以及各方面的承受能力相适应。提倡社会互助，发展商业性保险，作为社会保险的补充"。从20世纪70年代开始，一些西方国家在社会保障的运行与管理中，就已经将一部分本应由政府统一承担的职能让渡给市场来执行，并且取得了良好的社会效果。[①] 保险最基本的功能是分散风险，商业保险同样能够转移分散被保险人面临的社会风险，具有稳定社会安定人心的作用，是社会保障体系的有力补充。社会保险和商业保险的相互补充，体现在以下两个方面：

第一，社会保险和商业保险在实施方式上具有互补性。社会保险是强制性的保险形式，是国家落实公民社会保障权的具体途径，因其涉及资源的再分配、国家对私人领域的干涉等重大问题，必须先由立法机关在全国范围内凝聚共识，通过国家立法的方式强制实施。社会保险的参保对象、保费缴纳、保险给付以及保险经办等事项均由法律明文规定，对不履行法定义务的主体要追究相应的法律责任。与此相反，商业保险是由保险公司自主开办的以营利为目的经济活动，遵循市场经济的一般规律，贯彻合同自由原则。保险合同的成立以双方当事人自由协商确定，可以对保险险种、保险金额、保险起见、保险赔付以及除外事由等进行自由的协商。虽然实践中一般采用格式化保险合同成立保险法律关系，投保人可以自由协商的空间大大缩小，但投保人在保险人的选择上依然享有自由，保险法对格式条款的规定也倾向于保障消费者权益，并没有排除当事人的自主性。这两者的相互补充，既能够满足社会稳定的需求，又能够给社会成员提供更加充足的选择空间。

[①] 参见谭湘渝、樊国昌等《商业保险与农村社会保障体系协同发展研究》，《保险研究》2007年第5期。

第二，社会保险和商业保险在制度功能上具有互补性。社会保险的主要功能在于保障社会成员的基本生存，其本质是国家权力机关对国民收入的再分配过程，其目的在于通过立法保障弱势群体的基本生活，保证社会经济生活的正常开展。其始终聚焦于社会问题的治理，调节社会收入的过度分化，致力于维护一定政治经济条件下的社会稳定。而商业保险则不然，从法律制度上看，商业保险合同的成立意味着保险人将在保险事故发生后，依照合同约定的条件对投保人遭逢的损失进行补偿；从经济活动上看，保险业的运行仅仅意味着在保险人与被保险人之间进行经济活动的结算。这种利用风险共同体筹集的资金进行的补偿，不涉及国民收入再分配的问题。保险给付的内容也随着保险费的不同存在差异，并非仅保障被保险人的基本生活。此外，随着保险行业的蓬勃发展，其具有了更加明显的金融功能，对于市场经济的资金流通起着重要作用。这种功能上的互补性，既能够保证利益驱动的商业保险的正常运营，又能够提高社会保险的保障程度，并在此基础上实现公平和效率的统一。

二　建立社会保险制度是长期护理风险治理的必由之路

（一）建立长期护理社会保险制度的必要性

从美国的实践经验来看，采用长期护理商业保险的前提是国家经济发达且国民人均收入较高，而且还需要商业健康保险市场发达。同时，由于商业保险具有自主性，国民较强的投保意愿也是长期护理商业保险能够持续发展的必备因素。令人遗憾的是，我国的经济发展程度尚处于发展中国家阶段，与发达国家相比，国民总体收入水平较低，商业健康保险市场发展亦不充分，长期护理商业保险保险市场供给严重不足。主要体现在以下几个方面：

第一，我国城乡居民总体收入水平不高，民众对长期护理商业保险的消费能力不足。改革开放以来，我国经济一直处于高速发展之中，但和发达国家相比仍有不小的差距。而且我国城乡发展差异大、东西部地区发展严重失衡，大多数劳动者的可支配收入并没有达到上述人均水平。在美国，长期护理商业保险市场经过多年发展已趋向成熟，保费的确定与收取等方面颇为灵活，为扩大投保比例曾采取多种措施，但即便如此，也只有小部分人能够支付长期护理保险高昂的保费，大部分人要么受困于经济窘迫无法投保，要么在投保之后无法持续支付保费而不得不停止长期护理保险。针对目前的老年健康保险市场，我国的保险公司已推出多种保险产品，但其中并没有严格意义上的长期护理保险产品，大多是意外险和疾病险的附加险。从推广范围、保险期限等方面综合考虑，中国人民健康保险公司推出的"全无忧长期护理个人健康保障计划"中的"全无忧长期看护个人护理保险"是与长期护理保险最为接近的一种保险产品。通过计算，若一个人从30岁开始投保"全无忧长期看护个人护理保险"，每年需缴纳保费15600元，倘若夫妻两人均投保，每年仅该项保险费用的支出就高达31200元，[①]以我国目前的人均收入水平来看，大多数家庭的收入无法承受该保险高昂的保费。实际上，我国大多数家庭无法承受长期护理商业保险的保费。

第二，我国长期护理商业保险的保险产品种类较少，发展不充分，供给能力有限。通过对中国人民银行发布的《中国区域金融运行报告（2020）》中的保险业有关数据的分析比较观察，我国的保险密度与保险深度正在快速增加，但较发达国家仍有很大差距。其中商业健康保险出现于1982年，至今不过30余年。直到2002年，在保监会的大力支持下，我国第一本系统论述商业健康保险的专著《中国商业医疗保险研究》才得以问世，2004年以后商业健康保险开始步入专业化经营阶段。2006年《国务院关于保险业改革的若干意见》中，商业健康保险的地位得到肯定，被确认为医疗保障体系的重要组成部分。但是，对于我国商业健康保险市场而言，商业健康保险相关理论的发展还远远不够，我国的商业健康保险距离发展成熟阶段还有很长一段距离。上海健康医学院发布的《中国健康保险发展报告（2019）》显示，我国2018年商业健康保险保费收入5448亿元，而美国在2014年时商业健康险市场规模便已达到2.2万亿美元。仅从商业健康保险市场规模来看，我国商业健康保险与美国悬殊。而且，尽管商业健康保险与社会基本医疗保险都是我国医疗保障体系的重要组成部分，但商业健康保险对医疗费用的分担作用远远不如社会基本医疗保险明显，具有很大的提升空间。

第三，商业健康保险市场的不成熟、不完善使得有关的保险制度也相对落后，制度落后会带来诸多问题。其一，对长期护理社会风险的保障严重不足。尽管我国老年人口比重持续增加，失能、失智，有长期护理需要

---

① 参见 http://www.picchealth.com/tabid/2202/InfoID/11819/Default.aspx。

的老年人越来越多,但长期护理保险产品的增长非常缓慢,并且大多数是以附加险的形式存在,长期护理商业保险的覆盖面狭窄,无法满足日益庞大的老年群体长期护理的需求。其二,市场无法被充分打开,保费居高不下,无法满足普通大众的护理需求。通常而言,但凡是因失智、失能从而丧失日常生活能力的人,均产生长期护理的刚性需求。而商业性质的护理保险保费较高,主要针对的基本是中高收入人群。很多低收入人群被拒之门外,无法获得商业保险保障的这类人群,完全只能依靠家庭的协助"自生自灭"。其三,保费收取不够灵活,无法根据护理需求、通货膨胀等因素及时作出变通,保险公司自身也面临不小的风险。其四,目前我国的商业健康保险中,针对长期护理的保险只有定额保险金给付,而不提供服务给付。一方面,我国长期护理服务体系尚不健全,即便有了资金上的保障,他们也很难从市场中购买到优质的护理服务,难以达到护理保险预期的保障目的。另一方面,服务提供缺位将使得长期护理商业保险对消费者吸引力下降,进而降低民众的购买意愿,从另一个侧面抑制了商业保险市场的健康发展。在这种双向的恶性循环中,仅靠商业性质的保险模式势难解决今日渐趋严重的长期护理社会风险。

(二) 建立长期护理社会保险制度的外部正当性

长期护理社会保险具有"风险共担,资金互济"的功能,为失智、失能者及其家庭负担的高额长期护理服务费用找到了一条分担化解的有效途径。因国家生育政策导致的独生子女可以将肩上的这副重担分流一部分给社会保险承担,制度化的长期护理服务体系能够实现家庭代际的良性循环。[①] 此外,长期护理保险所产生的效益还会对社会各方面的发展产生正向的外部效应。

一方面,基于长期护理社会保险的强制性与普遍覆盖性,由此形成的数额巨大的基金池必然要求引入市场竞争机制,以刺激长期护理服务供应商的数量增长。这一点从有关国家实施长期护理社会保险以来民营护理机构的蓬勃发展中便可窥一斑而见全豹。例如有学者分析了德国长期照护保险的实施效应时发现,其长期照护服务成长率自 1995 年正式实施居家服务所后立刻暴增,居家服务所的数量从 1992 年的 4000 所增加到 2011 年

---

① 参见和红《社会长期照护保险制度研究:范式嵌入、理念转型与福利提供》,经济日报出版社 2017 年版,第 165 页。

的12349所，而机构服务所的数量则由1992年的4300所增加到2011年的12354所。① 长期护理服务机构的数量总体上保持稳定上升。类似地，韩国自2008年实施长期护理保险制度以来，其护理设施从2008年的8444家，增加到2018年的20377家，其中入住型护理机构从2008年的1700家，增加到2018年的5304家。居家护理服务机构从2008年的6744家，增加到2018年的15037家。② 另一方面，社会保险实施后，在长期护理服务机构数量增加的同时，由于长期护理保险制度由等级鉴定组织、服务遴选组织、服务人员培训组织以及质量监督管理组织等共同组成，这些组织的相互协作、相互促进，有助于提高长期护理服务品质，加快长期护理服务体系的建设。2019年4月16日发布的《国务院办公厅关于推进养老服务发展的意见》明确提出要"建立健全长期照护服务体系"。因此，研究建立长期照护服务项目、标准、质量评价等行业规范，完善居家、社区、机构相衔接的专业化长期照护服务体系，已然成为今后长期护理的发展方向。建制并实施长期护理保险制度，无疑能够助力长期照护体系的建设，也将有利于更加全面地保障老年人的各项权益。

长期护理社会保险制度的建立能够释放就业空间，增进民生福祉，保障和改善民生。自2012年以来，我国GDP增长率连续三年低于8%，2014年全年GDP增长率低至7.4%，经济发展整体上处于发展速度的放缓和结构的调整阶段，即进入所谓的经济新常态。2014年11月10日，习近平总书记在亚太经合组织（APEC）工商领导人峰会上所做的题为"谋求持久发展，共筑亚太梦想"的主旨演讲中，较为系统地阐述了中国经济新常态的问题，其中我国经济新常态的一个主要特征就是经济发展速度将从高速增长转为中高速增长。在经济发展新常态下，由于经济增长方式的转变以及增长速度的减缓，将发生一系列系统性的机制和利益关系变化。③ 其中一个重要的变化就是客观上对劳动者的就业结构产生了重大影响，同时也对就业总体规模产生了严重的挤压效应。这具体体现在新增就业岗位减少、结构性失业增加、劳动力市场竞争加剧等方面。④ 破除新常

---

① 王品：《德国长期照护保险效应分析：1995—2013》，《人文及社会科学集刊》2015年第1期。
② 参见田香兰《韩国长期护理保险制度解析》，《东北亚学刊》2019年第3期。
③ 参见金碚《中国经济发展新常态研究》，《中国工业经济》2015年第1期。
④ 参见蔺思涛《经济新常态下我国就业形势的变化与政策创新》，《中州学刊》2015年第2期。

态下就业难题，其中一个重要的手段就是积极培育新的经济增长点。① 而长期护理社会保险制度的建立，将使其成为经济新常态下的一个新的经济增长点。一方面，建立长期护理保险制度，有助于刺激长期护理服务产业的发展，这不仅能够为城乡大龄女性人员以及高校护理学、社会工作、人力资源等相关专业提供大量的就业岗位，还能带动金融、保险等相关行业的发展，进一步创造更多的就业岗位。另一方面，提升长期护理服务供给的质量，需要转变政府职能，加强人才职业教育，努力提高劳动者的综合素质，能够促进护理服务业的健康发展。同时也会加强农村地区的基础设施建设，对于促进就业具有良好的正面效应。总之，长期护理社会保险强调市场经济对资源起决定性的作用，将极大地调动市场的积极性与创造性，促进经济发展的同时，提供更加充足的就业岗位，对于提高人民收入水平，保障与改善民生具有重要作用。

(三) 建立长期护理社会保险制度的可行性

我国的五大社会保险在实践中得到大多数人的好评，人们对社会保险的认可度越来越高。作为强制多数社会成员参与的社会保险在帮助丧失劳动能力或者失业的人群维持基本生活方面起到很大作用，同时也增强了家庭经济对疾病等的抵抗能力，减少因病返贫等现象的发生。同其他社会保险一样，长期护理社会保险具有重分配社会资源的功能，具有互助性和福利性的特征。每个人都会面临失能风险，在丧失生活自理能力后，需要别人为自己提供护理服务，无论是由家人提供抑或是由专业护理人员提供，都会有或消极或积极的相关费用②产生，所以从理论上来说，每个人都有购买长期护理保险的必要。而且，社会保险的一个重要特征便是通过强制手段使覆盖范围尽可能囊括全民，当国民对长期护理保险的认可度达到一定程度后，国家要求强制投保长期护理社会保险受到的阻力也就越小。有关长期护理保险购买意愿的调查显示，大部分人已经注意到自己可能遭受失能风险并愿意积极采取措施进行预防和分散，其中75%的受访者表示

---

① 参见余淋《经济新常态背景下中国的就业形势及政策改革分析》，《经济研究导刊》2017年第4期。
② 消极的费用是指家人在为失能人员提供护理服务的时间段内无法从事社会工作而导致的家庭未能增加的收入；积极的费用是指失能人员接受专业护理人员提供的护理服务时需要支出的费用。

愿意购买长期护理保险,[①] 对长期护理保险的作用比较认同。我国已有部分地区开展长期护理社会保险的试点工作,大多数人对这项保险工作的展开持积极态度,并且通过这个途径对长期护理社会保险有更深刻的认识。

我国的人口老龄化进程加快,失能人口比例加重,家庭结构的变化使得家庭在面对家庭成员失能问题上显得较为脆弱,个人在面对此项风险亦无能为力。由政府主导的低水平广覆盖的长期护理社会保险试点由此而生。政府通过宏观调控和引导,对该保险各环节实行严格监督,并对长期护理社会保险保费给予适当财政支持,长期护理社会保险的发展能够较快步入正轨。事实上,被称为社会保障"第六险"的长期护理保险在我国试点已有四年多,经过试点地区的探索已初具制度框架,各项具体制度也渐趋完善。比如参保对象的确定、保费的确定、资金筹集渠道、失能的判断标准、保险给付方式等都在实践中逐渐成熟,长期护理社会保险的改革目标更加明确。在备受关注的制度独立性上,目前的试点工作也取得重大进展,探索出了不同的实施模式。例如在苏州的试点中,建立了独立于现有5项社会保险之外的新险种,基金管理纳入财政专户,专款专用,独立核算,实现了制度独立、财务独立、基金独立和信息系统独立。[②]

三 发展商业保险是长期护理风险治理的有力补充

(一) 发展长期护理商业保险的必要性和可行性

1. 长期护理商业保险仍有市场

2016年我国各地的人身险保费收入增速大大高于财产险保费收入,除投保人偏爱长期人身保单的现金价值并利用其进行储蓄或投资因素外,人们对于身体健康风险的重视程度提高也是一项重要的原因,这一点显示出:我国开展长期护理商业保险是对商业健康保险市场需求的回应,长期护理商业保险直指被保险人所面临的失能风险,保险公司推出相关产品具有可行性。而且,现在老年人口基数变大,慢性病患病概率增大的同时,

---

[①] 参见荆涛《长期护理保险理论与实践研究:聚焦老龄人口长期照料问题》,对外经济贸易大学出版社2015年版,第77—80页。其他研究人员的调查数据也与此相接近。参见孙正成《需求视角下的老年长期护理保险研究——基于浙江省17个县市的调查》,《中国软科学》2013年第3期。

[②] 参见徐敬惠、梁鸿主编《长期护理保险的理论与实践》,复旦大学出版社2018年版,第167页。

医疗护理费用也在升高，居民手中可支配收入增加而且保险意识也有所增强，针对护理保险市场推出的产品具有大量的潜在客户，长期护理商业保险具有广阔的发展空间。在选择是否购买长期护理保险时，年龄、受教育程度、收入水平等是具有较大影响力的因素。但除去这些不受保险公司控制的因素外，人们是否作出购买长期护理保险的决定受到其对长期护理保险本身的了解程度的影响。[①] 通过加大宣传力度，保险公司让广大有购买长期护理保险意愿的人群对推出的长期护理保险产品进行多方面了解，并针对消费者的疑问设计答疑解惑环节，从而打消购买顾虑，增加投保率。

2. 长期护理商业保险可以弥补长期护理社会保险的不足

我国现阶段经济发展水平并不高，财政上能给予长期护理社会保险的支持不多，由于长期护理社会保险需要将大多数人纳入保险范围，我国目前贫富差距较大，大部分人生活不够富裕，所以个人承担的保费也不能太高，长期护理社会保险所确定的整体保费也不会太高。保费低将直接导致保险给付只能满足被保险人最基本的护理需要，无法提供多样化的保险档次以供选择。长期护理商业保险具有的自主性和灵活性将很好地弥补长期护理社会保险的不足。商业保险可以针对市场需求设计多款长期护理保险产品，有经济负担能力的人在结合自身情况下自愿选择适合自己的保险产品，而不必拘泥于满足护理服务的基本需求。我国的经济发展地区差异很大，城乡之间的差异也不容小觑，不同行业的人员收入悬殊，统一的长期护理社会保险在面对不同经济承受能力的人群时显得机械呆板，长期护理商业保险则能够满足人们对不同层次长期护理保险的需求。此外，商业性保险以营利为目的，为了获得更多利润，商业保险公司会有更大的动力对长期护理保险产品进行优化创新。而且，商业保险公司有较大的发展自由，对长期护理保险的创新空间更大。长期护理社会保险通过吸取长期护理商业保险优化创新过程中的经验教训，也能加快完善的步伐。

(二) 长期护理商业保险发挥补充作用的条件

人民群众对长期护理的需求是刚性的，社会保险低水平的保障不能完全满足社会成员多样性的需求。因此在长期护理保险的机构体系必须穿插市场化购买服务项目，增加失能者获得护理服务资源的个人支配能力和自

[①] 参见赵娜《风险认知对长期护理保险购买意愿影响分析》，《保险研究》2015 年第 10 期；曹信邦等《中国长期护理保险需求影响因素分析》，《中国人口科学》2014 年第 4 期。

主性，朝着以个人为中心的方向发展。如前所述，商业保险能够补充社会保障制度中存在的不足之处，加强商业保险的发展必然能够在长期护理保险制度的构建中发生广泛而深刻的作用，不仅能够吸引社会组织的涌入，促进市场竞争效应与淘旧换新，低价与个性化的各项服务脱颖而出，还会改变原本公立长期护理机构的服务提供与经营模式。但是，这种补充作用的充分发挥需要一定条件。

首先，需要厘清商业保险和社会保险的边界与协作。回顾我国既有的长期护理保险体系，即便是在试点进行得如火如荼的地区，也没有明显的融合发展趋势，因此几乎没有针对长期护理商业保险与社会保险的比较研究。社会保障体系是一个开放型的系统，虽然社会保险和商业保险都具有分散风险、安定人心以及维护社会秩序的功能，但二者毕竟处于不同的层次，存在诸多差异。社会保险法律制度受到严格的法律控制，而商业保险则受商事法律规范的调整，也即商业保险在社会保障体系之内，却在社会保障法律制度之外。因此社会保险与商业保险应该区分各自的本质特色，在相互尊重各自内在规律的前提下寻求共同发展的途径。商业保险公司的强项是市场资源的配置和专业服务的供给，引入商业保险的目的在于构建多层次的长期护理保障体系，提升参保群众的保障水平和服务体现。因此，对于社会保险办不好而商业保险能够办好的事项，应该通过政府购买、委托管理等方式让渡与商业保险。

其次，需要政府给予商业保险公司一定的政策优惠。社会保险是国家责任的具体落实，通过立法赋予行政部门强制执行的手段，可以强制符合法定条件的投保人缴纳保费，从而不断扩大保险覆盖面。商业保险则基于个人自由之本旨，投保或不投保均取决于个人意愿，甚至还取决于投保人自身的经济条件，因此需要各种政策的引导和鼓励。例如，从美国等国家的经验来看，设计合理的税收制度是撬动商业保险发展的有效杠杆，尤其是在缴费和险资运用环节予以税收优惠。一方面，对于积极参与长期护理保险体系建设的商业保险公司，应有针对性地对其相关的营业税和所得税进行减免，并采取措施扩宽其投资渠道，对于其投资收益也要给予一定的税收优惠。另一方面，对于购买长期护理商业保险的投保人也要给予税收优惠，以提升人民对商业险的购买欲望。在此，可以借鉴个人税收递延型商业养老保险的运营模式，投保人在税前列支保费，在领取保险金时再缴纳税款，实质上是国家在政策上给予购买养老保险产品个人的税收优惠。①

最后，需要鼓励商业保险在健康保险领域的发展。党的十九大报告提出了健康中国的发展战略，强调人民健康是民族昌盛和国家富强的重要标志，要完善国民健康政策，为人民群众提供全方位全周期健康服务。健康中国战略的全面实施与贯彻，需要市场多方主体的积极参与，商业保险作为健康管理的重要力量，其健康发展需要良好的政策和法律环境。因此，优化营商环境显得尤为重要。保险行业、医疗行业、长期护理行业的规范化运作关乎商业保险的发展。政府应当引导行业协会的建立，为政府及保险机构提供可靠的数据支持。此外，政府可以鼓励更多形式的社保机构和商业保险公司的合作方式，开展互补业务。比如，发挥保险公司的服务和专业管理优势。目前商业保险公司和社会保险机构之间的互动是不充分的，而二者之间只有充分协调发展，才能有效降低成本，并以更高的效率和更优质的服务满足人民群众更高层次的需求。

四 积极探索长期护理风险的合作治理体系

公共服务是指以政府公共部门为主的组织为公民提供公共产品而进行的公共行为。② 随着时代的发展，人民群众对公共服务的需求呈现出多样化的趋势，对公共服务的内容和质量也有着更高的追求。传统的观点认为公共产品具有非竞争性和非排他性的特点，信息不对称带来的道德风险增生和逆向选择问题，严重抑制了市场机制发挥作用，因此通过政府部门来提供公共产品是不可避免的。但是，过多地依赖政府来提供公共产品，同样会导致"政府失灵"的情况发生。政府工作人员为了一己私利而出现的寻租行为，以及政府在信息和决策方面的局限性，都决定了单纯由政府部门提供公共服务是行不通的。长期护理社会保险服务作为一种准公共产品，其目的在于防范和化解长期护理社会风险，提高人民群众的生活水平和幸福感，这一目的的实现有赖于社会多方主体的协力共治。其中，商业保险机构参与社会保险的经办，就是对长期护理风险合作治理机制进行创

---

① 参见中国银保监会《关于印发〈个人税收递延型商业养老保险业务管理暂行办法〉的通知》（银保监发〔2018〕23号）；中国银保监会《关于印发〈个人税收递延型商业养老保险资金运用管理暂行办法〉的通知》（银保监发〔2018〕32号）。

② 参见刘波等《公共服务外包——政府购买服务的理论与实践》，清华大学出版社2016年版，第5页。

新的一个重要方面。

在多地的长期护理保险试点中，普遍采取委托商业保险公司开展长期护理服务的做法，取得不错的成效。例如南通市规定："按照长护保险经办事务委托第三方参与经办、政府监督的管理模式，将受理评定、费用审核、结算支付、稽核调查、信息系统建设与维护等部分经办服务，通过政府招标委托有资质的专业机构参与经办，提高经办服务能力。"长期护理服务需求具有专业化和个性化特点，政府擅长对资源进行组织，能够保证长期护理保险的普遍覆盖性，但对服务的专业化和个性化供给存在不足。

（一）商业保险机构参与长期护理社会保险经办的优势

一方面，商业保险机构具备专业的精算技术。所谓精算，就是综合运用数学、统计学、金融学、人口学等学科的知识和原理，对保险经济活动未来的财务风险进行分性、评估和管理的活动。在长年的业务经营中，保险公司在精算人才和经验数据等方面积累了大量优势，可以在长期护理保险的出险规律、保险事故损失额的分布规律、保险人承担的平均损失及其分布规律、保费收取等方面提供精算测算。例如在资金筹集与保险给付方面，商业保险遵循对价平衡原则，在大数法则下针对不同的风险人群采取不同的缴费方式，长期护理保险的开办也可以采用前述的方式更加科学、合理地进行保费缴纳。

另一方面，商业保险机构在业务经营和管理方面具有专业化能力。特别是在专业分群和专业定价方面，保险公司能够基于客户特征、价值、需求等多维度构建动态分群，挖掘客户需求和偏好，匹配立体、全面的多层次产品，依据大数据机器学习构建精准定价模型，实现不同地区、不同人群差异定价。在基金管理方面，长期护理基金的支出风险随着被保险人的年龄增长而上升，不同年龄段的人群赔付概率存在显著差异，因此保险基金需要实现全年龄段内的缴费和支出的平衡。采用商业保险公司承保，并由其进行投资和运营管理，能够根据风险变化科学调整缴费水平，实现长期护理基金投资运行的市场化运作，降低制度的运行成本，保证长期护理基金的安全性和收益性。

此外，长期护理商业保险具有的自主性和灵活性将很好地弥补长期护理社会保险的不足。商业保险可以针对市场需求设计多款长期护理保险产品，有经济负担能力的人在结合自身情况下自愿选择适合自己的保险产品，而不必拘泥于满足护理服务的基本需求。我国的经济发展地区差异很大，城乡之间的差异也不容小觑，不同行业的人员收入悬殊，统一的长期护理社会保险在面对不同经济承受能力的人群时显得机械呆板，长期护理商业保险则能够满足人们对不同层次长期护理保险的需求。商业性社会保险以营利为目的，为了获得更多利润，商业保险公司会有更大的动力对长期护理保险产品进行优化创新。而且，商业保险公司有较大的发展自由，对长期护理保险的创新空间更大。长期护理社会保险通过吸取长期护理商业保险优化创新过程中的经验教训，也能加快完善的步伐。

综上所述，依照我国现阶段的具体情况，在我国，长期护理商业保险普及难度大，而与此同时，开展长期护理社会保险主客观条件已成熟，应当采取长期护理社会保险模式。但长期护理商业保险也应得到重视，其仍有市场，且能弥补长期护理社会保险的不足并促进其发展。所以我国宜采取社会保险为主，商业保险为辅的模式。

(二) 商业保险机构参与长期护理社会保险经办的实践概况

理论上，根据的运作模式与承担经营风险的不同，基本上可以将商业保险机构参与社会保险经办划的模式分为三种，即购买服务模式、购买产品模式和委托管理模式。[①] 其中，购买服务模式商业保险机构按照政府部门的要求，为保险业务的经办提供有一定限制的服务和人力资源，同时收取适当的服务费的模式。该模式下商业保险机构不承担保险基金的盈亏和投资风险，它们仅仅按照政府的要求提供服务，不参与稽核控费等事项。购买产品模式是地方政府用筹集到的资金或者分拆出来的部分保险费为投保人向商业保险公司购买保险产品。实际上是政府与保险公司签订了一份保险合同，保险公司按照合同约定承担相应的保险给付，自主经营，自负盈亏。委托管理模式是商业保险公司接受政府的委托，按照委托约定的方式和项目，不同程度地参与长期护理保险的经办。一般由政府按照签订的相关协议进行年度考核，据以发放相应的管理费用。就目前的实践来说，商业保险公司目前主要涉及的是经办环节，主要有三种模式：

1. 北京海淀模式

根据《海淀区居家养老失能护理保险试点办法》和《北京市海淀区失能护理互助保险实施细则（试行）》的规定，居家养老失能护理互助

---

① 参见丁少群等《社会医疗保险与商业保险合作的模式选择与机制设计》，《保险研究》2013年第12期。

保险引入中国人民人寿保险北京分公司，提供定制的"人寿保险安享无忧团体长期护理保险"产品。据此，北京市海淀区依托商业保险机构承办长期护理保险，逐渐形成了购买产品的商业保险机构参与模式。在长期护理保险的经办全程中，政府部门承担的主要责任是对参保人提供一定的保险费补助，并对经办的商业保险机构进行监督和考评，因此实际上是由商业保险公司负责经办运营的。北京海淀模式在参保方式上采取自愿原则。符合法定条件的参保人群自愿决定是否参见失能护理互助险，参保人向定点商业机构投保，政府对保费给予一定补助。同时，海淀区确定老龄委办公室作为长照险的监督管理部门。其主要职责是负责长期护理服务机构的准入准出核准；对保险涉及的长期护理服务的范围、内容、失能程度认定以及费用支付标准等进行确定和监督执行；协助商业保险机构开展相关保险业务、失能评估工作等。

2. 山东青岛模式

《青岛市长期医疗护理保险管理办法》规定："社保经办机构负责护理保险的经办管理，并积极探索建立委托第三方经办服务的新型管理服务模式，引进有资质的商业保险机构参与护理保险经办。"在加入方式上，山东青岛模式采取强制加入原则，凡是城乡基本医疗保险的参保人均强制性加入长期护理保险。参保人产生长期护理需求后，需要向护理服务机构提出申请，护理服务机构对申请进行初步审核，通过后上报社保经办机构，社保经办机构对符合给付条件的失能人员进行复审以及失能等级的评估鉴定，全部通过的才能享受保险给付，给付条件颇为严格。在主管部门方面，青岛市人社部负责护理保险的行政管理工作，包括对经办机构和护理服务机构的监管，市、区社会保险经办机构根据统一政策、分级经办的原则，分别负责辖区内护理保险业务经办管理，通过综合考评择优确定护理服务机构，与之签订合作协议，实行"定额包干、超支不补"的费用结算办法。此外，青岛市还明确社会经办机构在试点过程中应该积极探索建立第三方经办服务的新型管理服务模式，引进有资质的商业保险机构参与护理保险经办。不难发现，山东青岛模式实际上采取的是购买服务方式，由政府针对长期护理保险经办过程中的部分环节进行服务采购，商业保险公司按照协议提供服务，收取一定的服务费。但是长期护理保险的主要环节，例如保费缴纳、失能认定、保险给付、基金运营等仍由政府社保经办机构负责。

3. 江苏南通模式

根据南通市颁布的《关于建立基本照护保险制度的意见（试行）》等一系列文件，江苏南通形成了"政府牵头、保险公司经办、第三方机构提供服务"的运作模式。政府依据《南通市照护保险定点照护服务机构协议管理试行办法》及《南通市照护保险定点照护服务机构考核暂行办法》的相关规定，对第三方服务机构进行资质判定，选择符合标准的服务机构，签订合作协议。2016年，太平养老江苏分公司、平安养老江苏分公司、太平洋人寿南通中心支公司、国寿南通市分公司四家商业保险机构共同中标承接南通市基本照护保险项目管理。根据约定，商业保险公司的服务范围包括窗口服务、失能评定、待遇支付、稽核调查、系统建设、人员培训、基金管理等方面，并按照一定的比例收取管理费。[①]

（三）商业保险机构参与长期护理社会保险经办的模式选择

上述三种模式各有利弊，海淀模式因其完全处于商业化运作，是否参加长期护理保险遵循自愿原则，因而不能实现覆盖基本人群的目标，并且会产生比较严重的逆向选择问题。并且从业务实践上来看，在给付方面基本上都是"现金给付"或者"与现金给付等额的服务"，由于护理服务的内容不确定，民众的接受程度较低。在青岛模式中，商业保险公司不承担经营风险，对定点护理机构的稽核与违规行为的处罚等缺乏激励和约束机制。此外，商业保险公司仅仅参与经办的某个环节，由社保经办机构对商业保险机构进行监管，商业保险公司的真正优势并未得到发挥。在南通模式中，商业保险公司全程参与长期护理保险经办的流程，政府对长期护理基金管理、结算支付、定点机构管理等关键环节设定考核目标，要求保险公司承担一定风险，形成了"基金管理、保本微利、有限风险共担、亏损次年调整"的合作原则。目前，长期护理商业保险机构如何参与社会保险的经办并没有绝对固定的一种模式。今后对商业保险机构参与社会保险经办模式的完善，应当着重注意以下几个方面：第一，要科学合理地划分经办业务的范围、明确盈亏分担方式。第二，应加强对护理服务供给过程及质量的监督和管理。第三，要扩展护理服务的内容、创新护理服务的供给方式。

---

① 参见张盈华、杨东方等《长期护理保险制度探索的郑州模式》，经济管理出版社2019年版，第134页。

五　长期护理社会保险与我国基本医疗保险体系的结合

如果长期护理社会保险自成体系，有利于实现自身保费收支平衡，不受其他社会保险的影响，但是，自成体系意味着我国需要重新构建长期护理保险经办机构，且需要制定一系列法律法规用以管理长期护理保险，重新设置相关机构的成本较大。经济发达国家在实施长期护理社会保险过程中已经出现财政困难的情况，何况我国只是发展中国家，在制度设计中，我们应当重视长期护理社会保险的成本问题，并寻找出最优方案。我们不妨将之与已存在的社会基本保险中较为类似且契合度较高的的险种进行结合，从而节省机构建设成本和制度构建成本。

长期护理社会保险与基本养老保险和基本医疗保险的作用较为接近。我们可以通过比较长期护理社会保险与这两者的相似之处，从而找到更适合与长期护理社会保险相结合的现存社会保险制度。

长期护理社会保险与基本养老保险都具有应对老年风险的作用，但是两者之间的差异较大。首先，长期护理社会保险给付的覆盖范围更广，不仅包括老年人，其他丧失生活自理能力的人也能得到相应保险给付。而且，基本养老保险金的给付条件与缴费年限和被保险人年龄挂钩，被保险人需要缴费15年以上且达到退休年龄方可享受基本养老保险金；长期护理社会保险给付与缴费年限和年龄无关，只考虑被保险人的身体状况。由此可见，长期护理社会保险与基本养老保险相似度较小，结合难度大，成本也较高。

相比之下，长期护理社会保险与基本医疗保险的契合度更高。首先，长期护理服务在大多数时候是医疗服务的延续，将长期护理社会保险与基本医疗保险结合，能够共享被保险人在医疗机构就诊的资料，降低对失能程度进行评估的难度，并减少审查时间和费用。其次，两种保险的结合能够优化当前我国医疗资源配置格局。目前，有一部分人选择住院并不是因为疾病较为严重需要专业医疗护理服务，而是由于出院之后无法找到自己能够负担得起的基本护理服务，两种保险结合之后，疾病的治疗阶段和康复阶段联合，对护理服务专业性要求较低的病人可以分流到其他专业护理机构或者回归家庭，避免浪费紧缺的医疗资源。在两种保险结合的模式下，实际操作中的分流过程会比两种保险分属不同体系时更加流畅。除此之外，两种保险在保费收取方式和保险给付条件等方面也较为相似，所以，长期护理社会保险与基本医疗保险结合难度低，同时也能优化保险成本。

目前，我国基本医疗保险覆盖率已达95%以上，长期护理社会保险若与基本医疗保险结合，两者共用医疗保险的管理监督系统，能够在短时间内完成长期护理社会保险的普及工作，同时，这也能够避免设立新的管理部门，从而节约成本。而且，我国大部分试点地区都将医保统筹基金划转作为资金筹措途径之一，表明长期护理社会保险与基本医疗保险结合有一定的可行性。不能忽视的一点是，我国基本医疗保险基金正面临着危机，《中国医疗卫生事业发展报告2017》显示2017年城镇职工基本医疗保险基金将出现当期收不抵支的现象，若不进行改革，数年之后将出现严重赤字。将长期护理社会保险并入基本医疗保险体系将是基本医疗保险基金的转机。就算长期护理社会保险收取的保费是独立运行的，但由于长期护理保险的保险给付能够减少基本医疗保险基金开支，从而缓解其收不抵支的现状。另外，基本医疗保险基金的运作已趋成熟，若将长期护理社会保险与基本医疗保险相结合，长期护理社会保险保费能得到较好的增值。

第三章 长期护理保险制度的相关主体及其法律关系

如上文所述，我国建立长期护理保险制度，应当采用社会保险为主、商业保险为辅的发展模式。但二者具有不同的价值取向与运作体系，尤其在主体和法律关系方面存在重要差别。厘清各主体之间的法律关系，不仅是完善长期护理保险制度的内在要求，也是有效防范和化解各主体间法律纠纷的必要前提。遗憾的是，《指导意见》关于上述各项问题只存在抽象的原则性规定，而各试点地区的做法各有不同，实务界和理论界至今尚未达成共识，从而导致长期护理保险制度在法律关系方面仍然存在诸多不明之处。

有鉴于此，本章将以我国具体情况为出发点，结合域外相对成熟的长期护理保险制度中的法律关系范式，论述我国长期护理保险制度相关主体及其法律关系。

第一节 长期护理保险法律制度的保险人

一 我国保险制度中的保险人

保险人是指依法经营保险业务，与投保人建立保险法律关系，并承担赔偿或者给付保险金责任的人。[1] 根据我国《保险法》的规定，在商业保

---

[1] 参见贾林青《保险法》，中国人民大学出版社2014年版，第58页。本书此处所论述的保险人，既包括商业保险中的保险人，也包括社会保险中的保险人。商业保险中保险人与投保人建立保险法律关系，而被保险人仅为保险法律的关系人。但是在社会保险法律关系中，雇主和劳动者均负有部分投保义务，因此就社会保险的基础法律关系而言，主体界定为社会保险人与被保险人，方才更为准确。

险中的保险人具有明确的法律定义,是指与投保人订立保险合同,并按照合同约定承担赔偿或者给付保险金责任的保险公司。① 但是社会保险法中的保险人究何所指,则存在重大疑问。

我国《社会保险法》第 7 条和第 8 条分别规定了社会保险的行政管理主体和提供社会保险服务的主体,前者为各级政府社会保险行政部门(即人力资源和社会保障部门),后者为各级社会保险经办机构,但二者究竟谁才是社会保险法上的社会保险人,法律对此未置一词。究其原因,是因为《社会保险法》立法之时仍然沿袭劳动法和社会保障管理的思维,主体定位于劳动者与用人单位,而不是保险人、参保人及被保险人。② 就社会保险法律主体而言,最关键莫过于社会保险人,本书先就这一问题进行厘清。

(一) 社会保险人的本质属性

社会保险虽由政府主办,但在本质上仍然具有保险风险转移分散的功能,同样通过向不特定的社会公众筹资的形式建立风险基金池,将某一社会风险分散给特定的组织,而社会保险人其实就是某一类社会风险的法定风险管理人。因此,社会保险人应当能够以自己的名义独立地从事活动,能够借助精算法则科学地评估风险和确定支付标准,应该具有独立的法律人格。从世界范围上看,对于社会保险人的立法模式有三种:中央政府的下属部门或依法成立的特殊公共机构、独立于政府的自治机构、依照私法运营的公司法人。③ 换言之,社会保险人的法律性质既可以是公法人,也可以是私法人。但是,社会保险是国家责任的贯彻,国家的给付义务可以通过其职能部门实施,也可以委托给国家机关以外的其他社会主体实施。正如凯尔森所言,"国家义务和权利的存在并不意味着自我义务而却只是归属问题"④,因此,无论社会保险是公法人还是私法人,从根本上讲,国家都是社会保障最终责任的主体,这也正是社会保险和商业保险的根本区别所在。在具体的法律关系中,社会保险人总表现为某一具体的组织,作为权利义务的归属主体。所谓主体,从法人学说上来讲,就是具有独立

---

① 参见我国《保险法》第 10 条第 3 款。
② 参见喻术红、李秀凤《迷局与反思:社会保险经办机构的主体定位》,《时代法学》2016 年第 5 期。
③ 参见杨复卫《社会保险争议处理机制研究》,上海人民出版社 2018 年版,第 29 页。
④ 参见[奥]凯尔森《法与国家的一般理论》,沈宗灵译,商务印书馆 2013 年版,第 293 页。

意志、可以独立行动并承担独立责任的人。① 因此，社会保险人能够根据自己的意志作出法律行为，并独立承担相应的责任。

(二) 社会保险经办机构的身份定位

"社会保险经办机构"的官方正式表述首见于1993年国务院批转国家体改委《关于一九九三年经济体制改革要点的通知》，该文件首次提出"社会保险经办机构具体承办社会保险业务并承担资金保值、增值责任"。其后，"社会保险经办机构"这一名词被广泛使用，2010年的《社会保险法》把社会保险经办机构定位为提供社会保险服务的主体，并且专章对社会保险经办机构的设置、经费保障、管理制度和工作职责等方面进行细致入微的规定。然而社会保险经办机构是否就是社会保险人，这一点并未得到现行法律的确认，社会保险经办机构能否担任社会保险人的角色，还需要更为详尽彻底地剖析。

一方面，从组织体制来看，社会保险经办机构不具有独立担当社会保险人的资格。我国社会保险经办机构分为中央和地方两个层级。中央社会保险经办机构为人力资源和社会保障部社会保险事业管理中心，属部属财政全额拨款事业单位，人员参照公务员管理，负担综合管理、指导和监督职责，不经办具体的保险业务。地方社会保险经办机构由各统筹级别政府对应设置。② 实际上，各地的社会保险经办机构，不论名称如何差异，基本上属于同级政府主管部门直属的全额拨款事业单位，机构人员参照公务员管理。③ 因此，经办机构的人事管理、经费支持以及社会保险具体事务的部分决定权由社会保险主管部门实际掌控。这种体制下，社会保险经办机构实际只是具体的业务执行机构，真正的保险人实际上是拥有强大的行政决策权的政府，④ 社保经办部门充其量只是具体事务的执行部门。

另一方面，从职权来看，社保经办部门不能成为独立的社会保险人。

---

① 参见薛刚凌《行政主体的理论与实践——以公共行政改革为视角》，中国方正出版社2009年版，第2页。

② 参见曹洋《我国社会保险业务经办的现状、问题与对策》，《中国劳动》2015年第4期。

③ 参见张荣芳《论我国社会保险人的法律地位》，载肖永平主编《珞珈法学论坛》第13卷，武汉大学出版社2014年版，第68—79页。

④ 郑晓珊：《工伤保险法体系——从理念到制度的重塑与回归》，清华大学出版社2014年版，第232页。

根据《社会保险法》的规定，地方社会保险经办机构的职责主要包括社会保险登记、社会保险个人权益记录和档案管理、社会保险信息咨询服务、社会保险待遇支付、社会保险稽核等。经办机构的这些法定职权仅限于社会保险的技术性、服务性业务。而最能彰显社会保险人独立法律地位的核心权能，如社会保险费率的核定权、社会保险事故的认定权以及社会保险基金的所有权，经办机构并不享有。① 保险人作为一个独立的风险承担主体，应当具有独立的保险费核定权。由于社会保险毕竟不同于商业保险，其保险费率不能单方面由保险人决定，但即使主要由政府决定的保险费率，也应当在保险精算的基础上尽量保证保险人的参与。就这一点来说，现行法下我国的各级社会保险经办机构是无法做到的。另外，根据我国法律规定，社会保险事故的认定权由社会保险行政机关享有。例如在工伤保险事故的认定中，由社会保险行政部门负责受理工伤认定的申请、对事故伤害进行调查核实并据此作出工伤认定的决定，而社会保险经办机构则负责征收工伤保险费、办理工伤登记、核定工伤保险待遇、管理保险基金支出、提供咨询服务等具体事项。② 因此，社会保险经办机构并不享有保险事故的认定权。

从表面上看，社会保险经办机构承担着具体的社会保险办理业务，担当着社会保险争议诉讼的一方当事人，应作为我国的社会保险人。但仔细深究，社会经办机构又不具备社会保险人的基本条件，既没有自己独立的意思，也没有能够独立担负责任的财产，不是独立的机构。因此，有学者建议应该将社会保险经办机构改革为独立的社会保险人。③ 本书赞同该观点，社会保险法的主体定位应当遵循保险的一般原则，将社会保险经办机构重塑为社会保险人是必要的、可行的。但是，在《社会保险法》对此作出回应之前，这一问题并不能得到解决。因此所谓的长期护理社会保险的保险人，在当前的法律实践中对应的是具体负责办理长期护理保险的执行机构，即社会保险经办机构。

---

① 参见李秀凤《社会保险人研究》，博士学位论文，武汉大学，2016年，第65—68页。
② 参见我国《工伤保险条例》第17条、第19条、第20条、第46条。
③ 参见房连泉《社会保险经办服务体系改革：机构定位与政策建议》，《北京工业大学学报》（社会科学版）2016年第6期；喻术红、李秀凤《迷局与反思：社会保险经办机构的主体定位》，《时代法学》2016年第5期；叶静漪、肖京《社会保险经办机构的法律定位》，《法学杂志》2012年第5期。

二　长期护理社会保险中的保险人

（一）比较法考察

1. 德国长期照护保险的保险人

德国长期照护保险的保险人是长期照护基金（Pflegekasse，PK），是具有权利能力的社团法人，系由民间职业团体组成保险基金后，以公办民营的方式取得独立的公法人地位。德国长期照护保险是独立的社会保险，有其独立的财源，在实践中分别确立了健康保险基金和长期护理保险基金，两种基金独立运行，不同的保险给付由不同的基金负担，彼此互不相干。但是，从德国长期护理保险的形成过程可以看出，因为与健康保险联系较为密切，长期护理保险自始就是被作为健康保险的组成部分来加以建制的，因此并未对其设置单独的行政管理体制，其实践中的具体运行依附于健康保险，也即长期照护保险附加于健康保险。两个基金共同承担行政费用，长期护理保险与健康保险通常共用工作人员，由健康保险的疾病基金会负责长期照护基金会的事务。比如，健康保险人的权限机关（理事会、行政委员会）也是照护保险人的理事会、照护保险等级的判定也由疾病（健康）保险医事服务处负责。[①] 因此，从被保险人的角度来看，二者是同一兼具健康和照护的基金会。正是因为两个基金的运行主体具有同一性，所以，从制度发展的角度上看，二者在德国呈现出一元化的发展趋势。[②]

2. 日本介护保险制度的保险人

日本的"介护保险"制度，以县级以下地方政府（市町村）组成的联合体作为保险人，负责具体保险事务的实施，中央政府和都道府县政府承担出资责任，但并不参与"介护保险"制度的具体实施。[③] 被保险人如果需要介护服务，个人必须先向市町村提出书面申请，市町村在听取主治医生意见的基础上，派调查员前往老人家中调查健康状况。并将调查结果送交由保健、医疗、福利等方面专家组成的介护认定审查委员会，依照国

[①] 参见林谷燕《长期照护保险制度之立法建议——以德国长期照护保险法为借镜》，《高龄服务管理学刊》2011年第1期。

[②] 参见谢荣堂等《德国照护保险法制之研究——作为我国未来立法借镜》，《军法专刊》2009年第5期。

[③] 参见史柏年《养老保险制度中经济支持与服务保障的一体化构建——日本"介护保险"制度及其启示》，《中国青年政治学院学报》2008年第3期。

家的标准进行判定。30个工作日以内将判定意见和介护等级以书面形式通过市町村转告申请人。申请人得到介护保险的认定后，有一名专业的介护师来帮助申请人制定一份既符合认定的介护等级，也适合本人健康状况和要求的介护服务计划，并将此计划交有关机构实施。

3. 我国台湾地区长照保险的保险人

我国台湾地区并未正式建制长期护理保险制度，2016年台"行政院会"提出"长照保险法案"送交"立法院"，但是，由于社会对于长照保险的财源究竟应采保险制抑或税负制存在巨大分歧，至今我国台湾地区"立法院"尚未通过该草案。[1] 而2016年我国台湾地区政党轮替后，民进党明确表示将以税收支应长期照护的财源，不打算推动长期照护保险"立法"。因此本书仅对该草案的内容予以简要介绍。从我国台湾地区的长照保险法草案可以得知，长期护理保险的设计模式基本上与全民健康保险相同，即由"中央健康保险署"担任长照保险人。[2] 从该草案的内容来看，实际上是将长期照护保险附加于全民健康保险，保险契约当事人及其关系，多仿照全民健康保险法的规定。其"立法"理由谓："'卫生福利部中央健保署'有办理全民健康保险之经验，更可使民众面对单一窗口，因此以'健保署'为长期照护与全民健保之保险人。"采用社会保险的方式来保障居民照护需求，有其固有的优点。比如，一方面，在社会保险缴费机制的作用下，能够使得长期护理保险资金的使用者更加关注其使用成本，不至于过分亏损形成给付缺口。另一方面，由"中央健康保险署"来负责收取、调用长期护理保险的资金，不仅利于形成相对独立、稳定的财务来源，而且使得长期护理保险的财力、物力不容易被其他政府项目所排挤，保证长期护理保险事业的持续运营不受资金短缺的困扰。[3]

（二）我国长期护理社会保险中保险人的立法模式选择

我国的长期护理保险制度正在从部分地区试点阶段转向为在全国范围内推广阶段，在此过程中明确该保险的相关主体，对于其全面落地有着重大意义。本书认为，我国长期护理社会保险中的保险人应确定为社会保险

---

[1] 参见叶启洲《长期照护保险法草案简评》，《月旦法学杂志》2016年第256期。
[2] 参见蔡雅竹《论"我国"长期照护双法草案及其法律问题——兼论德国之长照保险制度》，元照出版公司2016年版，第148页。
[3] 参见陆敏清《国家担保责任于长期照护之体现》，博士论文，台北大学，2010年，第82页。

经办机构,理由如下:

首先,以社会保险经办机构作为长期护理社会保险的保险人,符合经济原则。在构建长期护理社会保险制度的过程中,会产生这样或那样的成本。从制度经济学的角度来看,长期护理社会保险制度的确立是一种制度变迁,是制度产生、替代与转换的过程,实质上是一个成本与收益相互比较的过程,制度变迁的预期收益大于成本是一项制度得以确立的重要动力,所以制度变迁的成本是长期护理社会保险制度得否建立的重要因素。总体而言,建立长期护理社会保险制度会产生以下成本:首先,"摩擦"成本。威廉姆森将交易成本类比为物理学中的"摩擦力",系指在不同治理结构下为完成任务而进行计划、协调以及监督的比较成本。[1] 在制度的建立和改革过程中,不同行为主体之间的冲突性利益大于共同性利益并且不存在外部强制性时,行为主体之间就会出现潜在的或实际的摩擦,为解决这些问题,减少和降低改革的阻力,政府必须进行各种有形或无形的投入。长期护理社会保险的建立是资源配置的过程,会出现财富的再分配和利益的重新调整,不同主体间为了部门利益进行门户之争,必然增加制度建立的成本。其次,制度的规划费用和实施成本。对制度建立的过程进行规划,并按照一定的程序组织实施,在这个过程中直接和间接发生的一切费用,都构成制度变迁的成本。特别是在实施的过程中,行政相对人为遵循政府制定的一系列规章制度,需要相处经济、时间以及机会成本。[2] 最后,制度建立的随机成本。由于影响长期护理社会保险制度建立因素错综复杂,因此长期护理保险在其试点及实施过程中,会形成各种风险,为防止潜在风险失控形成损失,将形成解决一些随机事件的成本。[3] 为了符合降低改革成本的原则,理论界大多认为,社会保险经办机构应是基本医疗保险的保险人。而就制度构建和运行的成本而言,将长期护理保险与基本医疗保险进行合并发展是我国社会保险制度改革的必由之路,长期护理保险本质上与医疗保险的差别并不显著,对于保费收取、保险给付、护理服务提供者等方面的差异性规定,通过相关条例予以规制即可,没有必要去另行建置一个行政主体充当长期护理保险人的角色。而如果是重新构建一

---

[1] 参见[美]奥利弗·威廉姆森《治理危机》,王健、方世健等译,中国社会科学出版社2001年版,第51页。
[2] 参见孙裕增《制度性交易成本演变与改革路径》,《浙江经济》2016年第23期。
[3] 参见张炜《基于制度经济学视角的"营改增"改革成本分析》,《税务研究》2014年第1期。

个新的部门去负责长期护理保险的运营，不仅会大幅度增加社会保险部门的数量，也会徒增制度构建和运行的成本。

其次，以社会保险经办机构作为长期护理社会保险的保险人符合便民原则。以社会保险经办机构为长期护理保险的保险人，负责办理资金筹集、失能等级认定、保险给付等制度运行的具体事项，使得长期护理保险参保者面对的始终是与办理医疗保险、养老保险等社会保险相同的同一主体，因而便于民众办理相关事宜。此外，长期护理与医疗护理具有紧密联系，或者说长期护理受益者的资格认定、服务提供等与医疗具有紧密联系，社保经办机构具有办理医疗保险的经验，由其负责长期护理保险的办理，对外而言有利于医疗保险和长期护理保险的衔接，对内而言也有利于长期护理保险前后各环节的衔接，便于相关主体的参与。

最后，以社会保险经办机构作为长期护理社会保险的保险人符合效率原则。人社部发布的《指导意见》第9条规定对长期护理保险基金的管理作出规定，意见明确有条件的试点地区应当对长期护理保险基金单独管理、专款专用，建立相应的监管制度。对于长期护理保险基金的管理，最优的选择无疑是将医疗保险和护理保险严格区分开来，不仅要求相应保险基金的相互独立，也要求负责机构和管理人员的分置，为此应该建立独立的行政管理体制。但是这样做的弊端除了导致制度成本增高外，还会使得长期护理保险办理效率低下。对于仍然处于刚刚起步阶段的长期护理保险来说，行政成本过高不利于基金池的成长。因此，我们应该参照德国的模式，在坚持长期护理保险基金与医疗保险基金相互独立的前提下，由同一机构统筹两个基金的运行管理。具体而言就是有社保经办机构负责长期护理保险的运行管理，这有利于明确我国医保、长护险整体的偿付比例及资金盈亏水平，及时地提出必要方案（如变动费率等）予以预防、解决，从而提高行政效率、降低行政成本。至于两个基金由同一机构进行管理容易产生的弊端，可通过明确区分二者的工作制度来予以克服，二者属于独立的基金池，相互之间不得混用。在目前的试点中，很多地区的长期照护保险基金的形成，除了政府和参保者缴纳保险费外，有一部分资金系由医疗保险基金划拨而来。这在一定程度上表明试点中长期护理保险基金和医疗保险基金关系上的混乱，这种现象或许是因为长期护理保险基金尚处于起步阶段，资金来源单一，需要医疗保险基金予以支持，其目的是在二者之间的设置一定补偿机制，以弥补一方的资金缺口。但这只是地区试点中的一种权宜之计，从长远来看，倘正式建立长期护理保险制度，这两个基金池必须相互独立，各自核算。

但是，我们也应当充分认识到将社会保险经办机构确定为长期护理保险人的复杂性与困难性。在当前的医疗保险领域内，人保、卫生、发改等部门皆欲接手其监管工作，[1] 这为长期护理保险人的确定徒增了许多烦扰。再加上我国长期护理保险正处于初始探索阶段，对此各地尚未摸索出可以在全国范围内进行推广的模式。因此，社保经办机构至今未被明文确定为长期护理保险的保险人。我们认为，保险人的确定应当遵从科学性原则与合理性原则，部门间的利益纠葛不应当成为另行确定其他部门监管长期照护保险的理由。社会保险的资金来源于单位、个人和政府等主体的多方筹措，在医疗保险、养老保险等社会保险的长期运行过程中，社会保险经办机构已经与二者建立了十分密切的联系，相关业务程序业已成熟，并积累了大量的实践经验。社保经办机构对于保费的筹措、基金的管理形成了相对规范的体系，而卫生、发改等部门相关工作经验有所欠缺，且需要另行组织人员负责经办工作，与单位、个人的对接工作也需要重新进行，提高了社会整体适应改革的成本。

综上所述，我国有必要参照德国的经验，明确社会保险中医疗保险人与长期护理保险人均为社会保险经办机构，长期护理保险基金纳入医疗保险基金统一运营，实现二者的一元化管理，减少行政成本，提高保险给付能力。而二者的业务应当分别办理，因为医疗保险和长期护理保险各有其专业性，理应分别由专业的人负责经办。此外，笔者认为，有必要对保险人的权利与义务作出明确规定。社保经办机构以行政主体的身份从事与被保险人之间的长期护理保险经办业务。而征缴保险费、提供保险给付是其核心义务，此外，其也要履行相关的说明义务。再者，保险人也享有第三人侵权情形下的代位求偿权。

三　长期护理商业保险中的保险人

长期护理社会保险同社会养老保险、基本医疗保险所发挥的功能相类似，旨在为失能人员提供最低水平、最基本的长期护理需求。但是其并不能满足不同层次人群的保险需求。与商业健康保险类似，长期护理商业保

---

[1] 参见郑尚元《长期照护保险立法探析》，《法学评论》2018年第1期。

险是在政府提供基本的长期护理社会保险之后,在不增加政府开支的前提下,进一步提高保障水平,可以与长期护理社会保险形成补充,实现我国长期护理保险的多层次设计,提高保险给付能力和质量。居民可以通过衡量自身的具体状况选择是否额外付费购买长期护理商业保险,以满足自己多样化的长期护理需求,这体现了居民处分其财产的权利与自由。

根据人社部《指导意见》第14条,我国旨在探索建立多层次的长期护理保障制度,发挥商业保险的补充功能,解决多层次的长期护理保险需求。因此,商业保险公司是参与建设多层次长期护理保障制度的重要主体。在扩大试点阶段,应当设计出多样化的商业护理保险产品,以满足不同层次居民的不同需求,形成商业保险公司业务新的增长点,促进我国长期护理保险制度的完善。

笔者认为,由于长期护理保险的承保业务不同于其他一般的商业保险,具有极强的社会公共服务的性质,其保险给付能力和质量关涉我国长期护理保险事业的健康发展,因此具有特殊性,也决定了并非所有商业保险公司都有能力去承保长期护理保险的业务。故此,我国应当构建商业保险公司进入长期护理保险领域的标准,提高商业长期护理保险经营的规范性与可持续性。笔者建议参照我国原保监会于2019年修订的《健康保险管理办法》以及《国务院关于印发"十二五"期间深化医药卫生体制改革规划暨实施方案的通知》(国发〔2012〕11号)中对于承保大病医疗的部分标准,对于商业性长期护理保险的准入规则作出规定。比如:①符合保监会对于长期护理保险经营条件的相关规定;②已在中国境内开展护理保险专项业务满三年,有良好的市场信誉;③具有完善的长期护理服务网络和较强的护理保险专业能力;④配备医学、护理学等相关专业背景的专职人员;⑤能够实现长期护理保险业务的单独核算;⑥商业保险机构总部同意其分支机构开展长期护理保险的经营,并提供业务、资金、信息、技术等支持。

第二节 长期护理保险的被保险人

我国《社会保险法》中并没有"被保险人"的立法用语,但是境外社会保险制度较为发达的国家和地区均使用该移植于保险法上的专业术语,用以指称某一具体社会保险制度的保障对象。为了保证用语的统一,本书也使用被保险人来指称长期护理社会保险制度的保障对象。正如学者所言："社会保险法就其性质而言，并非社会保险管理法或者社会保险行政法，而是社会保险权利保障法。"① 从社会保险权利义务的角度出发，可以认为社会保险法律关系的一方当事人是社会保险人，而另一方当事人是被保险人。②

一　长期护理社会保险中的被保险人

（一）比较法考察

1. 德国长期护理社会保险中的被保险人

德国的长期护理保险被定义为"国民保险"，其参保对象几近涵盖全体国民。③ 并且被保险人不受年龄的限制，年龄较轻的残障人士也能享受长期护理保险待遇。在德国，长期照护保险的被保险人有着清晰的分类：首先，长期照护被保险人分为法定长照保险之强制被保险人及私人长照保险之自愿被保险人。④ 根据长期照护保险依附健康保险的原则，凡为法定健康保险的被保险人，均有资格成为长期照护保险的被保险人。而已经投保私人健康保险的人，亦有义务投保私人长期照护保险。此外，对于被保险人有扶养请求权的子女及配偶，可以依照眷属加保的家庭保险原则，免费加入长照保险。⑤ 其次，除了依随法定健康保险而产生投保义务以及存在于私人健康保险的投保义务外，联邦议会、联邦议院以及欧洲议会议员也负有投保长期照护保险的义务。再次，依据联邦抚恤法及其他法律规定享有请求权的人也负有投保义务；而依据公务员法的规定就照护需求享有补助金请求权的人，也有义务就补助金无法覆盖的部分与私人保险公司缔结长期照护保险合同。最后，未自愿投保法定健康保险或私人健康保险的自雇者，倘若其并未如农民、艺术家或者新闻工作者有特别的法律法规加

---

① 参见常凯《劳权论——当代中国劳动关系的法律调整研究》，中国劳动社会保障出版社2004年版，第181页。
② 因此，本章所指的被保险人包括享受社会保险给付权利的劳动者和城乡居民。
③ 参见蔡雅竹《论我国长期照护双法草案及其法律问题——兼论德国之长照保险制度》，元照出版公司2016年版，第19页。
④ 参见蔡雅竹《论我国长期照护双法草案及其法律问题——兼论德国之长照保险制度》，元照出版公司2016年版，第19页。
⑤ 参见周怡君等《从德国最新健保改革论其对德国社会保险典范转变之意义》，《社会政策与社会工作月刊》2008年第2期。

以纳入，则例外不负有投长期照护保险的义务。依据德国《长期照护保险法》第 20 条第 1 款的规定，被保险人被分为 11 种类别，基本上覆盖了全体社会成员。

2. 日本介护保险制度中的被保险人

日本介护保险为具有强制性的社会保险系统，《介护保险法》第二章规定了被保险人的范围，以 40 岁以上的居民为被保险人，原则上全体社会成员均需加入。日本之所以将 40 岁作为介护保险年龄的界限，乃是在长期照护需求与政府财政负担之间寻求平衡的结果。40 岁以上罹患脑中风与初老期痴呆症等慢性疾病的可能性大大增加，与此同时，家中父母成为受照护者的可能性也提高。[1] 在兼顾财务负担的前提下，遂以 40 岁作为保险对象的界分标准。根据日本《介护保险法》第 9 条的规定，被保险人被明确分为两类：一是第 1 号被保险者，是指在市町村的区域内有住所且年满 65 周岁的居民。二是第 2 号被保险者，是指在市町村的区域内有住所的 40 周岁以上未满 65 周岁且参加全国性医疗保险的居民。在各具体制度中，总体上是以保险费以及接受服务的资格来区分两类不同的被保险人，并对这两类被保险人分别实施不同的待遇方式。而其他未纳入介护保险范围内的长期照护需求者（例如前述的除外人员），则由各主管机关依据相关法律法规制定的保健福利计划（例如障碍者基本法规定的障碍者保健福利计划；生活保护的受领给付者可以依据生活保护法接受该法规定的介护扶助）提供长期照护需求。在制度发展中，未纳入介护保险的身心障碍者，已由行政措置制度改为支援费制度，并且导入利用者负担的量能机制。[2] 而日本目前有关介乎保险被保险人的研究，则是朝着将所有身心障碍者全部纳入介护保险的方向发展，将第 2 号被保险人的年龄向 40 岁以下延伸是当下讨论的焦点之一。

3. 我国台湾地区长照保险中的被保险人

我国台湾地区"长照保险法草案"的出台主要是基于人口老龄化的考量，但是其也考虑到了需要长期照护的居民可能涵盖各年龄层及社会各

---

[1] 林蓝萍、刘美芳：《德、日长期照护保险制度之简介》，《台湾老人保健学刊》2005 年第 2 期。

[2] 行政措置，即由行政机关以行政处分的方式决定服务内容或者直接提供服务。支援费制度，即由身心障碍者自己选择服务内容，并与提供服务的机构或者事业以契约方式购买、利用服务，其费用的一部分则由公费负担。参见周世珍《日本介护保障法制及其基本理念之发展》，《明新学报》2007 年第 2 期。

阶层，而并不仅仅包括老年人。① 该草案仿照"全民健保法"的用语，将长照保险的被保险人称为"保险对象"。草案第 3 条第 1 款规定："一、保险对象：是指被保险人及其眷属。"从文义解释的角度看，保险对象的范围似乎比被保险人的范围要大，但是因为眷属在一定的条件下也要缴纳保险费用，同处于长照保险的保障范围内，且能够在符合法定条件时请求保险给付，故而本质上仍然属于被保险人的范围。草案不称其为被保险人而称之以保险对象，"其原因可能与全民健保法相同，系为将投保程序依附于依职业别所建立的被保险人类别与要保单位所致"②。该草案第 8、9 条规定，原则上将全民列为长照保险之承保范围，此系师法于德国长期照护保险法之立法模式，而不采用日本《介护保险法》以 40 岁以上国民为保险对象的立法模式。如果符合投保条件的保险对象未加入长照保险，依草案第 66 条规定，课予罚款、追溯应缴保费，于两者未完缴前，不得享受长照保险的给付。又该草案第 10 条第 1 款、第 23 条第 1 款将被保险人分为六类，意图以职业作为主导标准区分各类被保险人的投保金额、保险费率及保险负担。比如：当局公职人员由投保单位负担 70%，被保险人负担 30%，而雇主或自营业主、专技人员的被保险人则负担全部保费。低收入户、义务役和替代役男、军校学生、受刑人员等则由政府负担全部保费。从保险对象的分类及范围可以看出，我国台湾地区的长照保险将全体成员纳入长照体系加以保障，不因其所属的编制体系而有所差异。

(二) 我国长期护理保险中被保险人的立法模式选择

关于我国长期护理保险的保障范围，学者之间看法不一，主要存在两种观点。第一种观点认为，应以年龄作为保险对象的界分标准。有学者认为，应该确定被保险人为 18—65 岁的公民，政府对特别贫困的群体实行保险费减免或者补贴政策。③ 有学者认为，应该将护理保险与医疗保险进行有机的结合，规定成年人口在缴纳医疗保险费用的同时，也要缴纳相应的长期护理保险费。④ 有学者认为，服务对象可设定为 60 岁或 65 岁以上

---

① 参见卓俊吉《德国长期照护保险法制之研究》，硕士学位论文，台湾政治大学，2004 年，第 8 页。
② 参见叶启洲《长期照护保险法草案简评》，《月旦法学杂志》2016 年第 9 期。
③ 参见戴卫东《长期护理保险制度理论与模式构建》，《人民论坛》2011 年第 10 期。
④ 郝利杰、王璐璐《长期护理保险制度的构建探究》，《九江学院学报》(自然科学版) 2013 年第 3 期。

老年人。若满足年龄的老年人有护理需求，可提出申请，并经过护理程度鉴定部门审查认定后接受护理服务。① 第二种观点认为，应该以特殊主体作为保障对象。例如有学者认为，在"制度建立之初，可以采取补缺型长期护理保险模式，只对特殊群体进行保障。随着制度逐步完善与政府承受能力的增强，可以将所有参加医疗保险的人都纳入长期护理保险范围之内"②。学说上的争议既未得到厘清，实践中的分歧便在所难免。在目前的试点中，人力资源和社会保障部下发的《指导意见》对此仅作了原则性规定。该意见在基本政策部分指出："……（六）参保范围。试点阶段，长期护理保险制度原则上主要覆盖职工基本医疗保险参保人群。试点地区可根据自身实际，随制度探索完善，综合平衡资金筹集和保障需要等因素，合理确定参保范围并逐步扩大。"各地在制定具体实施方案时基本上都遵循了这一原则。在我国和长期护理保险试点地区中，长期护理保险的参保对象原则上主要覆盖职工基本医疗保险的参保人群。各地在制订方案时也都遵照了这一原则。承德、上饶、安庆、成都、齐齐哈尔、重庆试点地区的参保对象限定为城镇职工医疗保险的参保人员，虽贯彻了《指导意见》的要求，但同其他试点地区相比较，其参保对象范围较为狭窄。长春、南通、上海将参保对象扩充为已参加城镇职工基本医疗保险和城镇居民基本医疗保险的参保人员。而青岛、石河子、荆门、苏州将参保对象进一步扩大，确定为城镇职工基本医疗保险、城乡居民医疗保险的参保人员。而值得重点关注的是，北京市海淀区将参保对象扩大为本区年满18周岁（在校生除外）以上的城乡居民及在本行政区域内各类合法社会组织工作的具有本市户籍的人员，是目前各试点中参保范围最广的地区，覆盖了该区城与乡、职工与居民、已参保医保与未参保医保的人员，广泛的参保范围有助于充分筹集长期护理保险制度的资金，提高该保险的给付能力，也能在一定程度上减轻城乡长期护理水平的差距，体现了发展成果由居民共享的社会主义优越性。

我们认为，长期护理社会保险的保障对象应该覆盖全体国民。

首先，这是社会保险基本生活保障原则的必然要求。尽管社会保险与商业保险在性质和特点上有所不同，但是两者都符合保险的一般原理：保

---

① 马彦、徐凤亮：《政府主导型长期护理保险制度在中国的探索》，《中国老年学杂志》2014年第2期。

② 参见张瑞《中国长期护理保险的模式选择与制度设计》，《中州学刊》2012年第6期。

险的本质是一种危险分摊的方法，通过危险分摊把不幸集中在少数人的损失分摊给公众，使之消化为无形，本质上是一种互助共济的活动。保险的最佳状态是在允许的范围内，通过经济补偿的方式最大限度地弥补被保险人的损失，尽可能使被保险人的财产恢复到事故发生前的状态。老龄化、少子化趋势不断增强的背景下，长期护理需求逐渐衍化为一种社会性风险，这意味着绝大部分的社会成员都有可能遭逢此项危险。社会保险的功能在基本层面上表现为对国民基本权利的保障，而在更根本的层面上则是出于社会从稳中求发展、人们从发展中得自由的动因。[①] 既然长期护理需求风险不仅仅是特定人群面临的风险，长期护理社会保险的建构便不能只将特定群体作为保障对象，否则未纳入保障对象的群体的长期护理需求便得不到解决，这有违建立长期护理社会保险制度的初衷，不利于公民基本权利的保障。

其次，这是发展成果由人民共享的内在要求。在党的十八届五中全会上，习近平总书记明确提出坚持以人民为中心的发展思想，社会的发展最终是为了实现人的全面发展，坚持以人民为中心的发展思想正好契合了社会发展的最终目的，长期护理保险制度的构建也不例外。社会保险具有普惠性，将长期护理社会保险的保障对象界定为全体国民，意味着每个人的基本生存权利得到了无差别的切实尊重和维护，全体人民的利益都能得到保障，能在一定程度上减轻城乡长期护理水平的差距，体现了发展成果由居民共享的社会主义优越性。

最后，这是符合我国社会保险实施状况的现实选择。以我国基本医疗保险制度为例，目前我国已经建立以城镇职工基本医疗保险制度、城镇居民基本医疗保险制度和新型农村合作医疗制度为主的基本医疗保险制度体系。但目前的实践中存在较大的问题。一方面，由于三大主体制度建立的历史沿革、参保对象、保障水平以及统筹层次等方面存在明显的差异，三个制度同时运行，不利于医疗保险制度的统筹互济功能，制度缺乏应有的便利性，造成管理成本过高，使得整个基本医疗制度体系呈现出碎片化特征。另一方面，按照职责分工，人力资源和社会保障部门负责城镇基本医疗保险，民政部门负责城乡医疗救助，卫生部门负责新型农村合作医疗。除了人力资源和社会保障部门拥有独立的业务经办机构外，其他业务部门

---

① 参见陈信勇、陆跃《社会保险法基本原则研究》，《浙江工商大学学报》2006年第5期。

都是系统内部协调,人员配置和组织机构上很难满足业务经办需要。这种局面的形成是立法者依据不同的人群建立不同的医疗保险制度所导致的。以史为鉴,长期护理社会保险制度属于全新的制度,没有历史遗留包袱,应当在其建立之初便针对全体国民进行制度设计,以便形成统一高效的管理运行体系。避免重蹈我国城乡分立、碎片化的养老、医疗保险制度覆辙。在目前城乡社保制度日益统筹的背景下,城乡居民皆纳入护理保险可以减少日后再需统筹的麻烦,也保证了制度设计之初在覆盖人群上无一漏洞。

虽然本书认为长期护理保险的保障对象应为全体国民,但是本书并不赞同所有年龄段的人口均能够成为长期护理制度的保障对象。我国目前正处于人口年龄结构老化的加速阶段,老年人所占比重逐步增加,并呈现出高龄化的趋势。目前,学术界对我国未来失能老人的人口规模,已经存在相当的研究成果。例如景跃军等在研究中指出到 2054 年我国失能老人总量将达到峰值约 4300 万人,其中生活完全不能自理老人约 1600 万人。[①] 杨明旭等以三期中国城乡老年人追踪调查数据为基础,测算我国 60 岁及以上的 ADL 失能老人数到 2050 年将达到 4000 万人。[②] 朱大伟等基于蒙特卡洛模拟测算我国失能老人的数量从 2020 年的 2711.3 万人增加到 6551.4 万人,总失能率从 2020 年的 10.8%增长到 2050 年的 13.7%。[③] 虽然学者之间的预测因为模型与方式的不同而呈现出一定的差异,但是失能人口的总体发展趋势均是朝着数量大的方向发展的。如果要满足所有年龄阶段的长期护理需求,长期护理社会保险势必会承载过重的负荷。尽管我们不能忽视社会成员中的非老年人也存在失能、失智的情况,但是我们也应当考虑到社会保险的运营成本与主要目标。从短期内制度设计的可能性来讲,长期护理保险主要分担的是老年人失能、失智时所产生的护理风险,而如果涵盖了所有成员失能、失智所产生的护理风险,则将远超目前社会所能分担的个人风险的极限。

因此,笔者建议,我国可以借鉴日本长期护理保险的被保险人设计模

---

① 参见景跃军、李涵等《我国失能老人数量及其结构的定量预测分析》,《人口学刊》2017 年第 6 期。

② 参见杨明旭、鲁蓓等《中国老年人失能率变化趋势及其影响因素研究——基于 2000、2006 和 2010 SSAPUR 数据的实证分析》,《人口与发展》2018 第 4 期。

③ 参见朱大伟、保荣《基于蒙特卡洛模拟的我国老年人长期照护需求测算》,《山东大学学报》(医学版) 2019 第 8 期。

式，即现阶段主要解决老年人的长期护理需求问题。根据国家卫健委发布的《2019年我国卫生健康事业发展统计公报》的数据，居民人均预期寿命由2018年的77岁提高到2019年的77.3岁，总体上达到了中高收入国家的平均水平。[①] 我国可以采用国际社会对于老年人年龄的定义——年满65周岁，确定老年人（65周岁以上）为长期护理社会保险的被保险人。在该保险运行一段时间之后，积累了足够多的资金时，再考虑将40—65周岁中需要照护的人确定为被保险人。

综上所述，在我国目前的国情下，在将来发展长期护理社会保险时，首先应当解决"老龄化、少子化"背景下失能人员的长期护理需求，其次再考虑其他年龄段的失能、失智人员。对于其他有长期护理需求的居民，可以通过投保长期护理商业保险、家庭成员照护等方式来予以解决。

二 长期护理商业保险中的被保险人

如前所述，我国应当建立多层次的长期护理保险体制，长期护理商业保险的制度目标是补足长期护理社会保险的不足，为人民群众提供负担得起的、有价值的长期护理保险产品，强调顾客选择的自主性和灵活性。长期护理社会保险因各种原因对被保险人的资格作出限制，但是在长期护理商业保险中，为贯彻其制度目标，无须对被保险人作出限定，所有自然人皆可成为保险合同的被保险人。同时，被保险人资格的取得，与其是否有民事行为能力无关。完全民事行为能力人、限制民事行为能力人以及无民事行为能力人，都可以成为长期护理保险合同的被保险人。

第三节　长期护理服务提供者

建制长期护理保险制度旨在为化解长期护理需求风险提供可持续的资金支持，但其只能解决财源问题，想要成功化解此项社会风险，还有赖于高效高质的服务供给体系，而长期护理服务提供者是具体护理服务的提供者，更是是长期护理服务供给体系中至关重要的一环。长期护理服务提供者是指受保险人委托，向被保险人提供具体保险给付的主体。在长期护理

---

① 数据来源于国家卫生健康委员会规划发展与信息化司《2018年我国卫生健康事业发展统计公报》，http：//www.nhc.gov.cn/guihuaxxs/s10742/202006/632278fb44a34bcfbb440a7 dd5642c1d.shtml。

保险给付中，随着保险给付形式的改变，保险人从提供物和行为向提供护理服务转变，保险人并不具备提供服务的能力。因此，保险人需要委托专业的护理服务机构来代为保险给付。实施长期护理保险的国家和地区，其服务供给体系因政策的差异而呈现出不同的模式，长期护理服务提供者的设定也因此而各具特色。

一 德国的长期照护服务提供者

德国长期照护保险的照护模式可以分为居家照护、机动式照护与机构式照护，而给付方式则可以选择现金给付、实物给付或者混合给付。前述照护模式与给付方式并非一一对应关系，机动式照护中存在实物给付，机构式照护亦存在现金给付。在被保险人选择现金给付的场合，由保险人直接向被保险人支付定额的现金，被保险人自行购买照护服务。而在被保险人选择实物给付的场合，长期照护保险人则并不亲自提供照护给付，而是委托第三人代为给付。原则上照护给付契约由长期照护保险人与照护给付提供者以签订特定契约的方式为之，保险人与第三人之间形成委托给付的法律关系。

在德国，长期护理保险人原则上不自行提供照护给付，而是委托第三人代为给付，保险人与第三人之间形成委托给付的法律关系，具体可采用缔结照护特约的方式来完成委托。德国长期护理保险的照护服务提供者可以分为机构以及个人两类，主要包括公营机构、非营利组织、私人机构、个人以及一般非专业人员。保险人与照护服务提供者签订委托契约有顺序上的限制，必须先与非营利、私人照护给付提供者签订，仍然不足或者前述二者没有提供类似给付时，才能与公营照护给付提供者签订。[①] 德国在照护机构领域引入了竞争机制，形成了照护市场化的格局，并通过照护服务品质的监管来规范照护市场。在居家照护服务中心以及照护之家两类机构中，非公营机构所占比重达95%左右。随后，德国通过立法确认了民间机构作为主要照护服务提供者的正当性。照护机构分为居家照护服务中心以及照护之家两类。居家照护服务中心财产独立，通过派遣专业的护理人员到护理需求者家中，提供护理服务。居家照护服务中心持续监督其护理人员。照护之家是在机构中为护理服务需求者提供全天机构式照护或者

---

① 参见林志鸿《德国长期照顾制度之发展、现况及未来》，《研考双月刊》2008年第6期。

非全天机构式照护。而德国长期照护保险中提供照护服务的个别照护人员，则既可能依附于居家照护服务中心或者照护之家，也可能以独立的个人身份进行照护工作。

二 我国台湾地区的长期照护服务提供者

为了健全长期照护服务体系提供长期照护服务，确保照护及支持服务品质，发展普及、多元及可负担之服务，保障接受服务者与照护者之尊严及权益。我国台湾地区"立法院"于2015年5月15日三读通过"长期照顾服务法"，并自2017年5月15日起正式实施。作为我国台湾地区因应高龄化社会所采取的一项重要政策，长期照顾制度备受社会瞩目。长照服务人员是依照长照服务法的训练及认证后，取得证明得以提供长期照护服务的人员。根据"该法"，长期照护服务的提供者包括：个人看护和长照服务机构。个人看护是直接以个人身份受雇于失能者（或其亲属、监护人），并在失能者家庭中提供看护工作的人员。长照服务机构是指以提供长照服务或长照需要的评估服务为目的，依照"长照服务法"的规定设立的机构，依照其提供的长照服务分为两类，第一类长照机构是提供生活照顾服务或评估该服务需要的机构；第二类长照机构是除办理第一类长照机构所定事项外，还提供与长照有关的医事照护服务或评估该服务需要的机构。长照人员非经登记于长照机构，不得提供长照服务。但是已经完成长照人员的训练、认证、继续教育课程内容与积分的认定并取得证明，依据其他相关法规进行登记的医护人员及社工人员，在报经主管机关同意后，可不在长照机构进行登记。此外，"该法"第11条规定，非长照人员不得提供长照服务。因此，排除了不具备相关资质的人员从事长期照护工作。"该法"还规定了长照人员的继续教育制度与有效期制度，"中央主管机关"负责长照人员的训练、认证、继续教育课程内容与积分的认定、证明效期及其更新等有关事项。由此可见，我国台湾地区对于长期照护服务提供者的专业性作出了明确的要求，以确保保险给付的品质。

依据设立主体的不同，可以将长照机构分为公立长照机构与私立长照机构。公立长照机构，是指由政府机关或公法人设立的长照机构。公法人的范围包括地方自治团体的公法人（例如台北市）、依"原住民族基本法"的规定经"中央原住民族主管机关"核定的部落公法人、行政法人以及其他公法人（例如农田水利会）。私立长照机构，是指由私主体设立的长照机构。私立长照机构依据其提供服务内容的不同，可以分为五类：（1）居家式服务类；（2）社区式服务类；（3）机构住宿式服务类；（4）综合式服务类；（5）其他经"中央机关"公告的服务类。其中，居家式长照机构提供到宅服务。社区式长照机构于社区内设置一定的工作场所及设施，提供日间照顾、家庭托顾、临时住宿、团体家屋、小规模多机能及其他整合性服务。住宿式长照机构以受照顾者入住的方式，提供全时照顾或者夜间住宿等服务。综合式长照机构则兼具前述各类服务。从前述的定义中不难看出，因提供服务的内容不同，长期照顾服务法对不同类型的长照机构的设立与运行亦有不同的要求和限制。首先，机构设立采许可设立原则，长照机构的设立、扩充、迁移均应事先申请主管机关的许可。其次，只要设有机构住宿式服务的长照机构，必须以财团法人或者社团法人的方式设立。但是此前已经依据老人福利法、护理人员法以及身心障碍者权益保障法设立的从事机构住宿式长照服务的机构，除有扩充或迁移等情事外，不受前述须以法人方式设立的限制。此外，公立长照机构的设立不受此项限制。再次，机构住宿式服务类的长照机构，应与能够及时接受转移或者提供必要医疗服务的医疗机构签订医疗服务契约。最后，机构住宿式服务类的长照机构，应该投保公共意外责任险，以确保长照服务使用者的生命安全。

三　我国长期护理保险的服务提供者

从试点地区的探索来看，我国长期护理保险的服务主要涉及以下几类：医疗机构专护、居家照护（自主护理和上门护理）、养老机构照护、残疾托养机构护理，由定点或者非定点符合进入资质的机构提供服务。我国长期护理保险的护理服务提供者与德国、我国台湾地区也基本相似，主要有长期照护服务机构、社区服务机构、长期照护人员。长期照护服务机构一般是指养老院、敬老院、老人养护服务中心、社会福利院等，以及医养结合模式下的医院和专业护理机构等。社区服务机构主要包括社区日间照料中心、社区老年照护中心等服务机构。长期照护人员是指经过专业培训、具备长期照护资质，去失能人员家中提供长期照护服务的人员。如在承德市的试点中，确定了医养结合机构、养老服务机构、家护服务机构三类定点服务机构，分别针对不同需求的失能人员。其中，医养结合机构侧重保障依赖医疗护理的失能人员，养老机构侧重保障可以入住机构、需要生活照护的失能人员，居家护理针对不能入住机构的失能人员。[①] 在苏州市的试点中，总体上实行住院护理和居家护理分类管理，两类机构分别制定服务项目内容。住院护理机构以护理院为主，要求护理服务人员必须按规定为入住护理院的人员提供相应的生活照料服务项目后，方可进入长期护理保险支付范围；居家护理机构由护理服务人员需按照事先制定的护理服务计划，在规定时间内提供相应服务，服务内容、服务时长需经参保人、护理服务人员双方确认。[②] 在安庆市的试点中，总体上有四种类型的保险服务，包括医疗机构床位护理、养老机构床位护理、护理服务公司上门护理以及居家养老护理。符合享受长护保险待遇条件的人员可以根据自己的实际需要和需求，任选一种服务方式享受其待遇。[③]

从上述分析中不难看出，各地试点中确立的长期护理服务给付模式有其共同点，即保险人不亲自提供给付，而是委托第三人代为给付。这种模式其来有自，其背后蕴含的正是公私协力的现代行政给付理念，德国、日本以及我国台湾地区长照服务的供给均贯彻这一理念。在确定长期护理服务提供者方面，各地的探索也有其共同点，即依附于医疗保险和养老保险，以医院护理和养老机构护理为主，有的地区还将护理服务公司纳入定点范围。但是，总体来看，各地的养老护理服务市场还处于起步阶段，机构少、层次低、服务内容单一，普遍存在硬件和服务水平不高的问题，既难以形成竞争机制，也难以满足失能人员的多层次需要。家护服务机构尤其短缺，有的社区卫生服务机构在历次改革中，基本上已经私有化，因其规模小能力弱，难以开展社区护理服务；私营机构面对家护服务市场成本高、风险大、管理难度大的特点，进入意愿不强。更加值得注意的是，因为长期护理服务供给体系缺乏统一的标准以及相应的法律规制，目前很多护工并不具有相应的护理资质，很多护工都是通过中介招聘的，大部分都是年纪较大的人员，这些人大多是受到自己生活经验的影响来进行护理，缺乏专业的护理和应变能力。可以这样说，长期护理社会保险的实施有赖于长期护理服务体系的建立，而目前我国长期护理服务体系仍处于碎片化

---

① 参见王文韬、尚浩《承德市长期护理保险试点路径分析》，《中国医疗保险》2020年第2期。

② 参见盛政、何蓓等《苏州市长期护理保险制度试点探析》，《中国医疗保险》2020年第2期。

③ 参见杨杰《安庆市长期护理保险试点现状及对策研究》，《劳动保障世界》2019年第32期。

的阶段，长期护理服务供给主体的设立、资质与运行并无相关标准，试点中的做法不一，有待整合完善。

本书认为，长期护理服务的给付模式应该依据其给付内容的不同分为三个大类：居家服务、社区服务和机构服务。进而，长期护理服务的给付主体也分为三个大类：个人护理、社区护理和机构护理。建立并完善居家、社区、机构相衔接的专业化长期照护服务体系是未来试点的重点工作。长期照护服务机构是我国现在及未来长期护理保险制度中的关键主体，由于长期护理保险主要针对失能、失智老人的基本生活，因此该机构的重要性是无须多言的。我国目前的养老服务机构众多，但并非所有养老服务机构都有资质成为长期护理保险服务提供者，因长期护理需要一定的专业性，不仅考验服务机构的硬件配置，也要求机构中的服务人员具备专业资质，所以养老服务机构若想参与长护险的护理服务的提供，必须经过法定的认定程序，符合相应的法定标准、遴选进入长期护理保险给付特约（定点）机构名单，与长期护理保险人签订特约（定点）协议，成为长期护理保险法定的护理服务提供者。至于社区服务机构能否担当起照护失能、失智老人的重任，还有待进一步的调查研究。有学者认为，社区护理模式可以使得老年人在离家很近的社区获得护理服务，相较于机构护理而言更有利于节省开支。[①] 但就目前而言，其在长期护理保险的服务提供主体中起着辅助作用。由于居家护理也是长期护理保险制度中的重要一环，因此对于在失能人员家中提供专业护理服务的长期照护人员，也应当建立起一套严格的准入、考核、退出的机制，以满足居家护理保险给付的基本要求。

第四节　长期护理保险制度主体间的法律关系

一　社会保险法律关系与商业保险法律关系的区别

长期护理保险分为社会保险与商业保险，二者各有其侧重点。前者属于国家社会保障体系的一部分，有国家行政力量的参与和干涉，具有社会法的属性，在性质上具有公法的某些特征；后者则完全属于私人的商业活

[①] 参见荆涛《长期护理保险理论与实践研究：聚焦老龄人口长期照料问题》，对外经济贸易大学出版社 2015 年版，第 137 页。

动，政府行政力量并不参与其具体运行和管理，具有私法的属性。正是这些差异性导致了在长期护理社会保险与商业保险中，各主体间的法律关系具有不同的性质。其中有重要区别的是保险人与被保险之间的法律关系以及保险人与服务提供者之间的法律关系。而被保险人与护理服务提供者之间的法律关系，则不论是社会保险还是商业保险都具有相同的性质。

根据我国《社会保险法》第 1 条的规定，社会保险法的调整对象为社会保险关系，但是究竟什么是社会保险关系，却未有法律明文之规定。学界一般认为，所谓的社会保险关系，是指"社会保险人与被保险人在社会保险服务过程中产生的一方提供社会保险费，另一方提供金钱与服务给付的社会关系"①。社会保险法律关系是比较典型的社会法法律关系，各方主体的权利义务关系交错构成一个法律关系群，包括了行政主体与行政相对人等不平等主体间的行政法律关系以及服务购买者与服务提供者等平等主体间的民事法律关系。② 社会保险法律关系的建构原型是商业保险法律关系，但是保险对象、投保人、保险人和医疗机构之间的保险法律关系显然不能简单地照搬商业保险模式加以解构。

社会保险中各方主体之间的法律关系也因上述特征而与商业保险中各主体间的法律关系存在重大区别。其中一个最重要的区别就是在社会保险法律关系中，主体具有多方性，兼具了公法和私法的属性。社会保险关系是投保人、社会保险经办机构以及国家委托的第三人等众多主体之间形成的多边法律关系，可见，社会保险关系不同于以往传统的民事法律关系或者行政法律关系。因此，社会保险法律关系具有复合性。这种复合性具体表现为：它既不是一种单纯的民事法律关系，也不是单纯的行政法律关系。在社会保险法律关系的体系内，既涉及多重主体之间交错纵横的多种权利义务关系，又存在同一主体在不同环节与不同主体产生的权利义务关系；既有基于行政行为而产生的权利义务关系，也有基于民事行为而产生的权利义务关系。因此，在社会保险法律关系中，权利义务的确定、实现和救济也具有复杂性，必须要着眼于具体主体之间的法律关系，遵循公法

---

① 参见喻术红、李秀风《迷局与反思：社会保险经办机构的主体定位》，《时代法学》2016 年第 5 期。
② 参见陈步雷《简论社会保险权益的民事可诉性安排——关于〈社会保险法〉立法的若干建议》，《河南省政法管理干部学院学报》2010 年第 2 期。

和私法的一般原理。①

二 长期护理社会保险中的法律关系

长期护理社会保险作为社会保障体系的一个重要分支，从长期护理保险的法律关系内容来看，被保险人缴纳保费与社保经办机构提供保险给付间的对应关系与商业保险的原理相似。不过，商业保险合同，遵循契约自由原则，而作为社会保险组成部分的长期护理保险不遵循契约自由原则。首先，一旦符合法定要求，参保人员就应当参加长期护理保险。其次，被保险人没有选择合同相对人的自由，只能与社保经办机构发生法律关系。再次，被保险人与保险人（社保经办机构）之间的权利义务关系由法律强制规定（缴费方式、费率、保险人给付条件及水平等），被保险人没有与保险人协商的自由。同时，由于长期护理保险的保险人并不自为给付，为了履行其实物给付的义务，常常需要借助社会第三人的合同加以完成。综上，长期护理保险的法律关系具有复杂性，并不是单纯的双方法律关系，至少有三方主体参与其间，即作为社会法律关系中债权人地位的被保险人、作为债务人地位的保险人以及保险人委托提供长期护理服务给付的第三人。详述如下：

（一）保险人（经办机构）与被保险人之间的法律关系

我国《社会保险法》第83条规定："用人单位或者个人认为社会保险费征收机构的行为侵害自己合法权益的，可以依法申请行政复议或者提起行政诉讼。用人单位或者个人对社会保险经办机构不依法办理社会保险登记、核定社会保险费、支付社会保险待遇、办理社会保险转移接续手续或者侵害其他社会保险权益的行为，可以依法申请行政复议或者提起行政诉讼。"可见，被保险人及其用人单位不满医疗保险经办机构的行为或决定可以提起行政复议或者行政诉讼，由此推知，社会保险人（保险经办机构）与被保险人之间的关系属于公法中的行政法律关系。

从比较法的视野来看，长期护理保险中保险人与被保险人之间的法律关系，与我国台湾地区"全民健康保险法"中保险人与保险对象见的法律关系类似。根据"全民健康保险法"，国家对于社会保险医疗给付之提

---

① 参见陈步雷《简论社会保险权益的民事可诉性安排——关于〈社会保险法〉立法的若干建议》，《河南省政法管理干部学院学报》2010年第2期。

供,由具有公法组织性质之"中央健保局"担任保险人,因为"该法"以保障保险对象之健康权为"立法"目的,本身具有强烈之公益目的,并且关于保险对象必须强制保险之规定,保险对象应依法办理投保手续、缴纳保险费等强制规定;另外,健保局不能拒绝合乎保险资格之人投保,即强制健保局必须承保,亦为国家与保险对象上下权力关系之具体体现;加上健保局为公法组织,且相关法规均赋予健保局公权力可针对保险对象或者医疗服务提供者予以制裁,并于权力救济方面提供公法救济途径等观察,学者们对于全民健保局与被保险人之间法律关系性质属于公法上的行政法律关系已无异议,但是,对于该行政法律关系具体性质的归属则存在众多争议。具体来说有两种观点:一是统一说,认为社会保险费用征缴法律关系与社会保险待遇给付法律关系构成一个整体。[①] 二是分离说,认为社会保险费用征缴法律关系与社会保险待遇给付法律关系是两个各自独立的完整的法律关系,前者称为基础关系,后者称为服务给付关系,在法律上要对社会保险费用征缴与社会保险待遇给付分开进行定性。关于基础关系的性质,学说上有"行政合同说""公法上法定债之关系说"与"行政处分说"三种观点的争论。[②]

本书认为,统一说可值赞同,也即社会保险费用征缴法律关系与社会保险待遇给付法律关系构成一个整体,属于行政法律关系。首先,保险费的缴纳和保险给付是不可分割的统一整体。被保险人缴纳保险费之后,若符法定条件,便可获得相应的保险给付。同样地,若被保险人想获得法定的保险给付,须以缴纳保险费为前提。分离说的观点将这一整体生硬地割裂为两个部分,是不妥当的。其次,支持分离说的理由并不充分。

第一,行政合同系指行政主体与其他行政主体或民事主体间为产生、变更或消灭行政法上权利义务所订立的合同。我国台湾地区有关全民健康保险中保险人与被保险人间的法律关系之性质,一般普遍认为属于行政合同。这种观点主要认为全民健康保险属于继续性带有保险性质之法律关系,并且基于保险合同的固有观念,认为应该与商业保险合同作一体化理解,当保险对象投保或者由投保单代为投保时,应当理解为投保人之愿意缔结全民健康保险行政合同的要约,而保险人确认保险对象之保险资格与

[①] 参见林海权《社会保险法律关系》,中国人民大学出版社2007年版,第79页。
[②] 参见林明锵《行政契约与私法契约——以全民健康保险契约关系为例》,载《行政契约与新行政法》,元照出版公司2002年版,第98页。

保险费进而核发健保凭证时，形成保险人缔结行政合同之承诺，保险人与被保险人之间的行政合同关系即告成立。笔者认为这种观点不足为鉴。"行政合同说"脱胎于将保险直接视为合同的观点，因为社会保险由行政机关依据法律授权强制办理，不同于商业保险由民事主体自愿形成，因此其法律关系不是民事合同，而是行政合同。这种观点是错误的。是否形成行政合同法律关系，应独立就合同这一要素进行观察。虽然行政合同在由当事人自主形成合同内容的自由空间上，不能与以私法自治为原则的民事合同相提并论，但是仍然不失其合同的本质属性，也即行政相对人在行政合同的形成过程中仍存在一定的自由空间。而在长期护理保险关系的形成过程中，被保险人乃是基于法定事实强制纳入保险关系，当事人一方并无自主决定的空间，是否愿意加入更不在所问，因此将其视为行政合同实属牵强。

第二，"公法上法定债之关系说"为反对行政合同说的学者主张，他们认为长期护理社会保险的基础关系，无论是在缔约上、对象上或者内容上都毫无私人自治空间，而是完全依据法律明文的规定的内容而运作。因此不同于民事合同，也不同于行政合同，应该将之解释为纯粹的法定债之关系，[1] 类似于民法上债之关系，并于相关行政法未有规定时，可以类推适用民法中有关意思表示与债权、债务关系的规定，同时应该考量其特殊性视情况给予修正。笔者认为这种观点亦不可取，民法中有将债分为意定之债与法定之债的传统，所谓"公法上法定债之关系"显然是套用民法学说而得出的观点，这种观点在我国大陆地区的行政法研究中尚不多见。并且，保险人与被保险人间之法律关系于保险对象符合法定资质时当然发生，并不由双方自由协商；保险对象相关保险给付之权利，由法律强制规定而非基于当事人的合同创设，因此与平等民事主体之间形成的民事法律关系存在本质的区别，类推适用民法规范将其视为债之关系的观点不但没有解决行政合同说的疑问，反而带来新的问题。

第三，"行政处分说"认为社会保险人与保险对象之间的法律关系为行政处分，而保险费的性质是社会保险人缴费单之行政处分所课予的金钱给付义务。[2] 我们认为这种观点并不妥当。其一，这种观点将保险人发放

---

[1] 参见蔡维音《全民健保行政之法律关系》，《成大法学》2002年第4期。
[2] 参见雷文玫《全民保健保险人与被保险对象间法律关系之研究》，《中原财经法学》2001年第7期。

的缴费通知单作为保险关系的成立要件，但实务中保险资格的认定与保险费的核定通知均以投保单位为对象，被保险人并非该行政行为之相对人，当其对缴费通知的认定有疑问时，就会发生救济上的障碍。其二，所谓的"行政处分"，主要是德、日以及我国台湾地区行政法上流行的学说，该说认为行政行为即行政处分，是指行政机关运用行政权力、对特定的外部相对人单方面做出的，具有直接法律效果的行为。[①]但是，在我国大陆地区，公法行为说是行政法学界的通说。而行政处分特指"对公务员违法违纪行为的惩戒"，在用语上已经特定化，不宜用行政处分来替代行政行为。另外，即便依据德、日以及我国台湾地区的主流观点，将行政处分理解为我国大陆地区的行政行为，该说也存在重大缺陷。依行政处分说，行政处分带有公权力性质，能够使行政相对人的权利义务发生具体的改变，[②]比如课税行为，由于是对作为行政相对人的国民课予纳税义务的行为，因此可以把它视为典型的行政处分。在长期护理社会保险法律关系中，社会保险人向保险费缴纳义务者发放缴费通知单，固然是课以行政相对人一定的金钱给付义务。但是长期护理保险采取多渠道的筹资机制，用人单位也负有缴纳部分保险费用的义务，那么假如用人单位存在没有按时缴纳足额保险费的瑕疵行为时，并不影响被保险人获得保险给付的资格，[③]因此长期护理保险基础法律关系中的权利义务并未发生改变。其三，社会保险制度是国家对公民社会权利进行保障的具体方式，社会保险待遇通常被视为国家向公民提供的一种社会福利。从这个角度上来讲，公民向社会保险人缴纳保险费既是一种国家公法上课予的义务，也是公民享有的一种社会权利。法律规定范围内的社会公民既不能随意违反缴纳保险费的义务，国家机关也不能通过行政处分排除公民的缴费权利。因此，这与行政处分单方面就能改变行政相对人的权利义务的内涵不相符合。

虽然本书认为应当采统一说，但是在更加细致的角度上，社会保险经办机构与被保险方之间的法律关系可以分为保费征缴关系和保险给付关系。首先，从我国社会保险的实践来看，被保险人缴纳保险费的份额通常由用人单位代缴，尽管单位并非该部分社会保险费的最终承担者，但通常

---

① 参见周佑勇《行政法原论》（第三版），北京大学出版社2018年版，第172页。
② 参见石龙潭《日本行政诉讼救济范围之拓展——"行政处分性"之理论解析》，《行政法学研究》2017年第3期。
③ 参见杨复卫《社会保险争议处理机制研究》，上海人民出版社2018年版，第32页。

将用人单位视为扣缴义务人。其次,保险经办机构与用人单位之间的法律关系因用人单位承担的义务内容不同而有不同的属性。当用人单位代缴代扣保险费用时,本书认为应当将其视为辅助义务人。在这种情况下,劳动者不直接向社会保险人承担缴费义务,而是向投保单位承担支付社会保险费的义务。这种代缴代扣的辅助行为,是社会保险人为了降低征管成本而强制课予用人单位的义务,也就具有了公法属性,从社会保险人与用人单位的视角来看是一种对国家的公法义务,从劳动者与用人单位的视角来看又是一种对劳动者的私法义务。投保单位不管基于何种原因未能向社会保险人履行代扣代缴义务时,不得以本单位未扣缴劳动者的工资为由进行抗辩。

(二)保险人与给付提供者之间的法律关系

在长期护理保险领域,保险给付的内容涉及大量的实物与服务给付。依据实物给付原则,长期护理社会保险经办机构并不亲自提供被保险人该项给付,而是委托其他在市场上提供此等给付的机构或者个人为之。因此,保险人与给付服务提供者之间需成立特定的委托法律关系,始能确保基于保险关系所负的护理服务给付义务能够顺利进行。在我国台湾地区,全民健康保险实际医疗服务之提供,主要交由保险医事服务机构处理,事后再由保险人支付医疗费用给各该保险医事服务机构。保险人与服务机构之间依据"全民健康保险法"第55、56条的规定缔结健保特约,保险人并因之取得对保险医事服务机构的监督管理权限。在全民健康保险特约保险医事服务机构合约前言部分,即言明健保局以委托医疗机构代为提供医疗给付,对保险对象提供医疗服务。此等介于保险人与给付提供者之间的法律关系,即行政合同。在实践中,通常是保险人与服务提供者签订定点护理机构服务协议的方式来完成。

服务协议本身性质的定位影响法律纠纷的解决,但目前关于其性质定位还未形成统一的观点。因为服务协议中确定经办机构与护理机构的某些权利或义务在性质上与根据民商法自由约定的权利义务不同,因此存在行政合同说[1]与民事合同说[2]两种观点。前者认为服务协议属于民法中的委

---

[1] 参见李建良《公法契约与私法契约之区别问题》,载《台湾行政法学会学术研讨会论文集——行政契约与行政法》,元照出版公司2002年版,第198页。

[2] 参见陈爱娥《行政上所运用契约之法律归属——实务与理论的挑战》,载《台湾行政法学会学术研讨会论文集——行政契约与行政法》,元照出版公司2002年版,第107页。

托合同，其主要理由是服务提供者的给付内容专业性较强的护理服务或者医疗服务，不具有国家行政权的性质，虽然服务协议的成立依据为行政法，但国家之给付主要为相关费用，不具有公法属性。并且，服务协议涉及对服务机构进行监督管理的特别约定，包括：纠正、扣罚医疗费用、停止协议或者终止协议等处理医疗费用之审查、支付等，均为民法上合同的事项。行政合同与民事合同一样，是双方意思表示一致的结果，但相比之下，行政合同具有以下特征：一是缔约的一方为行政机关；二是行政合同的目的是实现公共利益；三是行政合同系行政机关实现其行政管理职能的法律手段；四是行政合同双方当事人的法律地位并不完全平等，行政机关享有行政优益权。[①] 因此，所谓行政合同，从静态的方面来看，是以行政主体为一方当事人，基于公共目的，依法设立、变更或者终止行政上权利义务的协议；而从动态的方面来看，则是行政机关以行政合同为基础，通过行政合同各方当事人行使合同权利履行合同义务的方式而实现特定公共目的的综合管理的过程，属于行政机关行政方式的一种。[②]

笔者认为，我国长期护理社会保险的保险人与护理服务提供者签订的服务协议是带有公法性质的行政合同。一方面，长期护理社会保险的保险人是行政主体，而另一方当事人——无论是个人看护、社区服务机构还是专业的机构式服务机构——均不具备行政主体资格，属于行政相对人。另一方面，签订服务协议的目的是实现社会保险责任，是履行其行政职能的行为。行政合同的本质属性在于行政性，契约性只是其形式特征。[③] 保险人采取与护理服务提供者签订服务协议的形式，无非是希望长期护理服务机构能够协助其完成法律所课予的公法上之给付义务，因而可以认为两者之间具有公法上的法律关系。

综上，保险人与长期护理服务提供者之间形成的是行政合同。行政主体签订行政合同是实现行政管理目标，维护公共利益。行政合同属行政法律关系，当双方当事人发生争议，应该根据行政法学的相关原则，通过行政救济方式解决。在我国，由于行政合同在我国发展较晚，我国在这方面的理论和立法滞后，还没有一部专门规范行政合同过程的法律，《行政诉

[①] 参见江必新《中国行政合同法律制度：体系、内容及其构建》，《中外法学》2012 年第 6 期；崔建远《行政合同族的边界及其确定根据》，《环球法律评论》2017 年第 4 期。
[②] 参见江国华主编《中国行政法（总论）》，武汉大学出版社 2011 年版，第 343 页。
[③] 参见邢鸿飞《行政合同性质论》，《南京大学法律评论》1996 年第 3 期。

讼法》也没有将行政合同纳入受案范围。因此将有关行政合同争议提请行政诉讼仍然存在一定的制度障碍。但是作为一种合同争议，行政合同是合同当事人在约定条款的基础上产生的，要求解决争议的一方并不限于行政相对人。同时，行政机关由于在行政合同中除行使主导性权利的情形外，并不能像在实施单方行政行为那样将自己的意志强行贯彻到对方身上，因此本书认为，应该通过司法解释的方式将定点护理机构服务协议纳入行政诉讼的受案范围。

三 长期护理商业保险中的法律关系

如前所述，投保人可自行决定是否购买长期护理商业保险，这是投保人对自身财产自由处分的应有之义，因此，投保人与保险公司之间体现为私法法律关系，遵循意思自治原则。投保人和保险公司签订的长期护理保险合同本质上是债权合同，所以形成的法律关系是商业保险合同关系。

（一）保险人与被保险人之间的法律关系

在长期护理商业保险合同中，被保险人仅为保险合同的关系人，而非保险合同的当事人，不负有向保险人交纳保险费的义务，其承担的合同义务较之投保人更为有限。就被保险人享有的权利而言，主要有以下三点：首先，被保险人享有保险给付请求权，即要求保险人按照保险合同约定履行给付相应标准的长期护理服务等义务。其次，被保险人有权代交保费，这并非基于保险合同的约定，而是被保险人为避免保险合同被解除而致使自身利益受到损害所采取的正当措施。[①] 在投保人拒绝或迟延交纳保险费时，足以影响保险合同效力的，被保险人可以代替投保人向保险人交纳保险费，保险人不得拒绝。最后，在投保人解除保险合同时，被保险人享有一定程度的抗辩权。根据《最高人民法院关于适用〈中华人民共和国保险法〉若干问题的解释（三）》第17条，在投保人未经被保险人同意解除保险合同时，虽然被保险人不能主张解除行为无效，但若被保险人已向投保人支付相当于保险单现金价值的款项并通知了保险人，则保险合同并未解除。此外，虽然长期护理保险合同中的被保险人承担的合同义务较为有限，但是也应当依照诚实信用原则或者保险法的规定承担相应的义务。

---

① 参见常敏《保险法学》，法律出版社2012年版，第47页。

（二）保险人与护理服务提供者之间的法律关系

笔者认为，在长期护理商业保险中，商业保险公司与护理服务提供者之间签订的相关协议（服务协议、定点协议、合作协议）属于私法意义上的委托合同。商业保险公司作为委托人，护理服务机构作为受托人具体履行保险人承担的保险给付义务。之所以认定二者之间是私法意义上的合同关系，主要有以下理由：第一，二者皆为私法主体，尽管委托方、受托方可能是公立性质，但是不具有行政主体地位，都属于平等的民事主体。第二，双方签订协议遵循私法自治原则，保险公司与护理服务机构都可以自由地选择合同相对方，并不受强制缔约的限制；此外，保险公司与护理服务机构之间可就服务范围、服务质量、服务标准、报销流程等具体事项进行平等协商，最终达成双方意思表示相一致的合作协议。第三，从合同的目的来看，保险人通过委托相关机构提供长期护理服务来履行保险给付义务，长期护理机构享有要求保险人偿付相关费用的权利，虽然被保险人（失能、失智人员等）的护理需求得到了满足，这在某种程度上具有一定的公益性，但最终实现的仍是合同双方当事人各自的私法目的。

四 被保险人与护理服务提供者之间的法律关系

无论是长期护理社会保险，还是长期护理商业保险，被保险人与护理服务提供者的法律关系都是相似的，均建立于长期护理服务合同的基础之上。从比较法的视野分析，德国的照护服务提供者属于保险法律关系以外的第三人，但是向被保险人提供保险给付属于私法契约的领域。被保险人若想取得照护服务提供者的保险给付，需要与机构签订照护契约。而德国的照护服务提供者可以是机构，也可以是个别的照护人员，在被保险人选择到机构接受护理服务时，其签订的是照护之家契约；而当其选择居家照护时，其与服务提供者签订的是居家照护契约；被保险人选择个别照护人员提供照护服务的，其与个别照护人员之间签订照护契约。上述契约应当以书面形式作出，并应在契约中规定合同双方当事人的具体权利与义务，合同的内容包括照护服务的给付种类、内容、范围、计费标准等。

在学理上，长期护理服务机构系基于何种地位，向保险对象提供长期护理服务，将影响到其给付之效果与损害赔偿之责任。关于长期护理服务机构的法律地位，主要存在四种观点：一是依据服务协议向第三人给付之债务人，这种观点认为保险对象因服务协议取得直接请求给付之权利，因此服务协议具有向第三人给付之利他合同之性质。此时，保险人与长期护理服务机构之间的协议为补偿关系，保险人与被保险热之间的行政关系则构成对价关系。二是给付公法上债之关系之第三人，这种观点与第一种观点大致相同，只不过在前者，向第三人履行之利他合同系由当事人自由协商成立，而后者则是基于法律强制规定，因此长期护理服务机构提供护理服务实际上是在履行一种公法上确定的债务。三是协助长期护理保险人之履行辅助人，这种观点认为，保险对象依据法律享受长期护理服务，乃是对长期护理服务机构请求保险给付之权利，欠缺单独与服务机构订立合同的意思；而长期护理服务机构提供护理服务，乃是基于其与保险人签订的服务协议而来，长期护理服务机构为保险人之债务履行辅助人。四是承担公私法责任之债务人，这种观点认为长期护理服务给付兼具公、私法关系之特质，公法关系为长期护理保险基础关系，至于基本的护理关系则是依循传统服务合同而成立的长期护理服务关系，民事合同之内涵在一定程度上受到公法规范的影响。

我们认为，被保险人与护理服务提供者之间的法律关系不能一概而论，应该区分不同的情形予以讨论。首先，当保险人向被保险人提供的保险给付为现金给付时，由保险人直接向被保险人给付一定数额的金钱。再由被保险人向长期护理服务提供者购买相应的服务。此时被保险人与长期护理服务提供者之间属于平等民事主体之间的法律关系，二者之间签订的护理服务合同属于民事合同。其次，当保险人向被保险人提供的保险给付为实物给付时，系由被保险人自由选择保险人指定的护理机构提供服务。一方面，当护理服务机构按照法律规定或是按照服务协议的约定向被保险人提供护理服务时，于长期护理社会保险的场合其只是在履行对保险人依法律或依契约所负担的公法上的义务，这部分争议根据第三人利益契约的见解，争议的双方主体是医疗机构与保险人而不涉及被保险人，如前所说，服务协议属于行政合同，此时是纯粹的行政法律关系。另一方面，当护理服务机构违反服务协议约定，如无故拒绝接受被保险人护理、因被保险人身份故意提高护理服务价格、提供不必要的护理服务赚取利益等，从而产生争议时，此类争议事项并非是被保险人与护理服务机构之间的权益之争，而仅仅是护理服务机构违背法律及与保险人订立的服务协议中所确定的义务。此时，被保险人并不能直接向医疗服务机构提出请求并诉诸法院，而是应当将情况反馈给保险人并由保险人向保险监督机构反映，或由被保险人直接向保险监督机构申诉，或者向人民法院起诉保险人。最后，由于长期护理社会保险提供的保险给付不可能覆盖被保险人的全部护理费用，没有被覆盖的部分实际上由个人自掏腰包，这时被保险人与长期护理服务提供者之间形成的系纯粹的民事合同法律关系。

综上所述，被保险人与护理服务提供者之间的法律关系具有以下几种情形：第一，在商业长期护理保险的场合，不管保险给付时现金给付还是实物给付，二者之间签订的合同均为民事合同，属于民事法律关系。第二，在长期护理社会保险提供现金给付的场合，被保险人与护理服务提供者之间签订的合同为民事合同，属于民事法律关系。第三，在长期护理社会保险提供实物给付的场合，被保险人与护理服务提供者之间是一种兼具有公、私法属性的法律关系。

我国未来正式推行长期护理保险制度时，应该明确各主体之间的权利义务关系，以便准确地识别纠纷救济途径，保障各主体的正当法律利益。就护理服务提供者而言，主要还是医院、社区、养老院、敬老院、专业护理机构等，至于居家护理服务中的专业人员，仍建议其挂靠在具体的护理服务机构中，而不是独立的服务提供者，以便对其进行管理与监督。因此，被保险人到护理服务机构中接受长期护理服务之前，需与相关机构缔结合同。笔者建议，在未来长期护理保险制度化、法制化时，应当明确规定被保险人与护理服务提供者之间的民事合同关系，同时有必要认定该种合同为要式合同，以明确合同双方当事人的具体权利与义务，在对于长期护理服务的时间、内容、标准、费用等方面发生纠纷时，便于合同当事人更有效地举证、质证。

此外，尽管长期护理合同属于民事合同，但长期护理合同也具有医疗合同的特殊性，[①] 附带着一定的公共利益，其内容在一定范围内深受公法关系的影响。首先，长期护理服务定点机构的意思自治应当受到一定的限制。在长期护理保险中，应当限制护理服务机构缔约时选择合同相对人的自由，其不能对于是否接收需要护理的对象作出选择，有学者称为"强制承诺义务"[②]，否则将导致失能人员面临"无处可去"的尴尬境地。其次，长期护理合同具有一定的专业性，双方当事人的能力不对等。在长期护理的过程中，提供护理服务的一方是接受过专业训练的护理人员，具备

---

① 参见艾尔肯《论医疗合同关系》，《河北法学》2006年第12期。
② 参见冉克平《论强制缔约制度》，《政治与法律》2009年第11期。

普通人不具备的业务技能，而作为被保险人，其欠缺对于护理专业知识的掌握，因此被保险人只能依赖对于护理人员及护理机构的信赖，以期待其能够运用专业技能对被保险人进行适当的护理，以实现合同的目的。[①] 也正是因为这种不对等性，国家应对处于强势一方的护理服务机构进行指导与监管，以保护处于弱势地位的被保险人（失能、失智人员等）。最后，在长期护理过程中，可能产生侵权责任。如果护理服务机构在提供保险给付的过程中对被保险人的人身权等权利造成了侵害，当然可适用《民法典侵权责任编》加以调整，但由于护理服务机构与被保险人之间还存在长期护理合同关系，因而可能涉及侵权责任与违约责任的竞合问题。值得注意的是，在长期护理社会保险中，长期护理合同关系并不排斥公法的介入。[②] 由于长期护理保险涉及保险待遇的给付问题，在长期护理社会保险模式中，长期护理服务机构是社会保险经办机构的辅助机构，若在保险待遇的给付问题上产生争议，作为行政相对人的被保险人合法权益受到侵害，也可能体现为具体的行政法律关系，此时应当适用行政法律程序。因此，在我国长期护理社会保险中，被保险人与护理服务提供者之间的法律关系在表现为私法属性的同时，也兼具公法属性。而在长期护理商业保险中，则体现为完全的私法属性。

[①] 参见王敬毅《医疗过失责任研究》，《民商法论丛》第9卷，法律出版社1998年版，第679—680页。

[②] 参见李晓鸿《论我国医疗保险法律关系的定性及争议回应》，《甘肃社会科学》2013年第6期。

第四章　长期护理保险制度的收支运行

第一节　保费支付

支付保费是投保人在保险合同中所负担的主给付义务，保险所具有的分散风险或填补损失的功能很大程度上取决于投保人对保费支付义务的履行。某一风险共同体成员缴纳与其所面临风险相对应的保险费，进而在保险人账户中形成一笔数额巨大的货币资金。当某一被保险人所面临的风险现实化时，保险人便按照约定履行保险给付义务，从而达到转移风险或者填补损失的目的。在长期护理保险中，面临相似失能风险的个体向保险人支付一笔保险费，当自己生活不能自理时从保险人处获得现金补偿或者护理服务以缓解困境。长期护理保险分为商业性和社会性两类，两者在保费的计算方法、负担比例和支付方式上均存在差异，下文将对此作详细阐述。

一　保费的筹措来源

长期护理保险制度能否正常运营的关键在于筹集保费。简而言之，就是长期护理保险的运营成本从何处征取，即"钱从何处来"的问题。长期护理保险机构的运营维护、工作人员的薪水、护理服务的提供都需要大量的资金。在人口老龄化加速的背景下，长期护理保险所需的运行成本只会进一步的增高，各国的长期护理保险制度面临着如何设计保险财源以维持长期护理保险制度永续发展的处境。国家税收、社会基金的划拨、商业保险的保费、企业和个人的费用征缴都是可能的保费渠道。

（一）长期护理商业保险的保费筹措来源

长期护理商业保险的保费来源较为单一，通常来自投保人自愿缴纳的保费，保费的金额由保险人根据当事人的情况进行评价和估算后确定。投保人根据自己的经济和身体情况选择适合自己的长期护理保险，根据合同的约定缴纳保费。除了投保人缴纳的保费之外，政府同时会制定一系列的税收政策来影响长期护理保险的定价，形成价格优势作为政策杠杆来激励公众购买长期护理保险，促进长期护理保险事业的发展。从比较法的视野来看，世界各国为了支持特定的保险事业发展也会采取税收优惠政策来鼓励当事人购买特定保险，其中针对人寿险的税收优惠主要集中在养老保险领域。在2001年，OECD就曾对国际社会中寿险业务的税收政策做过调查，报告显示OECD的成员国中，有澳大利亚、韩国、日本等13个国家对于养老保险的保费税采取了一定程度的优惠政策[1]；有美国、加拿大、英国等16个国家对于保险公司提供的寿险业务不征收保费税。[2] 2011年普华永道会计事务所所作的调查报告也显示，各国在养老保险的保费缴纳环节、收益领取环节以及保费领取环节中制定了针对保险关系中的不同主体的税收优惠政策。[3]

首先，政府会对保险公司给予税收优惠政策。单从财政收支的角度看，政府的税收优惠政策会减少当期的财政收入，但是，设置税收优惠政策会鼓励更多的社会力量参与护理保险的行业建设，分散提供保险给付的压力，进而缓解社会保险基金的紧张局面，从而减少了社会保险的成本。其次，世界上其他国家和地区也会通过对购买保险的投保人制定税收优惠政策，以引导社会公众选择商业保险。对投保人的税收优惠政策最典型的方法就是向投保人提供直接的税收优惠。对于投保人来说，如果购买长期护理商业保险时能够享有税收优惠政策，无疑是降低了购买长期护理商业保险的成本，相比起没有税收优惠政策的其他健康保险而言，购买前一类保险产品的实际上所付出的价格将会更低。如我国台湾地区"所得税法"第17条规定"纳税义务人、配偶及受扶养直系亲属之人身保险、劳工保险、国民年金保险及军、公、教保险之保险费"属于纳税的可供扣除额部分。

我国目前处于老龄化严重的状态，增长的护理需求和有限的护理服务供应是现阶段政府不得不面对的矛盾，因此，国家当然希望能够引进

---

[1] Organization for Economic Co-operation and Development, *Insurance and Private Pensions Compendium for Emerging Economies*, Book 1, part1: 7) b, 2001, p. 14.

[2] Organization for Economic Co-operation and Development, *Insurance and Private Pensions Compendium for Emerging Economies*, Book 1, part1: 7) b, 2001, p. 15.

[3] Prince Waterhouse Coopers, *International Comparison of Insurance Taxation*, 2011.

社会力量来分担提供长期护理保险给付的压力。为了达到上述目的，国家和政府鼓励商业保险公司设立相应类型的保险种类，倡导公众购买商业保险。为了鼓励社会力量进入长期护理保险行业，同时为了增强社会公众购买商业护理保险的欲望，国家会采取多样的优惠和促销方式：第一，补贴保费是较为基础的鼓励手段，其在保费的缴纳环节体现优惠效果，这种效果对于消费者而言最为直观。第二，国家还会给予投保人和保险人一定的税收优惠，税收优惠可以使得当事人可以在保险合同存续期间的各个阶段来享受国家通过政策给予的保险福利。如我国自2017年展开的税延型养老改革中，投保人可以通过税前列支的方式，在税前工资中扣除缴纳的保费金额，直到领取保险金时再缴纳税费。此种模式可以减少投保人缴纳个人所得税的应税金额，进而促使社会公众选择商业型税延养老保险。

（二）长期护理社会保险的保费筹措来源

长期护理社会保险的保费筹措一般采取多元化渠道，现实中，试点地区不同的财政状况和现有社会保险运营的成熟度，决定了长期护理社会保险的保费在实践中有着不同的筹措方式，《指导意见》也意识到了这一点，因而提出了长期护理社会保险保费的"灵活筹集原则"，如何确定长期护理保险制度的保费融资模式，各试点地区应结合自身特点出台相应的政策。

1. 医保统筹基金模式

医保统筹基金是我国实践中的长期护理保险的筹资来源之一，即长期护理社会保险的保费主要来源于医疗保险基金的转移和划拨，或是在收取医疗保险费用时额外计算护理保险费用。目前，在我国最早实施长期护理保险试点的15个城市中，医疗保险资金的转移划转都是长期护理保险资金的重要来源，个别城市如上海、广州、宁波仅依靠医保统筹基金便能维持长期护理保险基金的运作。

医保统筹基金模式实际上是将长期护理保险置于医疗保险制度之下，长期护理保险的资金多寡取决于医保资金的计划与拨款。长期护理保险的性质特殊，兼具养老险和医疗险的共通特点，其关注的是失能人群的护理需求，失能这一问题又与人口老龄化相应相随，而且长期护理保险服务的提供关注的是被保险人的身体健康状态，其中又必然涉及医疗议题，因此长期护理保险在很多国家和地区的实践中与医疗保险制度存在联系。甚至可以说，在西方发达国家中，长期护理保险的是作为医疗保险的从属和依附品而诞生的。长期护理保险的诞生目的在于应对老年人因慢性疾病所造成的失能和失智风险，从而通过医疗保险制度为这类人群筹集资金。这种模式在早期取得了一定效果，不建立单独的筹资模式可以在短时间内和以较低的成本满足老年人护理的服务需求，并且减少管理运行成本。[①] 从比较法的视野来看，通过医疗保险基金的划转的筹资模式被不少国家作为社会长期护理保险资金的重要来源。实践中，荷兰在1968年出台《特别医疗成本法案》（Algemene Wet Bijzondere Ziektekosten，AWBZ），每四年由政府决定一次医疗护理和长期护理的预算。美国联邦政府在1965年实行的政府医疗保险方案（Medicare）和政府医疗补助方案（Medicaid）为失能人群提供护理费用。美国联邦政府2008年的政府报告显示，有一半以上的长期护理费用出自医疗保险的资金。[②]

但依靠医疗保险来支付长期护理保险的费用并不是长久之计。首先，资金缺乏多样化的来源方式和渠道，长期护理基金总量是否充实有赖于医保基金的总量。有学者指出，长期护理保险资金不能单纯地依靠医疗保险的划拨来维持运作。医疗保险本身就面临着大量的支出压力，据测算，仅仅依托医保建立的职工长期护理保险会对职工医保统筹基金的收支平衡产生威胁，因此需要通过寻找其他财源来缓解长期护理保险的经费需要。[③] 其次，失能人员的护理需求毕竟不同于病人的医疗需求，从运营商来看，长期护理保险若是栖身于医保基金的体系中，受到医保基金的掣肘，对于长期护理保险制度的社会影响，以及长期护理保险的运营存在不利影响。医疗需求可以通过向病人提供资金、进行治疗等方式就可以满足；但是护理需求需要的是护理人员的护理服务，除此之外，还包括对老年人的身体和精神关怀。单纯地通过划拨医疗保险基金并不不能解决老年人的护理需求。在日本，老年人以护理为目的住院导致医疗资源被占据，产生"社

---

① 参见李长远《发达国家长期护理保险典型筹资模式比较及其经验借鉴》，《求实》2018年第3期。
② 参见戴卫东《OECD国家长期护理保险制度研究》，中国社会科学出版社2015年版，第91—93页。
③ 参见田勇《中国长期护理保险财政负担能力研究——兼论依托医保的长期护理保险制度的合理性》，《社会保障研究》2020年第1期。

会性住院"的难题。① 显然，需要探索出独立于医保统筹基金划转模式以外的新筹资模式。

2. 多渠道筹集模式

多渠道筹集模式指长期护理保险的资金来源包括医保统筹基金划拨、个人缴费、企业缴费、财政补助等多渠道的资金筹集方式。

个人缴费也是我国目前社会保险大多采用的缴付方式。按常理，人需要为自己所享受的服务买单，长期护理保险亦如是，被保险人需要为自己的护理服务支付对价。被保险人自己可能无力承担过高的保险费用，因此可以通过合理配置费率、金额的方式减轻其支付压力。而单位缴费和国家补贴作为长期护理社会保险的资金来源，仍有问题值得探讨。在我国最先进行试点的15个城市中，仅有成都、上饶两个城市明确了雇主的缴费责任；成都市长期护理保险的单位缴费部分以城镇职工基本医疗保险缴费基数为基数，按0.2%的费率从统筹基金中按月划拨。上饶市长期护理保险的城镇职工单位缴费由用人单位按规定缴纳；涉及财政供给的机关事业单位、关闭破产改制及困难企业单位缴费由同级财政统筹安排财政资金予以补助。从比较法的视野来看，作为资方的用工单位替作为劳方的被保险人缴纳长期护理保险费用的制度也不少见：荷兰的长期护理保险中雇主需要缴纳一定比例的强制性保险费（Compulsory Premium），除此之外，日本、韩国等多个国家都会要求资方按期缴纳一定比例的长期护理保险费用。至于由国家财政来承担一定的长期护理保险的支出成本，也已经逐渐成为一种共识。从理论层面而言：首先，护理服务被看作国家为公众提供的社会福利。现代意义的社会保障制度最早在德国出现，时任德国总理俾斯麦（Bismarck）在其主政时期创立了涉及劳工疾病、劳工伤害的保险制度。第二次世界大战之后，社会保障制度在资本主义国家作为一项国家提供的给付又逐渐产生了"福利国家"的概念，护理保险也是此种背景下诞生的社会保险。其次，在普遍性福利原则的指导下，既然长期护理保险是国家向所有社会公民提供的一种社会福利，那么任何公民都可以无条件地享受。普遍性福利是指社会福利资源在分散过程中，所有社会成员皆有资格享受国家提供的福利待遇。② 长期护理需求并不是一种仅与"个人有关"

---

① ［日］佐藤孝弘、高桥孝治：《日本护理保险法修改及其存在的问题》，《社会保障研究》2015年第4期。

② 参见李红梅《社会福利领域选择性和普遍性原则的应用》，《社会福利》2006年第6期。

的风险，而是一种与"年龄有关的风险"（Age-related Risk），① 任何社会个体在老年时都会产生因老年失能从而需要照顾的需求，并且这种护理需求仅仅依靠失能者个人或者其家庭的能力是难以负担的。同时，如果长期护理服务单纯地依靠投保人的积蓄来承担，理论上来说投保人就必须在其用光积蓄之前离世，这会造成投保人有意识地推迟开始享受长期护理服务的时间。② 由此，国家开始逐渐承担起向国民给付护理服务的义务，针对失能人群的护理服务也成为一种国家提供的社会福利。基于普遍性福利原则，长期护理保险制度中的社会公民并不因自身职业、收入、性别的差异，进而遭到不同等级的给付待遇，而是国家有义务按照国民的需求来提供保险给付。③ 申言之，国家需要承担长期护理保险给付的成本。最后，如果认为长期护理保险是一项国家提供的普遍性福利，那么国家应当在长期护理服务提供的过程中扮演何种角色？国家需要为长期护理保险承担成本，是不是意味着国家为长期护理服务的所有支出买单？对于此，有学者提出长期护理社会保险系"国家担保责任"的概念，即要防止在国家提供长期护理保险给付时"弥补国家兜底责任的乏力，也要避免国家履行责任的危机"④。在长期护理保险的财政制度上，国家担保责任意味着"长期护理社会保险的财源主要来自社会成员缴纳的保险费，国家遵循一定的比例原则提供财政补贴"⑤。可见，国家有限承担着长期护理保险中的费用支出。从实践层面来看，国家承担长期护理保险的费用是世界各国的普遍做法。据 OECD 统计，大多数发达国家的长期护理保险中政府支付的费用明显多于私人支付的费用。⑥ 国家为长期护理保险提供财政支持的方式也较为多样，并不仅仅限于对长期护理保险进行财政补贴的形式。如

---

① 参见陈明芳《福利国家的重构：以德国长期照护保险制度的建置与改革为例兼论对台湾制度规划之启发》，载米红、赵殿国主编《海峡两岸农村社会保险理论与实践研究论文集》，华龄出版社 2012 年版，第 221 页。

② Lawrence A. Frolik, "Paying for Long-term Care", *Experience*, Vol. 17, 2006, p. 37.

③ 参见李月娥《长期护理保险筹资机制、实践、困境——基于 15 个试点城市政策的分析》，《保险研究》2020 年第 2 期。

④ 参见谢冰清《我国长期护理制度中的国家责任及其实现路径》，《法商研究》2019 年第 5 期。

⑤ 参见谢冰清《我国长期护理制度中的国家责任及其实现路径》，《法商研究》2019 年第 5 期。

⑥ Organization for Economic Co-operation and Development, "Ensuring Quality Long-term Care for Older People", *Policy Brief*, 2005, Available at: www.oecd.org/publications/policybriefs. Accessed May 10, 2020.

以色列政府会制定特定的税收政策以支持普遍福利的社会保险、向符合特定条件的人群承诺提供保险待遇、捐款支持计划、税收激励政策以及直接提供护理服务。[1]

在我国目前的试点中,大多数城市筹集长期护理保险资金的管道并不单一,多渠道的资金筹集模式依然是大多数城市采取的办法。具体来说:

首先,多渠道筹资的模式是大多数城市的选择。如果想要提高保险机构的给付能力,需要为长期护理保险基金寻找多元化的资金来源。从上述地区的实践来看,除了个别经济较为发达的地区能够单纯依靠医保费用支持长期护理保险事业,大部分城市还是通过多渠道筹资的方式丰富长期护理保险的基金池。缓解单一筹集模式下的资金压力,探索多元化的保险资金筹集模式,需要考虑不同地区居民的收入、开支等问题。可以想象,长期护理保险制度如果在全国广泛推行,资金来源渠道、方式的组成上会有相当的不同。

其次,不少地区因地制宜,探索出了新的筹资方式。除了上述四个较为常见的筹资渠道外,个别地区还采取了其他的筹资方式,在几个试点城市中较为有特点是海淀地区采用的,将服务机构支付互助基金义务的模式。同时,石河子市和南通市的试点甚至引入了通过福利彩票公益金来充实长期护理保险基金的创新渠道。

最后,现阶段实践中长期护理社会保险的主要资金来源严重依靠医保基金的划拨。第一,医保基金能够支持长期护理保险事业的前提是医保基金有足够的盈余。根据国家医疗保障局的统计,2019年全国基本医疗保险当期结存3389.14亿元,基金累计结存26912.11亿元,[2] 从全国范围内来看医保基金尚有余力去哺育长期护理保险基金,但是各个地方未必能保证医保基金能为长期护理保险支出提供足够的支持,有的地方的医保基金甚至出现了亏损情况。[3] 第二,即便明确了个人或者单位的缴费义务,也并不意味着个人或者用人单位会在现有情况下额外付出保费。有的地方的做法是在企业或是个人应缴的医疗保险费中划走充当长期护理保险的保

---

[1] Mash Gold, "How to Provide and Pay for Long-term Care of an Aging Population is an International Concern", *Israel Journal of Health Policy Research*, Vol. 2, 2013, p. 2.
[2] 参见国家医疗保障局《2019年医疗保障事业发展统计快报》,http://www.nhsa.gov.cn/art/2020/3/30/art_7_2930.html。
[3] 参见《地方医保资金漏洞调查:结余是假,亏损是真》,http://finance.people.com.cn/n/2014/0724/c218900-25336003.html。

费，最终承担这部分费用的依然是医疗保险基金（参见表4-1）。我国人口老龄化的程度在进一步的加重，未来面临的护理保险的资金需求会更高，若是继续现行的筹资模式，不仅长期护理保险事业无法得到实现，还会造成医疗保险基金的支付压力。欲凸显长期护理保险作为一种独立的社保险种的地位，就不能继续需要医疗保险来进行资金的划拨和转移。其原因除了前述的护理需求不同于医疗需求外，在长期护理保险基金严重依靠医疗保险基金的情况下，如果基本医疗保险基金连自身的支付需求都无法满足，护理保险基金的安全性则更加难以保障。可见，长期护理保险基金需要探索出合适的各主体之间的交费义务，以缓解医疗保险基金的压力。对于长期护理保险资金过度依赖医疗基金的问题，2020年9月16日国家医保局和财政部联合印发的《扩大试点指导意见》对筹资方式的规定不同于2016年人社部颁布的《指导意见》的规定，2016年的《指导意见》要求长期护理保险的资金来源是"优化职工医保统账结构、划转职工医保统筹基金结余、调剂职工医保费率"；而2020年版的《扩大试点指导意见》指出长期护理保险的筹资要"建立互助共济、责任共担的多渠道筹资机制"，还要求"筹资以单位和个人缴费为主，单位和个人缴费原则上按同比例分担"，仅在"起步阶段可从其缴纳的职工基本医疗保险费中划出"。

表4-1　　　　试点城市医保基金注入护理保险基金的方式

试点城市	医保基金注入护理保险基金的方式
青岛	职工护理保险资金：医保统筹资金划拨+个人账户代扣+医疗保险结余划转+特殊情况下的财政补贴 居民护理保险基金：医保基金划转
长春	医保统筹基金划转+调整职工医疗保险个人账户计入办法和费率
南通	职工照护保险：医疗保险个人账户划转+医保基金统筹 居民照护保险：医保基金统筹
上饶	优化医保统账结构+划转基本医保统筹基金结余
苏州	职工基本医疗保险、城乡居民基本医疗保险统筹基金划转
安庆	医保统筹基金划拨
承德	城镇医疗保险基金划转
广州、上海、重庆、石河子、成都、荆门	医保统筹基金划转
宁波	城镇职工医疗保险基金划转
齐齐哈尔	医保统筹基金划转

3. 独立筹资模式

独立筹资模式，是指社会长期护理保险的资金来源独立于其他社会保险制度，通过个人投保、用人单位缴费、财政拨款等方式获得资金的筹资模式。与上述两种筹资模式的区别就在于独立筹资模式中护理保险享有单独的基金池，不依赖于其他社会保险（如养老保险和医疗保险）且自主运作。独立筹资模式在世界上也有先例可循，较为典型的有德国、日本、韩国。如德国的长期护理保险的资金源于被保险人与雇主缴纳的保险费，同时辅以部分财政拨款。独立筹资模式的一大优势就是能够在尽量不增加财政支出的前提下，满足社会对于长期照护的需求。独立筹资模式独立运作，一方面有助于长期护理保险制度的健康发展，另一方面不能不注意到，独立筹资模式并不是"保险箱"。依赖个人和单位缴费的筹资模式财政稳定受到诸多因素的影响，从而危机资金安全。

首先，缴费义务人的收入状况影响其缴费意愿。独立筹资模式看似使得长期护理保险制度拥有了一套独立的财政体系，但是实践中却发现独立筹资模式的财源主要是个人缴费，因而受到投保者收入的影响，财政状况并不稳定。如德国采取独立筹资模式行之有年，但却出现了财政困难的局面。据统计，德国长期照护保险开办不到五年，社会长期照护保险即出现财务不平衡的情况，其原因在于收入端受社会经济因素影响而萎缩，例如标准薪资就业者减少而低薪就业者增加，进而影响护理保险的保费缴纳。[①] 其次，收支模式影响着护理保险财政的稳定状况。长期护理保险中投保人从缴费到享受护理服务之间的周期较长，筹集的基金受到通货膨胀的影响；同时，被保险人能享受多长时间的护理服务也影响着保险支出。由此，选择何种模式的支出模式影响着筹资模式的稳定性。日本的介护保险有一套独立的筹资系统，介护保险为了保证收支平衡实行现收现付制。保费来源分为国家和地方投入的资金、个人缴纳的保险费、介护服务利用者分担的费用，以此来维持每期的资金平衡。[②]

[①] 参见王品《德国长期照顾保险效应分析：1995—2013》，《人文及社会科学集刊》2015年第1期。

[②] 参见高春兰《老年长期护理保险制度——中日韩的比较研究》，社会科学文献出版社2019年版，第92页。

二 保费的计算方法

(一) 长期护理商业保险的保费计算方法

长期护理商业保险的保费是指投保人与保险人签订合同时，根据投保时订立的保险费率，向保险人交付的费用。保险费率是确定保险费的依据，其数额的确定涉及多个因素，需要保险公司进行专业的精算。

一般而言，保费等于保险金额乘以保险费率。保费的确定需要经过商业保险公司的精算，需要将保险金额、保险费率和保险期限等诸多因素纳入考量之中。财产保险中，保险金额往往以保险标的的价值为标准而定，仅通过计算一定时期内的赔款金额和保险金额的比例就可以得出保险费率。但长期护理保险作为一项健康保险，其保险费率不同于单纯的财产保险，而是需要综合考量被保险人的生存概率、提供护理服务所需要的成本、提供护理服务的时间等多种因素才能得出精算结果。在收取众多投保人支付的保费后，商业保险公司需要拥有足够的资金用于保险给付；同时，在除去合理的营业费用与税收后，剩余部分能满足公司的预期利润。所以，在确定长期护理保险的保险金额时，通常会从投保人的支付能力、选择的保障层次和被保险人的身心状况等方面进行考虑。投保人的支付能力越高、选择的保险给付层次越高、等待期越短、被保险人发生失能风险概率越大，保险金额便会越高。保险公司在具体保费确定时，各个因素占比多少属于其自主决策的范围。美国作为长期护理商业保险的典型国家，保险公司在收取保费时会综合考量被保险人的年龄，根据年龄来调整保险费。除上述条件之外，最终收取的保费还会考虑被保险人选择的给付期、等待期和保险责任等因素。[①] 附加费率也会影响最终的保费定价。保险费率分为两部分，分为纯费率和附加费率。纯费率与损失发生概率相关联，附加费率则与保险公司的营业费用相关。保险公司在确定长期护理保险产品的保费时，除考虑失能风险发生概率外，还需要考虑获得长期护理保险精算数据的难易程度，故而，保险人会适当提高保险费率以保证保费充足。此外，在确定保险费率时，还需要考虑护理服务成本增加问题和护理服务保险实施后被保险人

---

① 参见黎建飞、侯海军《构建我国老年护理保险制度研究》，《保险研究》2009年第11期。

护理需求和费用上升或下降的可能性。

在确定长期护理保费时，商业保险公司可以采取自然保费、均衡保费两种模式。自然保费模式下，由于被保险人发生失能风险的概率随着年龄增大而上升，保费也随之上涨，保费上涨的幅度可以固定，也可变化。均衡保费模式下，在最初计算保费时，已经考虑到后续失能风险变化因素，并将之平均分摊至每次所缴纳的保费中，在保险合同有效期内，每期缴纳的保费是等额的。① 与此同时，保险公司在进行核保时，会对被保险人可能产生的风险进行分类。保险公司将所面临失能风险的被保险人划分成多个小部分，并分别确定各小部分的保费，实践中常见的做法是根据性别、年龄阶段、身体状况等差异确定不同的保费。因为等级保费能较好地体现公平性，更能吸引公众参保，在推广健康保险时，较多商业保险公司更青睐此种模式。

长期护理保险具有长期持续性，因此保费的充足性容易受到冲击。所有类型的长期护理保险都存在资金的管理问题，保险人面临的首要难题就是通货膨胀，长期护理保险的保险期间较长，很难保证被保险人在接受护理服务时能够享受到投保时期待的对价。实践当中，保险公司会通过设置一定的投保模式避免通货膨胀带来的给付风险。首先，长期护理商业保险会将保险费分为个人账户价值和风险保险费两部分。个人账户价值承担了理财功能，投保人根据个人账户价值从保险人处获取收益，并接受最低利率保证。风险保险费则承担了风险保障功能，根据被保险人的年龄、性别、风险保额和风险状况进行确定，以便利于保险人提供护理和身故保障利益，② 进而化解通货膨胀带来的压力。其次，为保证保费的充足，保费可会适当调整，但目前我国还没有法律对商业长期健康保险的保费调整机制进行规范。③ 在开展长期护理保险业务时，保险公司可以通过在保险合同中规定具体的保费调整条款达到风险控制的目的。

《扩大试点指导意见》对长期护理保险发展的目标是"建立健全满足群众多元需求的多层次长期护理保障制度"，因此，社会力量参与长期护

---

① 参见陈滔等《商业医疗保险的保费计算方法研究》，《保险研究》2002年第4期。
② 参见王起国《我国商业长期护理保险的困境与出路》，《浙江金融》2017年第10期。
③ 参见马绍东《中国长期健康保险保费调整机制研究》，载《2013年中国保险与风险管理国际年会论文集》。

理行业的建设，应当设计出针对不同收入群体的产品，才能满足整个社会对于护理服务的需求。

(二) 长期护理社会保险的保费计算方法

长期护理社会保险与一般商业保险同属于保险制度，需要通过收取投保人一定费用来维持保险制度的运转。但长期护理社会保险由于具有社会保障的性质，不以营利为目的，故其所收取的保费一般仅用于对被保险人的给付。因此，讨论长期护理社会保险的保费问题，实际上是在讨论个人和国家对于护理需求的负担能力的问题。

1. 影响保费的因素

首先，需要考虑风险因素。第一，长期护理保险最直接的风险就是收取的保费能否满足当期的长期护理保险的支出。长期护理保险的财务方式分为两种，一种是"随收随付制"，又被称为"现收现付制"（Umlageverfahren），即以当期的所有收入来支付当期的所有支出；另一种是"储备制"（Kapitaldeckungsverfahren），即通过储蓄的方式来应对支出，采取何种方式来进行保费的管理需要经过精算来得出结论。第二，人口老龄化趋势影响长期护理保险的保费。长期护理保险给付提供的对象是失能人群，由于老龄化的社会中人口的失能率较高，因此护理保险的费用会随着老龄化的加剧而调高。第三，护理方式的选择也会影响护理保险费用的高低。如果被保险人选择现金给付，对于长期护理社会保险人来说，可以节约一整套个案的护理服务给付所需的成本。在德国，在失能等级上被判定为照顾等级一（较低程度的失能）的被保险人偏爱现金给付，这一部分人相较于其他被保险人失能程度较低，照顾需求程度也较轻。[①]

其次，长期护理社会保险可以服务于社会资源再分配，因此需要将是否符合社会公平的要求，来制定合适的保险费率。在中国，考虑社会公平的前提下收取长期护理社会保险保费，城乡差异、收入差异都是不能回避的问题。同时，社保费率的调整还兼具作为社会治理手段的隐形功能。具体而言，第一，通过保费的调整来鼓励老龄化社会的生育意愿。其实现逻辑为通过降低保费等具体财政政策来减轻家庭的养育负担，以期激发社会的生育意愿。从比较法的实践来看，德国的长期护理保险中制度中没有子女的被保险人相较于有子女的被保险人要承担更高的保险费率。其理由为

---

① 参见林美色《长期照护保险：德国荷兰模式析论》，巨流出版社2011年版，第279页。

"年轻一代子女是未来保费的缴付者,父母对子女的教养实际上是在培养子女未来的偿付能力"①。这一理由也是德国联邦宪法法院支持的观点,法院在 2003 年判决无子女的被保险人必须比有子女的被保险人承担更多的保费。第二,城市和农村之间越来越扩大的差距意味着国家需要对不同地区的居民实施不同的保费政策。中国现阶段的长期护理社会保险实践中,难寻觅到农村居民护理保险的踪影。据统计,我国老年人失能的比例在逐渐增加,其中农村老人失能率持续显著高于城市,农村地区的"空巢老人"早已成为常见的社会现象。② 对于农村居民而言,在缴费时并没有企业为其承担部分费用,而且他们的收入也低于城镇居民。在此情况下,只能将压力分担至国家财政部分。否则,农村居民在社会保险上承担更重的负担,并不是社会公平的体现。

2. 保费的计算方法

社会保险的保费计算可以分为比例制和均等制两种。比例制模式下,投保人支付的保费以工资收入的一定比例为标准进行确定,由于该比例是固定的,所以收入越高的保险人缴纳的保费也就越高,此时保费与投保人的经济负担能力联系密切。③ 如荷兰对于长期护理保险的保费标准为:投保金额=(薪资所得+其他收入-利息支出)×保险费率;④ 均等制模式下,投保人缴纳的保费是一定的,与投保人的收入无关,保费一视同仁,具有形式公平的意义。需要认识到保费的负担是社会重新分配的一项新的社会保险制度,采取何种模式实际上关乎能否实现社会所追求的公平与正义的目标。就德国而言,长期照护社会保险的保费负担比例、额度根据不同的人群确定,考量了雇主、年金保险人、健康保险人的负担义务,也在保费的收取时考量了投保人的收入等综合因素,⑤ 不啻为达到社会公平目的之体现。

从表 4-2 中可以看出,我国大部分试点地区选择均等制收取保费,有的地区还在均等制的基础上按照各年龄阶段确定不一样的保

---

① 参见梁亚文、徐明仪《德、荷长期照护保险之比较》,《护理杂志》2010 年第 4 期。
② 参见刘思洁、冉焌金《我国长期护理保险费率的城乡差异比较与建议》,《上海保险》2019 年第 8 期。
③ 参见梁亚文、徐明仪《德、荷长期照护保险之比较》,《护理杂志》2010 年第 4 期。
④ 参见梁亚文、徐明仪《德、荷长期照护保险之比较》,《护理杂志》2010 年第 4 期。
⑤ 参见戴卫东《OECD 国家长期护理保险制度研究》,中国社会科学出版社 2015 年版,第 91—93 页。

费。如上所述，社会实质平等比形式平等具有更深远的意义，所以国外在长期护理社会保险保费的计算上，均采用比例制。而且，为了尽可能扩大投保比例，在我国当前贫富差距较大的现状下，确定保费时必须考虑民众的经济负担能力，因而，社会保险应当采取比例制的计算方法，实践中，我国已有的五种社会保险均采用比例制收取保险费。现阶段实践中采用均等制的情况，原因在于长期护理保险尚没有独立筹资的管道和基金独立运营的系统，各地的政策和财政实力又不同，因此进行社会保险精算的条件尚不成熟，无法得出合理的收费比例。但是，长期护理社会保险作为社会保险的一种，具有维护社会公平和为社会弱者提供福利的内在价值，长期护理保险的一大发展趋势是在计算费率时采用比例制。

表 4-2　　　　　部分试点城市长期护理保险保险费计算方法

试点城市	长期护理社会保险保费计算方法
上海	比例制
重庆	均等制
青岛	个人与用人单位为比例制，财政补贴采均等制
苏州	均等制
石河子	均等制
荆门	比例制
安庆	均等制
海淀	均等制

三　保费的负担比例

长护险的保费负担比例指在投保时，各方当事人所应承担保费的比例。长期护理商业保险保费的支付方只有投保人单方主体，不存在负担比例的问题。本部分对长期护理社会保险的负担比例进行着重分析，是因为长期护理社会保险的保费缴纳一端存在多方主体，主体的承担比例也各异。

表 4-3　　　　部分采取长期护理社会保险的国家和地区的
保费负担主体与相应的负担比例①

国家	保险费计算基数	个人	雇主	政府
以色列	工资收入	0.09%	0.14%	0.02%
德国	工资收入	0.975%	0.975%	—
卢森堡	工资收入	1.4%	—	财政拨款，约占长期护理保险所有支出的45%
日本	护理保险的总费用	50%	—	50%
韩国	医疗保险费	3.275%	3.275%	—

从表4-3中可以发现，政府和雇主并非当然承担缴费责任，其所负担的缴费比例也不尽相同。考察比较法经验，从其他国家和地区长期护理社会保险保费的负担主体来看，惯常做法是除了被保险人自己负担保费之外，政府和雇主也会成为保费的缴纳主体：第一，就政府而言，其在保费负担中的地位有两种，第一种是政府比例付费制，这种制度与工作单位相似，按照一定比例支付保费；第二种是政府补贴制，这种制度下政府不按照固定比例支付保费，而是作为保费的最终责任方，根据收到保费的多寡最终确定需要财政补贴的数额。以色列、日本等国家的长期护理保险中，政府便是采取补偿一定额度保费的形式；德国、韩国的长期护理保险中，政府机构并不承担一定额度的保费缴纳义务，但在某些主体无能力支付保险费时，则由政府补助，相当于保费的最终责任方。② 第二，雇主并不是在所有情况下都承担保费。没有雇主但有足够经济收入的个人独立承担保费；有工作的个人其保费由雇主和职工两方分摊，具体分摊比例由政府根据经济情况和长期护理保险实施情况进行制定和调整；没有足够经济收入的人由政府给予保费减免；只有荷兰政府对于特殊医疗支出的保险费规定

---

① 本表格中的数据参见戴卫东：《OECD国家长期护理保险制度研究》，中国社会科学出版社2015年版；黄慧雯等《台湾长期照护保险制度与日本介护保险》，《护理杂志》2010年第4期。保险费=保险费计算基数 * 个人（或用人单位或政府）负担比例。保险费计算基数有三种，分别为工资收入、护理保险的总费用、医疗保险费。因保险费计算基数的不同，各主体所负担比例的和也不相同。以工资收入和医疗保险费为计算基数时，各主体负担比例相加不为100%，以护理保险的总费用为计算基数时，各主体负担比例相加则等于100%。

② 参见林蓝萍、刘美芳《德、日长期照护保险制度之简介》，《台湾老人保健学刊》2005年第2期；雷晓康《社会长期护理保险筹资渠道：经验借鉴、面临困境及未来选择》，《西北大学学报》（哲学社会科学版）2016年第5期。

由受雇者（被保险人）全额自负。①

由于我国目前实施长期护理社会保险试点的地区在保费的负担比例上做法各异，本书未——列举，表4-4是对我国部分较为典型的负担比例的反映。

表4-4 部分试点地区保险费负担比例

地区	保险费计算基数	个人	用人单位	医保统筹基金划拨	政府
荆门	本市上年度居民人均可支配收入的0.4%	37.5%	—	25%	37.5%
上海职工医保	职工医保缴费基数之和	0.1%	1%	—	—
上海居民医保	略低于职工的人均筹资水平确定其人均筹资标准	占总筹资额的15%左右	—	—	占总筹资额的75%
重庆	150元/人/年	90元/人/年	—	60元/人/年	—

由表4-4分析可知，我国目前试点地区的保费主要由个人、用人单位、医保统筹基金和政府按照一定方法进行分摊。很多地区在试点阶段避免直接从个人和用人单位处收取长期护理保险费，并采用从医保统筹基金中划拨一部分用于长期护理保险支出。在保费的分摊过程中，有的地方政府按照一定比例承担长期护理保险的保费，也有的地方政府不按比例承担保费，而是作为保费的最终责任方。

在长期护理保险的多渠道筹资模式中，应充分强调个人与政府的责任，主要有以下几个方面的理由：第一，长期护理保险设立的目的就是覆盖个人在失能时所需支付的长期护理的费用，而权利与义务具有一致性，受保障的个人也理应支付长期护理保险费，这也体现了个人与社会的良性互动关系。第二，据有关学者调查显示，个人对于长期护理保险具有较高的筹资潜力。② 因此，在我国长期护理保险制度建设与完善的过程中，可以通过科学、合理的测算机制，妥当地确定并适时调整社会长期照护保险中的个人筹资比例。第三，个人强制缴纳保费也可以在域外找到实践支撑。在日本，被保险人是在市町村有住所的40岁以上的全体国民，个人缴纳占介护

---

① 参见梁亚文、徐明仪《德、荷长期照护保险之比较》，《护理杂志》2010年第4期。
② 参见杜霞、周志凯《长期护理保险的参与意愿及其影响因素研究——基于陕西省榆林市的微观样本》，《社会保障研究》2016年第3期。

保险财源的50%，而年满65岁的公民被归为一类被保险人，他们的个人缴费部分在其养老金中直接予以抵扣；40—64岁的公民被归为二类被保险人，这部分群体在缴纳医疗保险费的同时缴纳长期护理保险费，以上两类被保险人所缴保费在介护保险财源中分别占18%、32%。① 第四，保障特殊弱势公民的权益是政府的基本职能，前文已经论及政府应当承担起这项责任。以日本为例，日本的介护保险财源构成中公费占比达50%，国家支付25%，市町村支付12.5%，都道府县支付12.5%。② 因此，为了彰显社会的福利性，我国在构建长期护理保险制度时也应当要求政府承担筹资的责任。考虑到我国的具体国情，可以通过政府补贴一定份额或数额的保险费的形式，参与到长期护理保险资金的筹措过程之中。

其实，长期护理社会保险与基本养老保险、基本医疗保险具有诸多相似之处，在保费支付比例上也可借鉴这两种保险的模式。从我国实行的基本养老保险和基本医疗保险的保费负担来看，根据参保人员身份的不同，可归纳出三种保费负担形式：职工基本医疗和养老保险的保费由用人单位和职工共同缴纳；城镇居民基本医疗和养老保险的保费由个人缴费和政府补贴组成；农村居民的新型农村社会养老保险的保费和新型农村合作医疗制度的费用由个人缴费、集体补助和政府补助组成。长期护理社会保险也可根据参保人员身份的不同，采取三种保费负担模式相结合的方法。从我国目前的试点情况来看，长期护理社会保险的保费还有一个主要来源：医保统筹基金的划转，该划转在实践中具有可操作性，可以作为长期护理社会保险的保费筹措方式之一，从而丰富保费来源。③ 医保划转是目前长期护理保险的重要保费来源，但是在老龄化加剧的背景下，护理保险的支出只会越来越高，依靠医保基金来支持长期护理保险的财政并非长久之计，甚至会导致"小保险拖垮大保险"的情况，因此，只能寻求新的费用来源。和其他国家相比较，我国长期护理社会保险中个人承担的责任相对较轻，在不增加个人负担的前提下，可以适当地减少其他社会保险的投保费用，如失业险和生育险，进而增加长期护理保险的保费。在设计保费时，

---

① 参见戴卫东《OECD国家长期护理保险制度研究》，中国社会科学出版社2015年版，第91—93页。
② 参见日本厚生劳动省老健局总务课《公共介护保险制度的现状与今后的任务（2015年度）》。
③ 参见韩振燕等《关于构建我国老年长期护理保险制度的研究——必要性、经验、效应、设想》，《东南大学学报》（哲学社会科学版）2012年第3期。

考虑对于各保费负担主体具体应当负担的保费比例，需要由相关政府机构从维护社会公平、不过多增加用人单位的用人成本等方面进行综合考虑并最终确定合适的数值。

四 保费的支付形式

保费支付方式有趸缴与期缴两种方式。趸缴是指一次性支付所有保费，一般适用于保费较低、合同期限较短的保险合同。期缴是指按照保险合同约定的缴费标准，分期缴纳保费，期缴又可分为定期缴纳固定数额保费、定期缴纳可变数额保费和不定期缴纳可变数额保费三种，在没有特别约定的情况下，实行期缴的保险产品能够以趸缴的方式一次性付清保费。长期护理保险合同的保险期一般较长，保费相对较高，要求投保人一次缴清比较困难，所以采用期缴方式比较合理，但在采用期缴方式的同时应当赋予投保人选择趸缴的自由。长期护理商业保险的保费支付方式比较灵活，具体方法由保险合同条款进行规定，只要保险双方同意，趸缴与期缴都是可供选择缴费方式。

目前，长期护理社会保险一般都选用期缴的模式。第一，长期护理社会保险保费的缴纳需要考虑诸多因素。众所周知，保费的缴纳和投保人的工资收入多寡存在关联，因此当事人选择定期缴纳可变数额保费的方式是可以理解的。同时，社会保险保费的缴纳具有缴费义务人的普遍性和缴费的强制性，投保人并没有如同商业合同一般进行磋商的可能，因此，保费缴纳一般以期缴为原则，趸缴为例外。第二，长期护理社会保险由于其定额给付的形式，若采取趸缴可能会发生道德风险。长期护理商业险和长期护理社会险，在实践当中一般都是采取期缴的模式。如上海市长期护理保险的试点中，参与保险的男性城镇职工按照规定自 40 岁时开始缴纳长期护理保险费，缴费至 60 周岁退休为止方才结束。同时，投保人如果选择期缴的方式支付保费，当其因失能而触发保险给付时，则可以享受保费豁免的权利。如中国人寿保险公司推出的保险产品"康馨长期护理保险"在其保险合同中有豁免保险费的规定："在交费期间内，被保险人达到本合同约定的长期护理保险金给付条件的，公司于首次给付日起豁免以后相应各期应交的保险费，直至长期护理状态中止。在交费期间内，被保险人长期护理状态中止的，投保人自中止之日起应恢复交纳以后各期保险费。"可见，长期护理商业保险的保险人也在通过优惠的方式促使投保人使用期缴的方式缴纳保费。

五 保费的定期调整

保费的定期调整指的是，在长期护理保险的保险期间内，根据现实情况的变化，保险人定期调整不同时期的保费的制度。

一般而言，长期护理商业保险中，保险人会在保单更新时调整保险费；长期护理社会保险的保费由投保人的收入按照一定比例计算后确定。投保人因其工作的变更，可能会导致收入来源和性质的变更，因此，社会长期护理保险的投保费用也需要随之变化。如企业职工的主要收入来源为其所得工资报酬，而企业所有者和个体户的收入来源为营利报酬，不能一概来确定保费。保费的动态调整，实际上也是实现社会公平的应有之义。我国的经验是，法律层面上用人单位具有缴纳保费的义务，每年依法为职工办理社会保险业务，向社保有关机构如实申报自己所应当缴纳的保险费数额，并且需要足额为员工缴纳社会保险费用。社会护理保险机构会根据职工的工资、薪金收入水平为基数缴纳社会保险费，并将缴费基础申报情况向相关人员公布，每年的申报实际上就是一次保费的定期调整。

六 个人税收递延型养老保险对长期护理保险保费支付的启示

个人税收递延型养老保险，是指在保费的缴纳期间，保费可以税前列支、投资收益免税、在领取期进行征税的商业养老保险。个人税收递延型养老保险具备商业保险的一般特征，同时又因为享受特殊的优惠政策，因此又具有准公共产品的属性。我国在人口老龄化现象严重的情形下，为鼓励民众积极购买商业养老保险，于2018年在部分地区实施的含有税收优惠政策的保险。截至2019年6月30日，共有44475位投保人选择了税延养老保险，累积取得1.55亿元的保费收入。该商业保险与其他商业保险的不同之处在于投保人用于购买商业养老保险的保费可以暂时不用缴纳个人所得税，当被保险人达到退休年龄并开始领取养老保险金时，再根据领取养老保险金时的个人所得税起征点和税率缴纳这部分本应缴纳的个人所得税。[①] 因退休后的个人收入一般较工作时低，适用的个人所得税的税率

---

① 参见王翌秋等《税收递延型养老保险：国际比较与借鉴》，《上海金融》2016年第5期。

会有所下降,若同时考虑通货膨胀的因素,个人税收递延型养老保险使投保人的税收负担有较为明显的减轻,从而达到鼓励人们投保商业养老保险的目的。① 中国社会老龄化的不断加重,是出台个人税收递延型养老保险的现实背景,具体而言:第一,过度依赖传统的基本养老保险,导致政府财政压力巨大,造成养老保险的资金紧张,需要寻找新的财源来缓和基本养老保险的财政压力。第二,社会基本养老保险给付形式单一,不能满足新时代的老年人的生活需求。第三,我国目前的养老保险的保障功能也在减弱,养老金的替代率无法满足高物价、高通胀环境下的养老需求。②

尽管在社会对这种模式的保险有着迫切的需求情况下,个人税延型养老保险的实践并没有达到此前的市场预期。据调研显示,我国税延型养老保险的进展存在以下问题:第一,税延型养老保险的地区分布不平衡。在统计中的1.55亿元的保费收入中,上海市占比77.42%;排在其后的是福建省(不含厦门市)、苏州工业园区和厦门市。可见购买税延型养老保险的客户集中在沿海经济发达地区。③ 第二,现行税收政策导致受益对象错位。在新的个人所得税制下,如果提高税惠额度,就存在税优的目标群体并不会享受到拟定政策时的优惠。即购买个人税延型养老保险的客户大多是高收入群体,从而脱离了个人税延型养老保险的设计目标是缺乏社会保障的社会大众这一目标。④ 同样地,现行的阶段税率过高,造成覆盖人群的减少。现阶段领取7.5%的实际税率会让大量中低收入者不能享受到优惠的结果,反增负担。⑤ 可见,税延型养老保险的市场依然有待开发。

长期护理保险的主要目的是减轻人口老龄化给社会带来的不利影响,提高老年人口的生活质量,与养老保险的目的大致相同。若长期护理商业保险能和商业养老保险一样获得保费的个人税收递延的税收优惠政策,那么人们购买长期护理商业保险的积极性将会极大提高。

长期护理保险的给付内容可以满足不同群体老年人的个性化需求。长期护理保险给付的内容分为现金给付或者是服务给付。相较于基本养老保

---

① 参见黄雪等《个人税收递延型商业养老保险优惠政策研究》,《经济与管理》2015年第6期。
② 参见戴卫东《OECD国家长期护理保险制度研究》,中国社会科学出版社2015年版,第91—93页。
③ 参见陈璨《个人税收递延型商业养老保险试点进展与经验思考》,《中国保险》2019年第8期。
④ 参见王国军《我国个税递延型养老保险试点的发展态势和制度优化》,《中国保险》2019年第8期。
⑤ 参见朱俊生《完善税收递延型养老保险发展的政策环境》,《中国保险》2019年第8期。

险的给付，其内容更加多样化，通过提供多方位的服务，更能贴合老年群体的需求，从而激发目标群体的投保热情。同时，老龄人群间因其财富积累、文化教育程度不同，那么老年人之间的护理需求也不尽相同。采取税延型的长期护理保险可以减轻部分老龄人的负担。高收入者也许会选择护理待遇更好的商业保险，低收入者则仅选择长期护理社会保险。可见，税延型的长期护理保险是为社会公众提供的一种新选择，承担一部分社会保险的压力。除此之外，也有利于商业长期护理保险的发展。通过税收优惠政策，商业保险机构可以降低成本，自不待言。将长期护理职能部分地转移给社会组织，使得各主体都能够参与养老保险，可促进良性竞争，提高我国长期护理养老行业的品质发展。商业保险机构推出了新的产品，同样也可以获得新产品带来的收入。

第二节　保险基金

一　长期护理保险基金概述

（一）长期护理保险基金的界定

一般而言，独立的社会保障事业会拥有一套独立的基金运营体系。社会保险基金是为了实施社会保障制度，在财物独立运营的前提下，按照法律筹集用于社会保障事业发展的专项基金。社会保障基金，本质上是一种供国家和社会使用的储备基金，专门用于国家福利、社会保障支出的调剂和补充。其管理和开支不同于其他财政项目，需要设置专门的资金池以保证按时按需完成保险给付。长期护理保险制度的发展同样离不开一套独立的基金制度，透过基金管理财务收支，有助于保证长期护理保险收入的稳定性、支出的合目的性、管理的安全性以及运营的安全性。[1] 由此，《指导意见》中就明确指出长期护理保险基金的管理制度不能脱离现有的管理政策。2020年颁布的《扩大试点指导意见》中依然指出："长期护理保险基金管理参照现行社会保险基金有关管理制度执行。"可见，长期护理保险基金作为单独的社保基金，理应适用有关社会保险基金的法律规范。

长期护理保险基金的运营具有资金条件，依照2019年公开的数据，

---

[1] 参见郑尚元、扈春海《社会保险法总论》，清华大学出版社2018年版，第294页。

我国目前的长期护理保险基金的规模约为 47 亿元。① 如何使长期护理保险基金进入市场获得收益，又如何使长期护理保险事业能够可持续平稳发展，是未来长期护理保险业发展需面临的重要问题。保险金的收取和支出之间存在间隔，为基金的运营提供时间条件。众所周知，长期护理保险基金的投保时间较长，投保人是为了未来可能发生的失能风险来为自己进行投保。这样的情况下，长期护理保险会产生可供使用的储备资金，为长期护理基金的运营提供了资金条件。首先，长期护理保险基金设立专门的取用渠道。其次，设立风险管理制度，包括举报投诉、信息披露及内部控制等。最后，长期护理保险基金监管制度用以保证基金能够安全可靠。

(二) 长期护理保险基金的性质

长期护理保险基金是一项公共性质的独立社会基金，《扩大试点指导意见》明确指出，长期护理保险基金要"单独建账，单独核算"。

首先，考察长期护理保险基金的性质，需要综合分析长期护理保险的基金筹集渠道和基金使用情况。从当前我国设立的长期护理保险制度基金来看，其中主要的收入来源是医保统筹基金划拨和个人缴费。医保基金的划拨具备财政性质，个人缴费的征收同样具备公共性质。同时，就长期护理保险基金的支出而言，长期护理保险基金的支出主要用于长期护理保险的给付，给付内容一般为护理服务和现金给付，其目的在于为受益人的护理需求提供产品的资金。这种服务的提供是国家职能的体现，因而，该基金本身就具有公共性质。

其次，长期护理保险基金的主体是多元化的，并不是单一主体。虽然该基金的主要目的是给社会大众的护理需求提供资金储备，但是不能认为任何大众是长期护理保险基金所有权的共有人，有论者主张社会保险类的基金并非国家财政性基金，也不是民间或社团机构慈善基金，而主要是属于社会保险的全体社会劳动者共同所有，而且是属于社会性公共后备基金，通过专款专用的方式进行积累。② 但是，"社会保险基金所反映的法律关系远非共有所能够解释，强烈的公共性质使其大大突破共有的范畴，而成为新兴的社会法的调整对性"③。由此可见，长期护理保险基金作为

---

① 参见《国家卫健委：长期护理保险基金规模达 47 亿元》，中国医院院长网：http://www.h-ceo.com/zixun/shizheng/2019-08-28/3132.html。
② 参见郑功成《论社会保险财政问题及其政策取向》，《中国社会保险》1997 年第 4 期。
③ 参见郑尚元、扈春海《社会保险法总论》，清华大学出版社 2018 年版，第 301 页。

社会类保险基金的一个类别，同样不属于某一单一主体所有，而是作为一项社会财产具有社会属性。

最后，从长期护理保险基金的运营角度考察，长期护理基金实行独立管理、专款专用的方式。长期护理保险基金需进行独立运作，其资金来源和用途都是基于长期护理保险事业的需求，与其他社会基金并行不悖。根据《全国社会保障基金条例》（以下简称《社保基金条例》）第15条的规定，全国社会保障基金财产应当独立于全国社会保障基金理事会、投资管理人、托管人的固有财产，独立于投资管理人投资和托管人保管的其他财产。长期护理保险基金在运作时，也应当进行独立运作。

二 长期护理保险基金的运营

（一）长期护理保险基金运营的原因

长期护理保险基金的运营是指将部分长期护理基金投入市场之中，保证长期护理保险基金的收支平衡，进而达到保值增值的效果。第一，长期护理保险基金的运营是长期护理保险可持续运作的要求。保险基金的理想模型是现收现付模式，如果当期收取的保险费只用于当期的保费支付的话，并不会产生结余。但是长期护理保险基金因保费的缴纳与给付之间间隔时间较长，相当数量的保险基金受到社会物价变动的影响而贬值，进而导致被保险人不能享受投保时所期待的给付，不利于保护被保险人的权益。因此，长期护理保险基金为了应对可能的贬值风险，需要将部分资金投入市场，从而使得基金达到预期的保障目的。第二，长期护理保险基金的运营是回应老龄化趋势下社会对长期护理的迫切需求。进入新时代时候，社会的重要矛盾发生了变化，人口老龄化意味着老龄人群的需求需要得到重视。在需求多样化和社会老龄化的大背景下，长期护理保险的给付面临变革。传统的护理给付并不能够满足未来老年人的现实需求，势必会衍生出不同的给付护理给付内容。因此，长期护理保险基金需要通过增值来获得提供更多产品的财力。

（二）长期护理保险基金的运营原则

1. 安全原则

长期护理保险基金运营的安全原则是指用于投资的资金能够及时、足额地收回，同时取得预期的收益。长期护理保险基金的运营存在着天生的矛盾。长期护理保险基金的资金一旦被投入运营，必定会面临着市场带来的风险。但是作为社会保险基金的一种类别，长期护理保险基金需要保持稳定安全的状态以供保险给付，缺乏安全性的投资运营将令公众产生疑虑，动摇公众对社会保险制度的信心，抑制社会保险制度功能的发挥，甚至影响社会的安定。[1] 如何平衡运营的市场风险和社会需求的平稳给付，是长期护理保险基金运营需要面对的问题。从比较法的视野来看，各国在立法时会设置一定的保护措施，如德国在其《长期护理保险法》中设立了保险基金的担保人制度。[2]

2. 收益原则

长期护理保险基金运营的收益原则是指在基金的运营过程中，在基金能够安全的条件下而通过一定的投资获取收益。护理保险基金进行运营的目的就在于获得收益，社保类基金投资入市也成为社保类基金保值增值的主要途径，实践中，管理机构会通过设置预期盈利率的方式来追求营利的目的。具体而言，只有收益率超过同时期的通货膨胀率以及银行利率，才能算达到营利的目的，从而确保长期护理保险基金的保值增值。

3. 流动原则

长期护理保险基金运营的流动性原则，是指保险基金即使投入市场进行运作，也要在不发生损失的前提下，保持能够随时变现随时给付的能力。风险管理基金可以在现金流动的过程中，应对突然出现的现金支付情况。[3] 根据《社保基金条例》第13条第2款的规定，社保基金需要提取风险准备金，以备不时之需。据此，长期护理保险基金的运营也应当采取设立风险准备金的方式，保证随时有能力进行保险给付。

（三）长期护理保险基金的运营方式

长期护理保险基金不能脱离社会主义市场能够提供的方式和渠道进行运营和投资。实践中，社会保险基金进入市场投资有两种方式：一是政府直接设立公司或者其他商事主体，依照法律进行运作和监管；二是通过委托信托公司或是其他金融机构，由其代为运营，政府部门支付一定的佣金。这类公司具有投资的经验，同时更具专业性，因此收益率相较于第一种方式也更高。依照《社保基金条例》第10条第1款的规定，全国社会保障基金理事会将全国社会保障基金委托投资的，应当选择符合法定条件的专业

---

[1] 参见郑尚元、扈春海《社会保险法总论》，清华大学出版社2018年版，第321页。
[2] 参见钟秉正《德国长期照护法制之经验》，《长期照护杂志》2006年第2期。
[3] 参见郭士征《社会保险基金管理》，上海财经大学出版社2006年版，第108页。

投资管理机构、专业托管机构分别担任全国社会保障基金投资管理人、托管人。可见，我国目前采取的是通过委托第三方主体代为运作的经营方式。长期护理保险基金也应当采取同样的方式进行运营，因为首先，第三方金融机构更具专业性，能够保证稳定的收益。其次，委托第三方金融机构代为投资运营有助于减少成本。如果长期护理保险基金单独设立信托公司或是相关金融机构，便会产生多项新的开支，相较于委托第三方运营仅需支付定额的佣金，实是浪费公帑。最后，委托第三方金融机构对保险基金进行投资运营，基金管理机构通过公开招标选择合适的金融机构，有助于促使行业良性发展，也利于公众对运营的动向进行监督。《社保基金条例》第10条第2款和第3款规定，全国社会保障基金理事会应当按照公开、公平、公正的原则选聘投资管理人、托管人，发布选聘信息、组织专家评审、集体讨论决定并公布选聘结果。全国社会保障基金理事会应当制定投资管理人、托管人选聘办法，并报国务院财政部门、国务院社会保险行政部门备案。

就长期护理保险基金进入市场的渠道而言，有以下多种方式：

1. 政府公债

政府公债又称为政府债券，是社会保险基金投入最多的一种保值增值的产品。长期护理保险基金进入市场，也应当选择政府发行的债券作为主要的投资工具。第一，政府债券相较于其他金融产品，由于有国家信誉作担保，安全性较高，能够保证资金安全的前提在创造价值。第二，政府债券的利率一般低于银行存款利率，但是政府债券的利率可以通过干预来进行调整，在保证基金不受通货膨胀而贬值的情况下，可以确定一定额的利率来取得收益。政府公债是目前世界上社会保险基金投资最为普遍的一种项目，美国社会保险基金除了每月支付当期的社保费用之外，都用于购买联邦政府发行的长期国库券和短期公债；英国规定社会保险基金主要用于购买政府发行的公债；瑞典年金计划的基金全部投资于政府债券。[①] 长期护理保险基金购买公债，不失为基金运营的一种保值选择。

2. 金融产品

金融产品是指具有一定的经济价值，能够进行交易和兑现的非实物性的资产。具体而言，金融产品可以包括银行存款、公司债券、抵押债券、

---

① 参见林义主编《社会保险》，中国金融出版社2016年版，第77页。

股票等金融市场当中存在的产品。长期护理保险基金在运营时，可以选用金融产品进行保值增值的工具。社保类基金进入市场中，除了购买国债外，也会一部分流向金融产品的投资理财。我国社会保险基金的运营目前主要限制于国债和银行存款，其原因是国债和银行存款的低风险性，能够保证社保基金的安全，但是安全同时也限制了收益，在通货膨胀的背景下甚至难以达保值的目标。据统计，银行存款和政府公债的收益平均利率只在3%左右。[1] 与此同时，金融产品的增值和贬值的风险高于前述两种运营方式，因此，在进行金融产品的投资时，国家会限制运营中的社保基金流向金融产品的比例。[2]

3. 有形资产

有形资产的投资指将保险基金投入房产开发、基础设施建设等领域。有形资产的投资具有投资周期长、资金流动性弱、抵抗通货膨胀能力强的三个特点。长期护理保险基金因其提供护理的特点，实践当中，作为给付方式的机构护理需要相关设施，甚至建设养老社区，都需要土地提供护理场所和医疗场所，因此避不开有形资产的投资。与此同时，由于对有形资产投资一般具有较强的升值空间，且有形资产的投资需要大量的资金，这一点恰好与长期护理保险基金保值增值要求以及较丰厚的财力相匹配，因此，将长期护理保险基金投入有形资产当中是降低给付不能风险，实现正收益的合适选择。[3]

4. 信托产品

信托作为新兴的投资工具，近年来成为社会保险基金运营的一种投资选择。信托是双方基于信任关系，由受托人代为保管委托方的资产，为了委托方的利益而对资产进行管理的行为。有论者认为，信托和社会保险基金有着天然的契合性，即社会保险基金本身就是一种公益信托。社会保险基金是社会成员出于信任将资金委托给国家或者政府管理，从而消散社会

---

[1] 参见唐大鹏《社会保险基金风险管理》，东北财经大学出版社2015年版，第94页。

[2] 如《基本养老保险基金投资管理办法》第37条规定，投资银行活期存款，一年期以内（含一年）的定期存款，中央银行票据，剩余期限在一年以内（含一年）的国债、债券回购、货币型养老金产品，货币市场基金的比例，合计不得低于养老基金资产净值的5%；投资股票、股票基金、混合基金、股票型养老金产品的比例，合计不得高于养老基金资产净值的30%；投资国家重大项目和重点企业股权的比例，合计不得高于养老基金资产净值的20%。

[3] 据民政部门统计，一我国民政基本建设在建项目建设规模2029.3万平方米，全年实际完成投资总额188.0亿元；参见中华人民共和国民政部《2018年民政事业发展公报》，2019年8月15日，http://images3.mca.gov.cn/www2017/file/201908/1565920301578.pdf。

风险的基金。① 在法律构造上也有类似之处。长期护理保险基金如选用信托作为投资工具，不仅可以节约管理成本，在投资上也更具灵活性，有利于长期护理保险基金的保值增值。

三 长期护理保险基金的安全管理

（一）长期护理保险基金的运营风险

长期护理保险基金的重要目的是维护其自身的安全性。在基金运营投资的过程中，除了会面临市场带来的风险外，由于长期护理保险基金本身特殊性质，运营过程中还伴随着特殊风险。具体而言：

1. 市场风险

长期护理保险金进入市场投资，和其他金融市场中的投资者一样，需要面临市场中的投资风险。投资风险会导致资金的增减，从而影响长期护理基金的保险给付以及基金安全。首先，长期护理基金投资需要面对市场带来的价格风险。市场风险的主要表现是供需不平衡带来的价格波动，进而影响基金投资的收益。其次，我国的证券市场的不成熟也带来了新的融资风险。我国的证券市场中，上市公司多为国有控股企业，这些企业负担了国有资本对于融资的需求，部分缺乏上市条件的公司经过行政干预进入市场完成融资任务，不利于证券市场的良性发展。最后，长期护理保险基金投资需要面对市场的安全风险。我国目前的证券市场的管制主要依赖证监会的行政监管，法律制度建设落后于市场的发展，同时，不肖业者通过市场工具操作市场走向，使得基金在运营过程中面临着不健全的保障制度带来的安全风险。

2. 其他特殊风险

长期护理保险基金在运营过程中，由于长期护理保险需要土地和设施来提供保险给付的特殊性质，也有可能产生新的风险。长期护理保险的保险给付主要是服务给付，现实中，政府会和商业保险公司合作来建设护理机构，或是商业保险公司单独对土地进行投资，设立护理机构承接长期护理业务。从各国的实践来看，动用养老基金进行基础设施的投资是不少国家的选择。加拿大的社会养老基金大多数属于"现收现付制"的模式，且拥有公共部门持有的养老基金和私营部门持有的养老基金两大市场，基

---

① 参见黎建飞《社会保险基金信托法研究》，中国法制出版社2016年版，第193—194页。

金管理公司会将资本直接投入基础设施建设中；澳大利亚则创新性地创立了上市基础设施公司（基金）和非上市基础设施公司（基金）的方式进行基础设施投资；智利的养老基金通过购买基础设施公司的债券和股票方式来寻求收益。[①] 长期护理保险的给付方式和养老保险有类似之处，都是满足老年人的生活需求，所需要的设备和人力也并无太多差别，因此，不妨参照养老基金的投资模式，探索对基础设施的投资，以满足未来的护理需要。与此同时，长期护理保险基金的投资会有相当的部分流向土地或者是不动产领域，土地和不动产的价值受到市场和经济的影响，尽管目前呈现升值的趋势，可以实现长期护理保险基金保值增值的需求，但是仍然面临着诸多风险。第一，有形资产难以快速变现，不符合社保基金的流动性要求。在长期护理保险基金需要支付现金时，如果投资大部分变成有形资产，则支付缺口难以得到弥补容易引发社会矛盾。第二，有形资产在投资中会作为担保促成新的投资，使得有形资产上负担新的债务。从当前的规章制度来看，并未对本身具有社保性质的资产进行规定，而长期护理保险所进行的投资也可能因为抵押等行为而无法实现保险给付的目的。

（二）长期护理保险基金的运营管制

1. 运营管制的原因

所谓长期护理保险基金的运营管制是指对长期护理保险基金投资环节的管理和限制。长期护理保险基金进入市场意味着保险资金的流出，为了保证保险的按时给付不受市场的变动影响，需要设立配套的管理制度和投资限制措施。首先，长期护理保险的基金运用需要安全高效，受到监督，有利于保险的稳定运行。合理规制长期护理保险基金的运营方式，有利于保护基金的安全，有利于基金的长续运营。管理机构通过实现的风险识别、项目的预估来对投资环境进行评估，并且对于投资预期进行规划，使得投资处于风险可控的状态。

其次，合理规制长期护理保险基金的运营，有利于保险的稳妥升值。金融市场具有逐利性，投资人不仅会过于注重可能的收益而忽视基金安全，也有可能不能够理性的选择投资产品。长期护理保险基金的运营的目的是保值增值，基金运营所获得的收益能够使长期护理保险有足够的财力

[①] 参见袁中美《中国养老基金投资基础设施的可行性的理论与实证分析》，博士学位论文，西南财经大学，2011年，第114—140页。

提供更优品质的保险给付。

最后，合理规制长期护理保险基金的运营，有利于保险的灵活支出。资金的流动性是长期护理保险的特点，由于运营的合理规制，使得长期护理保险基金的运营能够不受市场盲目的引导，也能够及时应对可能出现的突发情况。资金处于安全保障的范围之内，投保人和受益人的支付需求能够及时满足。

2. 运营管制的方法

首先，设置合理的投资方案。

长期护理保险基金的投资方案的限制包括投资种类限制和境外投资限制。目前对于长期护理保险基金投资的种类限制尚无明文规定，从目前的实践来看一般也是参照社会保险基金投资的限制方式。就投资种类限制而言，分流投资基金的流向有利于分散风险，社保基金对投资做出了相对细化的规定，但是长期护理保险基金并无相关规定。[①] 基金的投资会受到限制。根据《社保基金条例》第6条第1款的规定，全国社会保障基金理事会应当审慎、稳健管理运营全国社会保障基金，按照国务院批准的比例在境内外市场投资运营全国社会保障基金。其中，需要对市场风险进行识别和控制。依照《社保基金条例》第7条规定，由全国社会保障基金理事会制定全国社会保障基金的资产配置计划、确定重大投资项目，应当进行风险评估，并集体讨论决定。全国社会保障基金理事会应当制定风险管理和内部控制办法，在管理运营的各个环节对风险进行识别、衡量、评估、监测和应对，有效防范和控制风险。风险管理和内部控制办法应当报国务院财政部门、国务院社会保险行政部门备案。全国社会保障基金理事会应当依法制定会计核算办法，并报国务院财政部门审核批准。长期护理

---

① 相近的如《全国社会保障基金投资管理暂行办法》的规定：(1) 投资银行活期存款，一年期以内（含一年）的定期存款，中央银行票据，剩余期限在一年期以内（含一年）的国债，债券回购，货币型养老金产品，货币市场基金的比例，合计不得低于养老基金资产净值的5%。(2) 投资一年期以上的银行定期存款、协议存款、同业存单，剩余期限在一年期以上的国债，政策性、开发性银行债券，金融债，企业（公司）债，地方政府债券，可转换债（含分离交易可转换债），短期融资券，中期票据，资产支持证券，固定收益型养老金产品，混合型养老金产品，债券基金的比例，合计不得高于养老基金资产净值的135%。其中，债券正回购的资金余额在每个交易日均不得高于养老基金资产净值的40%。(3) 投资股票、股票基金、混合基金、股票型养老金产品的比例，合计不得高于养老基金资产净值的30%。(4) 投资国家重大项目和重点企业股权的比例，合计不得高于养老基金资产净值的20%。(5) 养老基金不得用于向他人贷款和提供担保，不得直接投资于权证。就境内外投资比例而言。

保险基金在市场中面对的风险，与其他投资者所面对的风险并无差别。还需要设立长期护理保险基金托管人和管理人，可以使得基金的投资由专业人士掌握，发挥最大的价值。

其次，预先设立安全准备金。

从我国目前的长期护理保险实践而言，其沿袭了德、日实践中的"护理保险跟从医疗保险原则"①，与医疗保险基金共同使用账户，面临着医疗保险基金和长期护理保险基金界限不明的情况。无论长期护理保险是否能够进行独立筹资，都应当设立安全准备金以保障保险的安全运行。如我国台湾地区的"长期照护保险法草案"第61条规定："本保险为平衡保险财务，应提列安全准备，其来源如下：一、本保险每年度收支之结余。二、本保险之滞纳金。三、本保险安全准备所运用之收益。四、政府已开征之烟、酒健康福利捐。五、依其他法令规定之收入。本保险年度收支发生短绌时，应由本保险安全准备先行填补。"也有论者认为应当建立政府财政储备基金来防范未来的风险，即在财政收入较稳定的年度划拨一部分财政资金作为储备基金，在产生支付风险时来使用这部分资金，因此，安全储备金也被称为"战略储备基金"。②除此之外，还需划定最低投资收益率。

四　长期护理保险基金的运营监管

《扩大试点指导意见》中要求："建立健全基金监管机制，创新基金监管手段，完善运行管理办法，建立健全举报投诉、信息披露、内部控制、欺诈防范等风险管理制度，确保基金安全。"

（一）官方监管

长期护理保险基金的官方监管指的是公权力部门对基金进行监督和管理。首先，人民代表大会对长期护理保险基金进行监督。依照《社会保险法》第76条的规定，各级政府社保基金的监督机关是同级的人大常委会。③各级人大对于长期护理保险基金的发展进行全局性的监管，包括在

---

① 参见戴卫东《中国长期护理保险制度构建研究》，人民出版社2012年版，第215页。
② 参见曹信邦《中国失能老人长期护理保险制度研究——基于财务均衡的视角》，社会科学文献出版社2016年版，第216页以下。
③ 《社会保险法》第76条规定，各级人民代表大会常务委员会听取和审议本级人民政府对社会保险基金的收支、管理、投资运营以及监督检查情况的专项工作报告，组织对本法实施情况的执法检查等，依法行使监督职权。

每年的人大会期时听取报告，审议与长期护理保险基金有关的议案，同时进行决议。其次，政府各级部门对长期护理保险基金进行监管，依照《社会保险法》第78条和第79条，政府的财政部门、审级部门有权对社会保险基金进行监管，其职责较人大监管更为细化。① 除此之外，审计署也是社会保险基金的监督主体。② 政府部门享有行政权，能否直接参与基金的运转并作出决策，是我国目前社会保险基金监管的主要力量，是最有效的监管机构。③ 最后，金融机构对长期护理保险基金进行监管。依照《社保基金条例》第20条和第21条的规定，金融机构对投资管理人和托管人进行监督和管理。

（二）社会监管

长期护理保险基金的社会监管，指官方机构以外的社会力量对长期护理保险基金的运营进行监管。长期护理保险基金作为一项全民事业，其接受社会公众监督是其应有之义，法律也明确了社会力量对长期护理保险基金这样的社会类基金进行监管的权利。依照《社会保险法》第80条的规定，社会力量对基金的监管可以分为三个方面。首先，通过设立委员会的方式参与基金监管。统筹地区人民政府成立由用人单位代表、参保人员代表，以及工会代表、专家等组成的社会保险监督委员会，掌握、分析社会保险基金的收支、管理和投资运营情况，对社会保险工作提出咨询意见和建议，实施社会监督。其次，明确监督委员会对于基金的运营有审计的权利。社会保险经办机构应当定期向社会保险监督委员会汇报社会保险基金的收支、管理和投资运营情况。社会保险监督委员会可以聘请会计师事务所对社会保险基金的收支、管理和投资运营情况进行年度审计和专项审计。审计结果应当向社会公开。最后，监督委员会对社保基金的监管享有建议权，社会公众还享有长期护理保险基金运营的知情权。

---

① 《社会保险法》第78条和第79条规定，财政部门、审计机关按照各自职责，对社会保险基金的收支、管理和投资运营情况实施监督；社会保险行政部门对社会保险基金的收支、管理和投资运营情况进行监督检查，发现存在问题的，应当提出整改建议，依法作出处理决定或者向有关行政部门提出处理建议。社会保险基金检查结果应当定期向社会公布。

② 《全国社会保障基金条例》第22条和第23条的规定，审计署对全国社会保障基金每年至少进行一次审计。审计结果应当向社会公布。全国社会保障基金理事会应当通过公开招标的方式选聘会计师事务所，对全国社会保障基金进行审计。

③ 参见郑尚元、扈春海《社会保险法总论》，清华大学出版社2018年版，第337页。

第三节 保险给付

长期护理保险的保险给付指在被保险人丧失生活自理能力后，保险人需要按照保险合同的约定，根据被保险人的失能等级向被保险人支付现金，使被保险人能够负担接受护理服务的费用，或者直接与第三方护理机构合作为被保险人提供护理服务。长期护理商业保险的保险给付由当事人约定，给付条件、范围、顺位都应当根据投保人与保险人的约定而得以确定，各种可能方案能够产生多种排列组合，可见，长期护理商业保险的保险给付难以划定统一标准，基于此，本节内容主要讨论长期护理社会保险的给付问题。

一　保险给付的申请条件

失去生活自理能力是被保险人获得保险给付的前提条件，《指导意见》中指出，我国长期护理保险的保障范围是："长期处于失能状态的参保人群为保障对象，重点解决重度失能人员基本生活照料和与基本生活密切相关的医疗护理等所需费用。"当被保险人失去生活自理能力后，需要向长期护理保险机构失能等级评估机构提出需求评估申请。评估机构根据申请人的日常生活能力和日常生活中使用器具的能力对申请人的失能程度进行等级划分。只有当申请人的失能等级达到保险合同中约定的保险给付的标准时，申请人才能获得保险给付。明确长期护理社会保险给付的申请条件，对长期护理社会保险的发展具有特殊意义。

首先，明确长期护理社会保险的申请条件，是实现公平社会的应有之义。讨论长期护理社会保险如何认定"失能"是长期护理社会保险给付的关键因素。进而言之，考虑什么样的社会成员能够享受政府提供的长期护理服务，是在谈论保险给付条件时真正讨论的问题。长期护理社会保险的理想是"老有所养"，要求保险在给付时能够将提供的服务或者资金交到真正需要的人手中。同时，如果相关人群不满足保险给付条件，就意味着这一群人在现阶段并不需要社会提供护理服务。识别出服务的需求者，能够促进社会资源的公平分配。

其次，明确长期护理社会保险的申请条件，是实现护理保险可持续运营的前提。通过给付的申请条件，实际上是为保险资源的流出设置了一道

"闸门"。长期护理社会保险的任务不是满足国家或者社会一时的养老之需,而是能够实现国家的养老职能,为社会提供护理服务。但是,长期护理社会保险的资源是有限的,设置给付条件能够让真正有需求的人获得保险资源;再通过设置有差别的给付条件,又能够让不同程度失能的被保险人获得合理的保险给付。控制保险给付资源的合理分配,有利于促进长期护理社会保险的可持续发展。

(一) 保险给付的条件构成

不同实施长期护理保险的国家和地区在保险给付条件的规定上也并不相同。首先,"失能"是获得保险给付的必需条件,生活能够自理的正常人不能享受保险给付,自无疑问,问题是如何认定"失能"的标准。不同国家和地区对于失能人员的认定标准进行了分类和量化,其条件、标准也不一而足。需要注意到的问题是,保险给付条件在各地的实践中即便存在区别,但是实践中显现出的共同点是:保险给付出现阶梯式的等级格局。但需要明确的是,"失能"并非被保险人获得保险给付的唯一要求,除此之外,国家养老资源有限,需要合理地向社会分配护理资源,因此保险管理机构也会设置了其他条件来增加获得给付的门槛。

1. 德国

德国的长期照护保险以严格著称,其对保险给付的门槛要求相当之高。德国对于受益资格的判定是从目的出发的,对于长期护理保险有需求的人都可以依法申请,而对于具体的年龄和收入则不在考虑范畴。[①]这种长期护理服务的需求在德国立法上被称为"照护的需求性"(Pflegebedürftigkeit),指当被保险人的身体、心里产生疾病或者产生障碍,导致日常生活持续性、规律性地被照顾6个月时,就满足"照护需求性"的要件。[②] 在被保险人提出保险给付的需求之后,由专业机关来对被保险人进行鉴定,一旦鉴定成立,再由保险人按照被保险人的情况划分照护等级。

2. 日本

日本的长期护理保险给付采"申请—评估"的制度,将失能的被保险人分成两类。原则上只要是65周岁以上或者是40周岁以上不满65周

[①] 参见钟秉正《德国长期照护法制之经验》,《长期照护杂志》2006年第2期;戴卫东《OECD国家长期护理保险制度研究》,中国社会科学出版社2015年版,第49页。

[②] 参见林谷燕《长期照护保险制度之立法建议——以德国长期照护保险法为借镜》,《高龄服务管理学刊》2011年第1期。

岁患有老年性疾病的人都可以申请保险给付。申请后再由申请人所在的地区政府对其进行评估，来判定申请人是否符合保险给付的要求。①

3. 韩国

韩国在长期护理保险制度上借鉴了日本的经验，在制度上有很多相似之处，就保险给付的申请条件而言，只在年龄上有差别。韩国在保险给付的申请年龄上条件较之日本更加宽松，65周岁以上或者65周岁以下患有老年疾病的被保险人都有申请保险给付的资格。同时，和日本一样，申请者都要经过政府部门的评估和鉴定。②

4. 以色列

以色列从以下三个方面综合判定被保险人是否享有获得保险给付的资格：（1）年龄：60岁以上的女性和65岁以上的男性；（2）收入：只有低收入人群才有资格享受法定长期护理服务；（3）失能程度。③

5. 我国台湾地区

我国台湾地区的长期护理保险"立法"主要借鉴德国立法，就申请保险给付的条件而言，要求被保险人因失能而存在接受护理服务的需求，但是就申请条件而言，因我国台湾地区的特殊民情又有所不同。具体而言，我国台湾地区长期照护（照顾）的服务对象为：（1）65周岁以上的老人；（2）55周岁以上的山地原住民；（3）50周岁以上之身心障碍者；（4）仅IADLs失能且独居之老人。

6. 中国大陆试点地区

我国长期护理保险试点地区所规定的保险给付条件也各式各样，并不统一。表4-5是部分试点地区的保险给付条件汇总。

表4-5　　　　　　　　部分试点地区保险给付条件

地区	保险给付条件
上海	（1）60周岁以上；（2）评估的失能等级达到当地评估等级二至六级；（3）评估有效期内参与长期护理保险

---

① 参见高春兰《老年长期护理保险给付对象的登记评定体系研究——以日本和韩国为例》，《社会建设》2016年第3期。
② 参见高春兰《老年长期护理保险给付对象的登记评定体系研究——以日本和韩国为例》，《社会建设》2016年第3期。
③ 参见戴卫东《OECD国家长期护理保险制度研究》，中国社会科学出版社2015年版，第31页。

续表

地区	保险给付条件
广州	(1) 参加长期护理保险；(2) 日常生活活动能力评分不高于40分或者痴呆症患者日常生活活动能力评分不高于60分
重庆	(1) 当年参加了长护保险且正常享受职工医保待遇；(2) 长期卧床或经过6个月以上治疗，病情稳定；(3) 评定的等级达到重度失能标准
齐齐哈尔	(1) 参加长期护理保险；(2) 经过不少于6个月的治疗；(3) 经评定符合重度失能标准

我国在确定保险给付条件时，主要从申请人是否投保、年龄和失能状况等因素进行判断，不考虑申请人的收入条件。分析我国目前不同地区的申请条件，可知：

（1）参加长期护理保险是获得长期护理保险给付的最基本前提，所以在判定是否进行保险给付时应当考虑这一点。但目前的问题是，部分地区并没有将长期护理保险单独作为一项社会保险的险种进行缴费，而是将其纳入在医疗保险或者养老保险的制度中进行划扣缴费，长期护理保险作为一种独立社会保险险种的性质并没有得到彰显。

（2）"失能"作为获得保险给付的基本条件，各地尚无统一的标准。失能状况是进行保险给付时最重要的考虑因素，理应成为保险给付的条件之一，但何种失能状况才能获得保险给付是一大问题，各地区的标准都不一样，各有利弊，但不能忽视的一点是在制定相关标准时应当将等级评定标准细化，并通过多等级划分以满足人们对长期护理的不同需求，并尽量将有长期护理需求的人群覆盖。

（3）"失能"需要经过评估程序。从我国的试点城市的经验来看，被保险人提出支付保险的申请后并不是当然获得照顾服务，而是要经过有关机构的评级和打分，评定自身失能等级后来获得服务。这是因为被保险人的护理需要并不等于护理需求，如被保险人虽然因为老年疾病导致不能从事部分家务活动，但是其有家人能够辅助生活，或者有足够的财力支付雇用他人护理的工资，这种情况可能没有达到长期护理保险支付的条件，如果向该类被保险人进行保险支付，有浪费社会资源的嫌疑，使得真正需要护理服务的被保险人不能获得合理的给付，这一类情况就是有护理的需要但是没有护理的需求。通过设置评估程序，由专业人士按照既定标准对被保险人的失能情况进行评估，可以防止浪费长期护理社会保险的护理资源。

(二)"失能人员"的认定标准与中国实践

1."失能人员"的认定标准

长期护理保险制度中,"失能"是一个非常重要的概念。狭义的"失能"主要是针对老年人而言,指的是对于患有慢性疾病、心理损伤等具有身体功能缺陷的人,无法正常进行正常的日常活动。广义的"失能"除了涵盖老年人外,还包括因上述问题导致生活活动障碍的一般人群。向"失能"人群提供护理服务是长期护理保险诞生的意义,判定何种情况属于"失能"也是长期护理保险作为社会保险如何再分配社会资源的问题。既然长期护理保险所帮助的对象是帮助社会中的失能人群,那么,究竟应当如何准确定义失能人群呢?医学上对于"失能"并没有一个标准的定义,在长期护理保险制度中,对待"失能"的认定基本上达成了一个共识:即失能意味着被保险人身体功能和认知功能的丧失。研究护理保险的著名学者佛罗里克(Frolik)曾谓:"长期护理可以定义为向那些身体或精神状况不允许他们充分照顾自己的个人提供援助。"[①] 各国的实践中,也是采取了身体健康和精神健康两个指标作为判断失能的标准。如美国加利福尼亚州通过的保险法典(California Insurance Code Section)中对于接受长期护理保险给付资格的要求是满足下列两个条件之一:(1)两项日常活动的损害(Impairment of two activities of daily living);(2)认知能力的损害(Impairment of cognitive ability)。

如何判定被保险人是否为失能状态,实务当中有多重标准。就身体功能而言,国际上目前通行的评定标准是 ADLs(Activities of Daily Living)及 IADLs(Instrumental Activities of Daily Living)两套评定工具。主要从被测试者的精神状态、行为、生理等几十个被测内容来进行打分评定,除此之外,巴氏量表(Barthel Index)也是我国试点城市中常见的判定失能人员的一套标准体系。而认知功能的判定一般会使用简易心智状态问卷调查表(Short Portable Mental Status Questionare,SPMSQ)或者建议智力状态测试表(Mini-Mental State Exam,MMSE)来进行评测。以杭州市为例,被保险人欲要获得长期护理保险给付,需要完成多项内容的评测:首先,需要完成基本的日常生活活动能力评估和认知功能评测。其中认知功能的

[①] Lawrence. A. Frolik, "Paying for Long-term Care", 17 *Experience* 35, 35 (2006).

评测包括认知能力评估（MMSE）和精神状态与社会交流能力评估。其次，还需要完成被保险人的其他情况的背景调查。包括疾病状况、医疗护理依赖程度、抑郁程度等情况，以期为保险给付提供更精准的数据。

2. 我国对"失能人群"认定的实践与探讨

已如前述，在长期护理保险的语境下，"失能"有着多种意义，"失能"不仅意味着是保险给付的条件，还意味着对被保险人的自身情况进行评估，使其获得与失能等级匹配的保险给付。长期护理保险的主要目的是让失能的生活人员获得基本的生活需要，因此对于"失能人员"如何进行界定则具有重要意义，也是保障该制度发挥效用的前置条件。

从另一个角度来看，"失能人员"的界定标准与资格认定其实也关乎对被保险人需求的评估。我国目前处于长期护理保险发展的探索期，当下的实践造成了"失能"的认定和保险给付的资格认定不能衔接的现象，这是因为我国目前缺乏统一的"失能"认定标准，有参考意义的《指导意见》对于保险对象的划分也是语焉不详。《指导意见》第5条规定，"重点解决重度失能人员生活照料和与基本生活密切相关的医疗护理等所需费用"。从该条文的文义理解来看，其并未将非重度失能人员排除在保障范围之外，而只是侧重满足重度失能人员的长期护理需求。因此，何种程度的"失能人员"可以享受保险给付，《指导意见》并没有进行明确规定，不同的试点地区对于这一条款也存在一定的分歧，因此出现了关于"失能程度"的不同判定进路。

（1）现有的失能认定模式

第一种模式是以"重度失能"为保险给付资格的判定标准，如吉林市、宁波市、齐齐哈尔市等。第二种模式是对参保人员的失能程度进行评估分级。如北京市海淀区、上海市、成都市、安庆市、荆门市、广州市、南通市、石河子市、青岛市、通化市等。

在上述第二种模式中，对于"失能程度"的评估一般是按照既定评定量表对参保人员的自理能力情况进行打分评定，例如：北京市海淀区以日常基本生活中吃饭、睡觉、穿衣、如厕四项基本生活能力为标准将"失能"分为三级：轻度失能（一项丧失）、中度失能（二至三项丧失）、重度失能（四项丧失）。安庆市在文件中规定须有不少于2名专业人员对申请人生活自理情况进行评定，专业人员可以针对申请人的失能情况进行走访调查，在评定结束后，依照《日常生活活动能力评定量表》对申请人进行评分，总分低于 40 分（含 40 分）的即符合重度失能标准，才能被确定为长期护理保险的保障对象。成都市也以丧失生活自理能力的程度进行失能评定，按照《成都市成人失能综合评估技术规范》将重度失能分为重度一级、重度二级、重度三级。此外，荆门市、广州市、南通市、石河子市也有类似的规定。而值得注意的是，上海市在对失能人员评定的过程中，除"自理能力"外，还引入了"疾病轻重"这一衡量维度。根据《上海市长期护理保险试点办法》第 8 条对评估认定的规定，上海市还专门制定了《关于全面推进老年照护统一需求评估体系建设的意见》和《上海市老年照护统一需求评估标准（试行）》作为失能人员失能程度的评估依据。将失能程度评估结果分为：正常、照护一级、照护二级、照护三级、照护四级、照护五级、照护六级，并且建议二级及以上医疗机构就诊。评估的等级由自理能力和疾病轻重两个维度的得分值决定，分值范围为 0—100 分，分值越高表示所需护理的等级越高。由此可以看出，上海市对于失能人员自理能力的评估内容既包括了生理性失能与精神性失能，具有一定的合理性。

最后，在《扩大试点指导意见》中，对于"失能"的持续时间作出了要求："经医疗机构或康复机构规范诊疗、失能状态持续 6 个月以上，经申请通过评估认定的重度失能参保人员，可按规定享受相关待遇。"

表 4-6　　部分地区失能等级认定对申请人所作的评估内容

地区	评估内容
上海	A. 自理能力：日常生活活动能力；工具性日常生活活动能力；认知能力； B. 疾病轻重：慢性阻塞性肺病、肺炎、帕金森病、糖尿病、脑出血、高血压、晚期肿瘤、冠状动脉粥样硬化性心脏病、脑梗塞、下肢骨折
广州	A. 日常生活活动能力评估（Barthel 表）；B. 痴呆；C. 体内是否保持管道；D. 瘫痪或运动障碍；E. 慢性疾病
青岛	A. 基本情况：基本信息，疾病情况，特殊医疗护理需求，近 30 天内意外事件，营养情况； B. 能力评估：日常生活活动评估；精神状态评估；感知觉与沟通评估；社会参与评估

（2）"失能人员"认定模式的探讨

结合我国目前的实践，可见实践中存在以下问题：

第一，我国目前对于"失能"的认定标准尚没有统一。对于保险给付的对象而言，以"完全失能"作为获得给付的条件也不妥当。《指导意见》并没有对"失能人员"的"失能程度"作出严格限定,尽管我国正努力地将长期护理保险打造成为一种全民参保的社会保险,但是其中真正完全失能的人员占比并不高,如果仅以重度失能作为唯一的判定标准,那么可以被认定为"失能人员"的对象将被进一步限缩。用"重度、中度、轻度"的失能标准,则有赖于进一步明确失能程度的具体标准,这会增加解释的成本。对申请保险给付人员的失能情况按照不同等级进行评定是可供采取的选择,未来在全国正式推行长期护理保险时,不妨参照上海等一些城市的做法,直接通过一定的评估程序,对被保险人的失能程度予以等级评估,以评估的等级结果来认定是否属于长期护理保险中的"失能人员",并按照评估等级提供相应级别的长期护理服务。

第二,由于"失能"认定的标准尚没有统一,此时便又衍生出新的问题,即是否应当制定出一套失能人员的认定标准?从我国部分城市现行的具体评估内容来看,其基本上是审核被保险人是否存在生活能力上的障碍,进而再审核被保险人是否存在其他生理疾病,通过不同的组合方式为被保险人打分定级,提供不同等级的给付待遇。长期护理保险在未来的发展中,势必会遇到需求评估如何在全国范围内统一标准化的问题,因此,结合我国实践与世界其他国家经验,被保险人的需求评估应当从多个维度进行设置。

第三,关于"失能老年人"是否是保险给付人群的唯一对象。失能人群已经是获得长期护理保险给付的对象,则会出现一个一个新的问题,失能人群是否限定为老年人?实际上,早在21世纪之初就有人提出,长期护理不仅仅是老年人群需要面对的问题,同样也是在事故中遭遇严重伤害,或是罹患衰竭性疾病的年轻人、中年人所要面对的问题。[1] 持此观点的长期护理政策研究者并不在少数,有学者也指出,既然长期护理保险是以被保险人的身体功能和认知功能为标准来判断是否需要给付,也就不限于老人才会需要长期护理,所有具有功能障碍影响自我照顾的失能者均能成为长期护理的对象。[2] 尽管长期护理保险的保险对象是一国的全体国民,但是各国实践中,似乎都将长期护理保险作为解决"老龄化社会"的一项举措。比如在以色列,女性享受长期护理保险给付的年龄是60岁,男性则是在65岁享受护理保险服务;在日本,依据《介护保险法》第10

---

[1] Robert R. Pohls, "Long Term Care Insurance", *Brief*, Vol. 32, 2002, p. 28.
[2] 参见徐慧娟主编《长期照护政策与管理》,洪叶出版社2013年版,第7页。

条的规定，40岁是享受长期护理保险给付的最低年龄。在我国的实践中，长期护理保险也是作为国家解决养老问题所推出的新的险种，《指导意见》就明确指出："探索建立长期护理保险制度，是应对人口老龄化……的战略举措。"似乎从长期护理制度在酝酿时，其所覆盖的人群就仅仅针对老龄失能人群。事实上，长期护理保险确实为老龄化社会所应运而生的产物，因为老龄化社会中长期护理的需求更为突出，这侧面也反映了失能风险与年龄的增长是一组正相关的关系，但这并不意味着非老龄化群体没有长期护理需求，不能享受长期护理服务。如上所述，除老年人外，其他年龄阶段的人也有可能因残疾或者精神疾病丧失生活自理能力，他们也有接受长期护理的需要，所以在确定长期护理保险的保险给付时，不应当只考虑年龄因素。但目前我国长期护理保险制度处于初步实施阶段，宜先将老年人纳入被保险人范围之内，待将来条件成熟后，再纳入其他年龄阶段有照护需求的人，让长期护理保险从关注老年人的护理需求转向关注社会失能人员的护理需求。考察我国各试点城市的政策，在大多数城市中年龄并不是被保险人能否获得长期护理保险给付的前提条件（参见表4-7）在最早实施试点的15个城市中，除了上海市政府要求享受护理保险待遇的须年满60周岁以上外，其他城市还是按照因"年老、疾病、伤残等导致长期失能"作为获得护理保险给付前提，并未限制被保险人的年龄。可见，长期护理保险的受众本不应以年龄为限制，因为从护理需求来看，并非老年的失能人群才对护理服务产生需求。那么，将年龄设置为享受长期护理保险给付的前提似乎是为了确保投保人缴纳更多的保费，同时减少被保险人接受护理服务的时间。因为，如果规定投保人达到一定的年龄才可以享受保险给付，那么意味着投保人要进行更长时间的保费，同时，也意味着投保人所能享受保险给付的时间会更短。是否将所有失能人员都纳入长期护理保险的关键在于长期护理基金是否有能力承担所有失能人群所需的护理成本。据测算，2011年的长期照料总成本区间为702.2亿—1878.4亿元，2050年的长期照料总成本区间为17654.4亿—472377亿元。长期照料总成本占GDP的比重会从2011年的0.25%—0.66%增长到2050年的0.64%—1.80%。[①] 可见，长期护理保险的基金运营面临着巨大的压力，向所有年龄段的失能人员提供保险给付能否保证长期护理保险基金的

---

① 参见总报告起草组（李志宏等）《国家应对人口老龄化战略研究总报告》，《老龄科学研究》2015年第3期。

可持续运行,是保险人设置给付条件时需要面临的问题。成都市的做法具有参考意义,其要求被保险人在享受保险给付时需缴满 15 年的保费,若未缴足 15 年,可按标准一次性补足缴费年限后享受相关待遇。

表 4-7　　　　　　　　试点地区享受保险给付最低年龄

试点城市	享受保险给付的最低年龄
青岛①	无年龄要求
长春	无年龄要求
上海	(1) 参加职工医疗保险:60 周岁 (2) 参加城乡居民基本医疗保险:60 周岁
广州	无年龄要求
齐齐哈尔	无年龄要求
南通	无年龄要求
安庆	无年龄要求
成都	无年龄要求
荆门	无年龄要求
上饶	无年龄要求
苏州	无年龄要求
承德	无年龄要求
重庆	无年龄要求
石河子	无年龄要求
宁波	无年龄要求

二　保险给付的实现方式

(一) 保险给付的方式

长期护理保险的给付是指在发生约定或者法定的给付条件后,保险人向被保险人提供福利服务或者现金给付的行为。从比较法的实践来看,除

---

① 《青岛市长期护理保险暂行办法》已于 2020 年 3 月 31 日失效。

了上述两种给付方式,有的国家或者地区可能还会通过提供康复器具、提供培训等方式,来作为保险给付的方式。①

1. 实物给付

实物给付又称服务给付,是指向被保险人提供专业护理服务的给付方式。实物给付又可具体细化为居家护理服务、社区护理服务、专业机构护理服务。② 从世界其他国家的实践来看,实物给付是长期护理保险给付的首要选择,大部分国家鼓励选择实物给付,有的国家甚至没有现金给付这一选项。这是因为:第一,建立长期护理保险的目的是向不能正常生活的老龄群体提供护理服务,即由社会承担老年人的赡养义务,如果鼓励被保险人选择现金给付,那么建立长期护理保险的目的就无法得到彰显,长期护理保险则必然成为医疗保险或者养老保险。因此,只有在特殊的条件下,被保险人才可以选择现金给付的方式。我国《扩大试点指导意见》中也明确了实物给付优先的原则,即"鼓励使用居家和社区护理服务"。第二,实物给付更符合被保险人的护理需求,也能够体现长期护理保险作为一种社会保险的人文关怀。以德国模式为例,德国的护理机构倾向于让被保险人在家中接受护理服务。家中的环境能够让被护理人员感到亲切熟悉,从而体现人文关怀的价值,也可以帮助被保险人改善心态,提高治疗效果。③

(1) 居家护理

有长期护理需求的被保险人在家中享受专业人士提供的护理服务,谓之居家护理。居家护理是现阶段采取比较广泛的一种实物给付方式。居家护理服务根据提供服务的性质和被保险人需求的性质不同,存在居家的健康护理和居家的生活护理两种形式。前一种主要是指由专业人员在被保险人的家中对被保险人的身体健康提供专业服务。④ 因此,居家的健康护理主要是由护理人士通过对被保险人提供护理、营养、康复以及心理健康治疗来完成保险给付。

居家生活服务指服务提供者协助被保险人进行一些生活与社会活动,在居家生活服务的给付当中,并不一定要求由专业人士来进行服务,非专

---

① 参见梁亚文、徐明仪《德、荷长期照护保险之比较》,《护理杂志》2010 年第 4 期。
② 参见刘亚娜等《美国长期照护服务与支持体系受益分析及对中国的启示——从美国医疗补助视角考察》,《理论月刊》2015 年第 12 期。
③ 参见戴卫东《中国长期护理保险制度构建研究》,人民出版社 2012 年版,第 187 页。
④ 参见徐慧娟主编《长期照护政策与管理》,洪叶出版社 2013 年版,第 86 页。

业人士同样可以参与护理服务。具体而言，居家生活服务包括对被保险人的生活环境整理；个人仪容仪表的整理；协助被保险人进行一些社会活动，如协助被保险人履行一些工作上的职能，协助被保险人收发信息，协助被保险人参与社区实务等事项；居家外出服务等。由于护理保险的内容和医疗保险的内容有重叠之处，居家服务中的医疗人员上门为被保险人提供护理服务属于何种险种一直存在争议，因为医生上门为患者提供护理服务涉及最终费用的承担属于医疗保险还是护理保险。从国外实践来看，韩国的长期护理保险立法当中并没有将医生上门服务作为长期护理保险给付的内容。①

居家护理服务对于不同的被保险人提供不同的帮助，换而言之，只要是被保险人在家中可能会遇到的问题，居家护理服务都有可能涉及。如日本的居家服务共有13种，基本上涵盖了日本社会中的老年人居家护理时可能遇到的各种情况，包括访问照护；上门洗澡服务；访问看护；居家护理管理指导；日间照料；日渐康复；短期照料；短期看护；特定记否入住者生活照护；护理用具租借；特定护理用具购买；住宅改造支持费用。

最后，居家护理服务通常和社区护理服务结合起来一同提供。提供服务的给付方式中，居家护理服务的内容包括饮食护理、排泄护理、安全护理、清洁护理、疾病预防护理等项目，按照被保险人的失能严重程度来确定护理人员每天或每周提供服务的时间与次数。

（2）社区护理

社区护理服务是指在社区中为失能的被保险人提供护理服务。就社区护理所能提供的服务而言，也能够区分为社区健康护理和社区生活护理两种类型。社区护理服务通常与居家护理服务结合起来共同为被保险人提供较为全面的长期护理服务，社区护理服务能够弥补居家护理服务的不足之处，同时满足有相同或类似护理需求的人。

此外，还有一些相对独特的社区护理方式在实践中广泛运用。如我国台湾地区在社区护理中采用"家庭托顾"的形式，架起了家庭护理和社区护理的桥梁。所谓"家庭托顾"是指正式受训的护理员，在自己的家中进行环境改造后，可以径直收容失能的被保险人，被保险人白天在护理

---

① 参见高春兰《老年长期护理保险制度——中日韩的比较研究》，社会科学文献出版社2019年版，第142页以下。

员家中接受护理服务,晚上又回到自己的家中。这种模式类似于未成年人的托管,因此这种模式又被称为"托老所"。由私人业者获得审批许可后开展业务,在我国台湾地区已经渐成风气。这种模式照顾了有自己家中有护理资源的被保险人,可以在家人上班工作的时间接受护理服务。[1] 我国台湾地区同样注重社区当中失能人员的社会参与,社区会提供一些场所供老人进行社交,由于民间宗教祭祀等活动较为频繁,因此也在社区中设立庙会或者教堂等场所,供老年人使用、参与社交。

日本的社区护理机构较为成熟,"社区综合支援中心"是日本的社区护理综合机构,由专门的介护师和护理师担任中心的负责人。"支援中心"在整个长期护理保险的运作中扮演着相当重要的角色。第一,"支援中心"向社区的居民提供护理知识以及护理服务的相关信息,被保险人中以老年人为数众多,老年人大多并不会通过网络的方式来获取信息,社区中设有"支援中心"实际上也为这一部分居民解决了护理信息缺乏的问题。在被保险人或者被保险人的家属申请保险给付时,"支援中心"可以提供相关认定和信息。第二,"支援中心"也会在社区中进行排查和走访,主动寻找失能人员,并且日本的长期护理保险给付中包含了主动访视的费用,提倡社区护理机构来寻找社区中的失能人员。[2] 第三,"支援中心"能够为被保险人介绍护理资源,起着"中介"的作用。最后,"支援中心"能够监管护理服务的品质。"支援中心"主要对被评定为不同等级失能的被保险人开展介护的专门管理、对特定高龄老年人介护预防专门管理、构建介护社区管理师支持网络,能够有效地监督护理服务提供的质量。值得注意的是,日本以社区护理为中心,开创性地设置了"支援介护"(预防性给付)这一服务模式,能够提前识别失能的被保险人,也能够为一些轻度失能或者身体素质较差的被保险人提供预防和治疗服务。

(3) 机构护理

机构护理也是一种护理模式,主要指的是通过资源整合的方式对被保险人进行服务。机构护理模式可以为被保险人提供更加全面的护理服务,但是也有一定的弊端,这种护理模式的成本较高,普及较为困难。

机构护理模式包括机构喘息服务、老人保健设施、辅助住宅、老人住

---

[1] 参见徐慧娟主编《长期照护政策与管理》,洪叶出版社2013年版,第93页。
[2] 参见徐慧娟主编《长期照护政策与管理》,洪叶出版社2013年版,第93页。

宅、疗养院。机构护理是保险给付能够提供的护理服务中最具专业性的一种模式，因此对于被保险人能够获得给付也有着高要求。如日本的专业护理机构"老人护理保健机构""护理疗养型医疗机构"等，能够进入机构护理的老人一般是"时刻需要给予护理"的老人，其机构护理能够提供的服务包括老人护理保健设施的全面护理、老人护理福利设施的医疗护理、护理疗养型医疗设施的疗养护理。①

如韩国的承担机构护理职责的机构为老年护理机构和老年护理共同生活家庭。老年护理机构是对失能的被保险人提供生活便利的护理机构，而老年共同生活家庭为患有阿尔兹海默症和中风的老年人提供像家庭一样饮食和照护的家庭。能够享受机构护理的是后的护理保险一、二等级认定的失能被保险人。② 即便社会保险制度最成熟的德国在其社会法典中提倡居家护理，但是其也没有放弃机构护理的给付模式。德国的机构护理分为半机构护理和全机构护理，负责护理的机构一般是医疗机构。其中半机构护理包括日间护理和夜间护理，仅在一天的特定时段负责失能被保险人的生活护理，③ 类似于我国台湾地区的"托老所"；而全机构护理则包括基本护理、医疗护理和社会照顾，其中，保险对于全机构护理的费用仅仅包括与护理有关的支出、药物治疗护理的支出以及社会照料的支出，并不包含食宿费用。④ 德国对失能的被保险人实施分级制度，因此不同等级的被保险人所享受的给付待遇也是不同的。

如果欲推行机构护理，需要面对的一大难题是大需求和小供给的矛盾。以针对老年人群的养老机构为例，据民政部门的统计，我国目前各类民政服务机构和设施拥有床位755.9万张，但是每千人口社会服务床位数只有5.4张。⑤ 长期护理保险的被保险人涵盖除了失能老人之外，还包括因病失能和因残失能的人群，护理机构数量很难满足我国日益增长的护理需求。

---

① 参见戴卫东《中国长期护理保险制度构建研究》，人民出版社2012年版，第189页。
② 参见高春兰《老年长期护理保险制度——中日韩的比较研究》，社会科学文献出版社2019年版，第143页。
③ 参见仲利娟《德国长期护理保险制度的去商品化及其启示》，《河南社会科学》2018年第7期。
④ 参见赵斌、陈曼莉《社会长期护理保险制度：国际经验与中国模式》，《四川理工学院学报》（社会科学版）2017年第5期。
⑤ 参见中华人民共和国民政部《2018年民政事业发展公报》，2019年8月15日，http：//images3.mca.gov.cn/www2017/file/201908/1565920301578.pdf。

2. 现金给付

现金给付方式中，被保险人可以选择用获得的现金补贴支付相关专业长期护理费用，也可选择由家人或朋友提供非专业长期护理服务。现金给付并不是长期护理保险提供的给付方式中的首要选择，主管机构意在避免直接向被保险人单纯地支付现金。如德国的被保险人若是选择居家护理，主管机构会依据被保险人的申请来提供一定额度的护理金，向其家属或者护工支付补贴或者报酬。韩国也是如此，韩国长期护理保险的支付也是以服务为主，现金为辅，现金给付的条件相当苛刻。韩国政府在制定《长期护理保险法》时认为如果为家庭成员的护理提供现金，不利于护理监管，很难查证被保险人是否获得了保险服务。其次，即便被保险人获得家庭护理，这种护理也不是专业的，给付质量上同样难以保证。[1] 我国目前的保险给付中，现金给付同样存在着监管的现金是直接向失能的被保险人支付，即便被保险人接受的是机构护理，其依然可以收到保险公司支付的一定保险金，而非是护理机构收到保险金，失能的被保险人可能并不会将给付的保险金用于支付护理费用。

现金补贴的用途和被保险人在何处接受长期护理照顾等方面并没有过多限制，但是一般的现金补贴并不是足额支付，只能按照被保险人接受护理服务所需开支的一定比例支付，这一规定是为了鼓励更多的人选择接受护理服务方式。比如在日本的长期照护保险的支付方式中，并不支持现金给付的方式，仅支持服务给付。这是因为日本的家庭保护的社会氛围更加浓厚，如果被保险人可以获得更好的照顾，则不可以再享受护理服务。这种模式也反映了日本对于长期护理保险的价值取向。[2]

3. 我国的实践与探索

（1）我国目前保险给付的实践

我国在长期护理保险的保险给付范围上，根据《指导意见》保障范围来看，长期护理保险制度重点解决重度失能人员基本生活照料和基本生活密切相关的医疗护理等所需的费用。试点地区可根据基金承受能力确定重点保障人群和具体保障内容，并随经济发展逐步调整。各试点已出台的

---

[1] 参见高春兰《老年长期护理保险制度——中日韩的比较研究》，社会科学文献出版社2019年版，第146页。

[2] 参见高春兰《老年长期护理保险制度——中日韩的比较研究》，社会科学文献出版社2019年版，第100页。

相关文件也充分贯彻了上述指导意见的精神，形成了几种保险给付类型。各地区长期护理保险的保险给付范围如表4-8所示：

表4-8　　　　　　　　试点地区长期护理保险给付形式

序号	试点地区	服务形式
1	北京市海淀区	居家照护服务、社区照护服务、机构照护服务、其他照护服务
2	青岛市	医疗照护服务、医养院护服务、居家照护服务、社区巡护服务
3	成都市	机构照护服务、居家照护服务
4	荆门市	居家护理、养老机构护理、医院护理
5	广州市	居家护理、机构护理
6	长春市	定点机构护理服务
7	南通市	机构照护服务、居家照护服务
8	齐齐哈尔市	医养护理服务机构服务、养老护理服务机构服务、居家护理服务
9	上海市	社区居家照护、养老机构照护、住院医疗护理
10	上饶市	居家护理、机构护理
11	石河子市	机构护理（协议服务机构、非协议服务机构）、居家自行护理
12	苏州市	医疗机构住院护理、养老机构护理、社区居家护理
13	通化市	定点机构护理服务
14	重庆市	协议机构护理服务

通过整理各试点关于长期护理保险的相关规范性文件，可以发现不同城市提供的保险给付的形式也不尽相同，具体而言：第一，大部分地区均采取了居家照护服务形式。如北京市海淀区、青岛市、成都市、荆门市、广州市、南通市、齐齐哈尔市、上海市、上饶市、石河子市、苏州市。而所有地区都采用了机构照护服务的形式，其中长春市、通化市、重庆市的长期照护形式也仅限于机构护理服务，与其他试点相比长期护理保险的服务形式较为单一，且对于养老机构、医疗机构的数量规模要求更高，但是另外也有利于集中资源与力量去发展当地的"医养结合"的医护体系。第二，青岛市和北京市海淀区还采用了社区照护服务的形式，又称"巡护"，青岛市的"巡护"是护理服务机构（含一体化管理村卫生室）照护人员通过上门形式，提供巡诊照护服务。而北京市海淀区的"巡护"有

两种类型：一种是日间照料，即在亲属工作期间，到所开办的社区日间照料机构接受服务、晚间返回家中的护理形式；另一种是社区康复护理，即社区照料机构对老人开展日常生活功能康复与训练。第三，部分试点城市细化了具体的服务项目。如苏州市的医疗护理和生活照料服务内容包括清洁照料、睡眠照料、饮食照料、排泄照料、卧位与安全照料、病情观察、管道护理、康复护理及清洁消毒等项目。青岛市服务内容主要包括急性期后的健康管理和维持性治疗、长期护理、生活照料、功能维护（康复训练）、安宁疗护、临终关怀、精神慰藉等基本照护服务。南通市、承德市、广州市等试点的相关文件中也规定了长期护理服务的具体内容。

（2）我国长期护理保险给付方式的反思与探索

我国目前的试点地区中，所有地区都提供机构护理服务，大部分地区提供居家护理服务，只有少数地区提供社区护理服务方式。

首先，由于机构护理服务成本高、数量少，为实现机构护理资源的最优化，一般只有重度及以上失能等级或者无法通过其他途径获得长期护理的被保险人才能享有机构护理服务资格，所以，长期护理保险的服务给付中不能仅规定机构护理服务这一种途径，还应当纳入其他服务给付方式，以惠及更多有护理需要的失能人员。其次，社区护理服务是长期护理保险给付中不可或缺的方式，通过与居家护理服务方式的相互配合，能够使得护理服务资源更加优化，护理内容也更加全面，所以社区护理服务方式应当得到推广。最后，居家护理服务应当是三种护理服务之中普及难度最小、最切合中国传统养老模式的一种方式，在实践中也比较受偏爱。

就长期护理保险给付的未来发展而言，应当注意以下问题：

首先，根据失能的被保险人的评级提供保险给付。由于被保险人的失能状况不一样，失能的程度不一，被保险人所产生的给付需求也并不相同。我国现阶段存在保险给付等级划分不清晰的情况，不同城市在制定护理等级的标准上也很模糊，有的城市甚至没有根据失能的被保险人具体状况精确等级的评级制度。在这种情况下，会造成有限的护理资源浪费的情况，合理的保险给付应该是按照被保险人的失能等级来针对性地提供护理服务。因此，通过评级制度来对被保险人进行失能登记的鉴定和定级，有利于护理资源的合理流出，促进长期护理保险的长续发展。现阶段，由于资源的缺乏，老年人不能得到与需求匹配的给付是一个严重的问题。比如，因为护理成本比较高、人力短缺等原因，大多数养老机构都倾向于接受生活能够自理的老人,而把失能、失智老人拒之门外。[①] 同时,设立评级制度还需要辅以规范的审核程序。日本和韩国对被保险人的失能认定上都十分严格,必要时可以引入专业的第三方作为评估主体。[②]

其次,关注疾病的预防,及时发现轻微失能的被保险人。古语云,"上医治未病"(《黄帝内经·素问·四气调神大论》)。这是古代中国人对于预防医学的朴素认识,对长期护理保险的护理方式也有着借鉴意义。被保险人从健康到逐渐生病失能是一个长期的过程,如果病入膏肓,护理服务也仅能提供生活上的照顾,对于病情本身而言并无法起到治愈的效果,与此同时,医疗保险也是针对已经发生的疾病。长期护理保险如果能够参与社会中的个体从年轻到衰老,从健康到疾病的整个过程,切断或者预防个体致病的风险,不仅仅能够实现长期护理保险本身的照护功能,也能够减轻公众和社会的养老负担。因此,加强对老年生活自理能力丧失的预防工作,要求我们开展全面健康运动和基层医疗卫生服务系统。[③] 从比较法的视野来看,长期护理保险的护理预防职能在一些国家得到了重视。日本以社区支援中心作为开展预防工作的管理机构,其提供的保险给付的内容也分为"介护服务"和"预防给付"。注重老年疾病的预防,应当是我国未来长期护理保险发展的重点方向。

最后,要多元化满足被保险人的护理需求。长期护理保险制度得到落实,所反映的是国家责任的实现。与其他社会保险相比,长护险的特殊性在于实物给付,尤以服务给付为核心。[④] 国家满足社会公众的需求,确保护理需求者能够获得适宜且持续的给付是国家实现担保责任的关键,因此,需要设立多元的保险给付体系。国家在自己提供护理服务的同时,还应当鼓励社会资源加入长期护理保险给付的体系之中。

(二) 保险给付的顺位

在各种保险给付方式的顺位排列上,应当遵守被保险人自决原则、实

[①] 参见苏群、彭斌霞《我国失能老人的长期照料需求与供给分析》,《社会保障研究》2014年第5期;和红《社会长期照护保险制度研究:范式嵌入、理念转型与福利提供》,经济日报出版社2017年版,第155页以下。

[②] 如上海市政府在2018年1月出台了《上海市老年照护统一需求评估及服务管理办法》,把失能等级评估工作委托给民间组织,即依法独立登记的社会服务机构或企事业单位,并规定评估人员资质、评估规范、评估方法及评估程序。

[③] 参见戴卫东《中国长期护理保险制度构建研究》,人民出版社2012年版,第190页。

[④] 参见谢冰清《我国长期护理制度中的国家责任及其实现路径》,《法商研究》2019年第5期。

物给付原则和居家护理优先原则。

首先，在选择何种保险给付方式时，应当优先考虑被保险人的意愿，在尊重其自由意志的前提下，再适用实物给付优先原则和居家护理优先原则。[①] 被保险人在产生护理需求后会有多种考量，即便长期护理保险倡导实物给付，但是并不意味着盲目限缩现金给付的存在空间。被保险人如果愿意在家中接受家人的护理服务，或者轻度的失能患者能够通过补贴来完成日常生活的活动，都可以按照被保险人的意愿来提供给付方式，不至于让社会保险制度破坏了家庭的和谐氛围。

其次，实物给付原则要求被保险人在现金给付和护理服务给付中优先选择护理服务给付，居家护理优先原则要求被保险人在居家护理、社区护理和机构护理之中优先选择居家护理。相关机构不能强行要求符合居家护理条件的被保险人选择居家护理服务方式，可以采用政策导向的方式对选择居家护理服务方式的人给予优惠。如果被保险人选择现金给付方式，可以通过不足额支付的方法鼓励并引导被保险人选择居家护理的实物给付方式。如上海在《上海市长期护理保险试点办法》中对评估等级为五、六级的参保人员作出如下规定：若选择居家护理服务，连续接受居家照护服务达到一定时间，可以选择在规定的服务时间的基础上增加一定的服务时间，或者获得一定的现金补偿。在尊重被保险人的选择基础上鼓励其选择居家护理服务。

(三) 保险给付的原则

长期护理保险的运行系跨领域、多专业的共同合作，在保险给付的提供过程中不可避免地会遇到伦理风险。伦理（Moral）指的是人群关系中应有的行为法则，在长期护理保险的语境下，伦理风险指的是保险给付环节中人与人关系的处理上可能产生的矛盾和纠纷。因此，在对长期护理保险的纠纷作出类型化解析之前，需要明确提供护理服务的原则，从而达到事前控制风险的效果。

首先，接受长期护理服务的主要人群是失能的老年人，因此涉及对待老年人的伦理原则。联合国于1991年制定通过《联合国老人纲领》（*United Nations Principles for Older Persons*）曾提出对待老年人五大原则，包

---

① 参见黎建飞、侯海军《构建我国老年护理保险制度研究》，《保险研究》2009年第11期。

括独立原则、参与原则、照顾原则、自我充实原则、尊严原则[①]五个方面。对老年失能人群提供护理，除了向老年失能人群提供基本的护理之外，更需要注重老年人精神生活的维护。这就要求长期护理保险建立起健全的护理制度，"唯有所有长期照顾工作人员本着伦理、人性照护的理念出发，再加上良好的技术与管理，才能提供一个完善的照护环境，并确保服务品质"[②]。

其次，护理服务的提供涉及护理行业的伦理原则。长期护理保险制度关注的对象不仅仅是老年失能人群，我国的实践中长期护理保险的保护对象也不仅仅局限于老年的失能人群，从护理的专业角度来说，护理行业本身对于从业人员就有着伦理要求。一般而言，护理行业的伦理原则为：自主原则（Autonomy）、有益原则（Beneficence）、公正原则（Justice）、互助原则（Solidarity）。第一，自主原则是指人对自己的行为有完全的自主决定的权利。自主原则体现为接受护理的被保险人有权利自主决定接受护理的方案。同时，自主原则的基本内容就是护理人员面对具有自主能力的行动者必须赋予同等的尊敬。[③] 自主原则的另一大体现是被保险人在接受护理服务时享有知情权，被保险人有权利获知自己的身体状况，以及护理人员提供的护理方案。第二，有益原则又被称作不伤害原则，是指护理人员的一切护理活动都是为了维护被护理人员的生理、心理健康状态，而不是给被护理人员造成伤害。护理人员的护理行为有益于患者和不伤害患者是护理人员履行职务时义务的一体两面，护理行业中，最根本的原则即是避免造成被护理人员的伤害，然后才是通过自己的护理活动来为被护理人员提供治疗和帮助。[④] 与此同时，关怀和照顾又是护士这一角色最基本的、不可缺少的要素。[⑤] 第三，公正原则指的是公平地对待所有病人，而不是根据经济状况、年龄等条件对被护理人员进行一定区分。[⑥] 公正原则最重要的体现就是护理人员不歧视被护理的对象，除此之外，医务人员提供不同的处方，分配适用稀少的仪器，甚至是国家分配医疗资源的议题，

[①] 参见联合国大会第46/91号决议《联合国老人纲领》，https://www.un.org/zh/documents/treaty/files/A-RES-46-91.shtml。
[②] 参见徐慧娟主编《长期照护政策与管理》，洪叶出版社2013年版，第320页。
[③] 参见徐慧娟主编《长期照护政策与管理》，洪叶出版社2013年版，第325页。
[④] 参见徐慧娟主编《长期照护政策与管理》，洪叶出版社2013年版，第328页。
[⑤] 参见邱仁宗《护理伦理学：国际的视角》，《中华护理杂志》2000年第9期。
[⑥] 参见邱仁宗《护理伦理学：国际的视角》，《中华护理杂志》2000年第9期。

都涉及公正原则。① 第四，互助原则是指被护理人员的治疗和康复需要护理人员和被护理人员、护理人员之间、护理人员和患者家属的配合完成。

三 保险给付的品质保障

（一）护理服务的产业建设

首先，加强从业人员的职业培训。与护理服务质量直接相关的是提供长期护理保险服务人员的专业水平，执业护士以专业人士的身份提供长期护理服务没有问题，若其他人员希望从事长期护理服务，应当参加养老护理员、健康照护员等职业培训并考核合格，对于为失能人员提供非专业护理的家人、朋友，也应当为其学习基本护理知识提供条件支持。长期护理服务培训可以由具备条件的卫生院校、职业培训机构开展。在长期护理服务业起步阶段，需要大量长期护理从业人员，为鼓励大家积极参与护理培训和鼓励相关院校、培训机构积极组织培训，政府可以为组织和参与长期护理培训的人员提供优惠政策。培养长期护理专业人员后，最主要的问题是如何使其留在这个职业，可以从提高薪资待遇和强化其社会地位两方面着手。②

其次，政府部门联系引导产业进入社区。长期护理服务产业的整体发展对于护理服务质量的提高有着不可估量的作用。相关政府部门应当鼓励专业护理服务提供机构和社区嵌入式小微型连锁护理服务机构发展，长期护理服务相关机构的发展能扩大覆盖面积，从而为失能人员提供更加方便的长期护理服务，同时也能增加市场竞争力，促使长期护理服务相关机构提供更高质量的护理服务。

最后，引入社会力量参与行业发展。对于长期护理社会保险而言，在确保护理服务质量方面，社会保险经办机构还应建立和完善保险机构参与机制，引入具有资质的商业保险机构参与护理保险经办服务，增加竞争，有助于维持和提高护理服务水平。③ 在长期护理服务中引入市场机制，一方面可以通过竞争降低服务费用、提升服务质量，使更多人享受到更加优

---

① 参见徐慧娟主编《长期照护政策与管理》，洪叶出版社2013年版，第331页。
② 参见陈晓安《公私合作构建我国的长期护理保险制度——国外的借鉴》，《保险研究》2010年第11期。
③ 参见李卓伦等《台湾长期照护保险的理论与挑战》，《护理杂志》2010年第4期。

质的护理服务;① 另一方面，引入市场机制也可以增大失能被保险人的选择范围，增加服务的满意度。另外，还可以引导社会力量、社会组织以志愿者的身份参与长期护理服务，壮大长期护理力量。部分试点地区提出"时间银行"储蓄管理模式，以鼓励志愿者参与到长期护理服务中，在实践中具有一定的激励作用。②

(二) 给付环节的信息公开

首先，促进长期护理保险给付环节中的信息共享。长期护理保险给付环节包括失能等级与护理需求评估、护理服务申请、待遇给付、结算拨款等流程。如果通过网上运行的方式实现流程之间的信息共享，能够全面提升护理保险服务的精细化、智能化和标准化水平。促进保险给付环节的信息共享，失能的被保险人也可以通过信息来选择自己理想的护理机构和护理服务，保障其选择和知情权。

其次，逐步建立养老机构、护理机构、医疗卫生机构以及其他相关领域的统一信息服务平台。统一信息平台的建设会为保险给付的各流程带来较大的便捷。在失能等级与护理需求评估流程中，依托已有的医疗信息，评估机构能够在很大程度上减少工作量，提高服务效率。在待遇给付和结算拨款等流程中，因养老、护理等机构之间的信息共享，相关机构可以快速地匹配相关信息并得到结果。

(三) 监督体系的全面完善

长期护理保险的监督体系包括内部监督和外部监督。③ 内部监督，指在负责长期护理保险的机构内部设置独立的部门，进而对保险给付环节的失能等级评定、复审、费用支付、服务提供等流程进行严格的监督管理。外部监督是指建立信息披露制度，提高保险给付透明度，开通民众举报投诉渠道，引入独立第三方监督机构，同时建立失能人员接受保险给付反馈机制，提高监管水平。④ 在监督过程中，要重点对待遇资格认定程序和标

---

① 参见马晶《长期护理服务质量监督机制研究——以德国为例》，《西南民族大学学报》(人文社会科学版) 2018 年第 1 期。

② 德国也有类似的"时间储蓄"制度，参见雷晓康《社会长期护理保险筹资渠道：经验借鉴、面临困境及未来选择》，《西北大学学报》(哲学社会科学版) 2016 年第 5 期。

③ 参见邓素文《浅谈我国长期照护机构之评鉴制度》，《长期照护杂志》2010 年第 2 期。

④ 参见周怡君等《德国照护保险中的国家监督管理》，《台大社会工作学刊》2014 年第 29 期。

准、定点机构提供服务质量等进行监督。[1] 同时也要兼顾长期护理从业人员的考核管理监督，明确考核标准，从而保证服务给付的质量。

(四) 服务机构的动态管理

为防止护理服务定点机构安于现状，怠于提高服务质量等情况发生，对其实施动态管理十分必要。所谓动态管理，就是设置长期护理服务定点机构的进入和退出机制。

通过动态管理，将不符合长期护理标准的机构及时剔除出定点机构队伍，并吸收其他满足要求的护理机构进入定点机构行列。首先要加强行业准入监管，通过立法来明确行业的资质和从业人员的要求。其次要设置退出制度。业者在长期护理行业中有取得成功者，自然也有失败者。设置退出机制，一是要明确禁止事项，业者在违反某些规定后要禁止其继续从业。同时，当业者自愿退出时，政府也要妥善安排这些机构正在承接的护理服务。建立退出机制也是其他国家常采用的办法，日本的《介护保险法》规定都道府有权对服务从业者的情况进行调查，有建议、整改甚至停业处分的权力。[2] 美国的州政府有权代表联邦政府对本地的养老院和保健机构进行每年一次的检查，对于不合格的机构处以惩罚。内容包括限期改正，直至中止许可证和参与医疗保险（Medicare）和医疗补助（Medicaid）的资格。[3] 为了获得政府制定的定点机构资格。上述这种行为可以实现让护理服务定点机构增加危机意识，让它们能够更好地实现服务质量，也能对暂时没有纳入定点的机构积极地改善服务。

---

[1] 参见刘金涛等《构建我国老年长期护理保险制度》，《财经问题研究》2012年第3期。

[2] 参见高春兰《老年长期护理保险制度——中日韩的比较研究》，社会科学文献出版社2019年版，第103页。

[3] 参见戴卫东《长期护理保险——理论、制度、改革与发展》，经济科学出版社2014年版，第106页。

第五章 长期护理保险制度的纠纷化解体系

长期护理保险是社会保险体系中的新成员，所调整的社会关系不同于传统的医疗保险和养老保险，参与其中的社会主体更加多元化，提供的保险给付种类也更加多样，由此，可能发生的纠纷也不限于商业保险单纯面临的保险事故纠纷。长期护理保险领域存在其特殊性，所需要的服务与一般的健康保险领域不尽相同。长期护理是多专业、跨专业领域的团队服务方式。[①] 而我国又尚没有一部统一的长期护理保险立法，因此，其所适用的伦理规范和法律制度都需要从保险环节本身来寻找答案。结合长期护理保险的特点，相关纠纷可能贯穿于长期护理保险制度的各个阶段，长期护理保险制度的建立与完善需要对制度的架构进行体系化的考量和设计，对于矛盾的疏通和解决渠道需要进行系统化的制度设计。

第一节 长期护理保险的纠纷与风险类型

在长期护理保险中，可能涉及保险人与被保险人之间的长期护理保险争议，也可能发生被保险人与长期护理服务提供机构之间的服务争议，还有可能发生保险人与护理服务提供机构之间的行政契约、定点协议的争议，以及被保险人与照护等级评定机构之间就评定的事项及程序产生的争议等。在此过程中，当事人可能通过行政复议、行政诉讼、民事诉讼等多种救济来解决纠纷。为了切实保障长期护理保险制度的体系化、法治化发展，有必要从框架、方式、内容等层面建立并完善长期护理保险制度的纠

[①] 参见徐慧娟主编《长期照护政策与管理》，洪叶出版社2013年版，第332页。

纷解决体系。长期护理保险制度运行中可能产生的纠纷可分为两类：投保环节的纠纷和给付环节的纠纷。整理长期护理保险可能遇到的纠纷类型，实际上是在提前识别出长期护理保险制度运行过程中可能遇到的风险，相比起事后救济，提前识别风险是"为了使得长期护理保险制度良性运行，在服务供给体系运作之前就对相关制度进行法律规范、约束，显得更有价值也更有效率……从本质上而言，风险控制属于事前监督机制"[1]。

一 长期护理保险投保环节的纠纷

长期护理保险投保环节涉及的纠纷主要是判断民事主体是否享有长期护理保险的被保险人资格和保费缴纳的问题。第一，长期护理保险的参保资格引起的纠纷。我国对于长期护理保险的被保险人资格没有统一的规定，所参照的标准由试点地区的政府部门颁布的行政规章或者政策性文件来确定。从目前试点地区的规定来看，能够享有长期护理保险的资格的前提是在所在地区享受城镇职工基本医疗保险或者城乡居民基本医疗保险，而此似乎难以覆盖到《指导意见》所要求的"重度失能人员"的范畴。在上海市的实践中，存在因支边回沪的退休人员虽然属于"互助帮困人员"，但是由于未满足上海地区对于长期护理保险的被保险人的其他要求，从而不能享受长期护理保险的情况。[2] 第二，长期护理保险的保费收缴造成的纷争。长期护理保险的保费来源有多种方式，可分为个人自缴、单位缴费、财政补助和医保基金划转，在这个过程中有可能出现争议的是单位缴费环节。值得注意的是，在申请环节产生的纠纷，依照其主体之间的法律关系不同，纠纷复杂程度也不尽相同。首先，就失能条件的认定而言，在政府主导失能认定的情况下，有关长期护理保险参保资格问题的纠纷属于行政纠纷，因为能否享受保险待遇的决定由行政部门最终审核认定，所依据的标准也是行政部门制定的行政法规，因此属于行政纠纷；如果长期护理保险中失能的认定由政府委托给商业公司进行，那么法律关系的主体由"二人模式"变为"三人模式"，根据受委托人是否能够以自己的名义独立作出行政行为的不同，被保险人主张救济的相对人也随之变

---

[1] 参见戴卫东《长期护理保险——理论、制度、改革与发展》，经济科学出版社 2014 年版，第 97 页。
[2] 参见上海市松江区网上信访受理中心《回复选登》，http://qxf.sh.gov.cn/310117/reply.setDetailInit.do?id=0F62F2CBAF8A477C95FDB03D7A3415F2。

化。受托人能够以自己的名义单独作出行政行为的，以受托人为行政纠纷的相对人。受托人不能以自己的名义单独作出行政行为的，以委托人为行政纠纷的相对人。其次，在缴纳保费环节，如果被保险人自己缴纳保费，并无争议；如果是用人单位为被保险人缴纳保费，在保费缴纳环节发生的纠纷，实践中会通过劳动争议的解决方式来进行裁决。其逻辑为被保险人和投保人之间因劳动合同产生劳动关系，用人单位为职工缴纳长期护理保险的保费与缴纳其他社保的保费的依据在法律适用并没有本质区别。

二 长期护理保险给付环节的纠纷

长期护理保险的给付环节包括失能等级的认定、保险给付的方式、保险给付的期限与次数、现金给付的金额等过程。首先，失能等级的认定引起的纠纷。对于失能人员的等级认定事关其所能享受的保险给付待遇，被保险人如果不认同评估机构对自己的评估等级，可以提出申诉。如日本的长期护理保险需要经过市町村和"护理保险审查会"的两轮审查，如果申请人对于审查的评估等级不服，可以向都道府县提出判定不服的申请，以求获得重新评定等级的机会。其次，护理服务的提供过程引起的纠纷。长期护理保险服务提供的过程是一个多方主体参与的程序，失能人员在接受护理服务时可能产生受伤的风险，具体而言，包括：跌倒与跌倒相关的损害、身体约束产生的相关问题、褥疮、感染、营养不良、医疗损害等多种情况对被保险人产生的损害。除此之外，护理人员由于长期和被保险人相处与沟通，可能获知被保险人的隐私与秘密，护理人员如果泄露这些信息导致被保险人的权益受到损害也会产生纠纷。最后，在长期护理商业保险中，主要涉及长期护理保险合同的相关法律主体，因此，在保险合同履行的过程中通常也会出现违约、侵权等民事侵权的情形，故笔者在本部分权利救济途径中对于被保险人所能主张的司法救济中的违约救济和侵权救济也可适用于长期护理商业保险。

三 长期护理保险的风险

（一）逆向选择风险（Adverse Selection）

市场中，交易的一方如果掌握了另一方并不具备的信息便会产生逆向选择的问题。一般认为，由于保险合同的当事双方：保险公司与投保人之间的信息掌握、分析能力并不相同（信息不对称，Asymmetric Information），掌握更多信息的一方会利用自己的信息优势作出有利于自己而有损于另一方的行为。逆向选择风险是市场资源配置扭曲的现象，由于保险机构事先不知道被保险人的风险程度，造成保险的运营不能达到理想中的状态。[①]长期护理保险中，逆向选择风险同时体现在保险人和被保险人的行为中：保险人可能会因为被保险人的身体状况拒绝投保人的投保，或是制定不合理的保费；被保险人可能会隐瞒自己的身体状况，从而以较低的保费来获得更高的保险给付待遇。在后一种情况下，长期护理保险的逆向选择风险相比起其他健康保险的逆向选择风险而言，更具隐蔽性。因为长期护理保险的保障对象是社会当中的失能人群，引起失能的原因除了意外事故，更多的是慢性疾病。慢性疾病的发病周期较长，潜伏期间又没有明显症状，因此，投保人即便罹患慢性疾病，如果在投保时没有尽到如实告知义务，保险人也将很难发现。[②] 除此之外，投保人还可能会因为患有家族病史或是不良的生活习惯从而产生高于其他人的失能风险，这些都是保险公司无从查实的信息，进而产生逆向选择风险。

我国长期护理保险尚处于探索阶段，如何防范护理保险的逆选择风险是各地都需要面对的难题。一般而言，存在以下方式：

1. 通过信息披露来防范长期护理保险中投保人一方的逆选择风险

通过建立信息的收集、整理和披露机制，客观上能够将更多的真实信息提供给保险中的各方当事人，让各方当事人在作出决策时能够做出最佳的判断。大量出现的随机事件中，必定有其稳定客观的规律，这种概率上的特征便是大数法则。在长期护理保险当中，保险公司需要收集疾病的发生概率、向失能人群提供保险给付的时间等数据，收集到的信息足够多，会影响保险公司的定价和给付方案。

（1）在长期护理商业保险中，通过如实告知义务防范逆向选择

投保人的如实告知义务是一种法定义务，投保人并不能因为保险合同中没有告知义务的条款而拒绝履行。投保人的如实告知义务指的是投保人一方签订合同时，对于保险标的涉及的信息如实地告知投保人，不能出现隐瞒和欺骗的行为。[③] 在长期护理商业保险的订立阶段，投保人需要如实

[①] 参见戴卫东《长期护理保险——理论、制度、改革与发展》，经济科学出版社 2014 年版，第 97 页。

[②] 参见潘兴《我国商业健康保险风险管理研究——基于产品和健康管理的视角》，博士学位论文，对外经济贸易大学，2014 年，第 73 页。

[③] 参见温世扬主编《保险法》（第三版），法律出版社 2016 年版，第 101 页。

告知自己的身体情况以及其他影响保险合同中权利义务实现的重要事实。在特殊保险类型中,可能还会要求特殊事项的告知。①

(2) 在长期护理社会保险中,通过赋予社会保险人信息获取权防范逆向选择

长期护理社会保险中,社会保险人之所以有权获取长期护理保险中的投保人的信息,是保险法的对价平衡原则在社会保险中的体现。

首先,长期护理社会保险同样需要遵守对价平衡原则。长期护理社会保险能否平稳运作关乎失能人群能否获得适时的保险给付,关乎国家责任能否得到实现。为了达到社会保险的对价平衡,社会保险的设计者需要获取更多的信息来进行推演和精算,保证每期的收支处于平稳状态。但是,社会保险对于保险关系的对价平衡的实现,并不将眼光桎梏于个体层面,因为社会保险追求的是所有被保险人和社会保险人之间的收支相等。② 在缺乏长期护理保险信息的情况下,决策者无法确定需要优先进行政治干预的领域,也无法为老龄化社会中老年人日益增长的长期护理需求做好准备。③ 这意味着,对价平衡作为保险法上的一项重要原则,同样适用于社会保险,即社会保险人尽可能地获取更多的信息以保持社会保险制度的整体收支平衡。因此,长期护理社会保险中社会保险人获取投保人信息的权利和长期护理商业保险中投保人的如实告知义务是保险的对价平衡原则在不同制度的不同展现方式。

其次,长期护理社会保险中,保险人获取信息的对象应当是投保人。基于前述观点,社会保险中对被保险人信息的需要是为了保证社会保险对价平衡的一种必要方式,实现对价平衡便需要获取信息以进行精算和评估,那么在长期护理保险关系中,掌握这些核心信息的主体自然是投保人。此时涉及一个问题,即社会保险人需要获取投保人的信息,从投保人的角度来看,社会保险人掌握了自己的私人信息,有隐私权遭受侵犯的嫌疑。实际上,这符合享受长期护理社会保险这一社会福利所带来的义务,

---

① 如《健康保险管理办法》第29条规定,保险公司销售费用补偿型医疗保险,应当向投保人询问被保险人是否拥有公费医疗、基本医疗保险或者其他费用补偿型医疗保险的情况,投保人对于上述信息均应当如实告知。

② 参见武亦文、杨勇《保险法对价平衡原则论》,《华东政法大学学报》2018 年第 2 期。

③ Xenia Scheil-Adlung, "Long-term Care Protection for Older Persons—A Review of Coverage Deficits in 46 Countries", *International Labour Office*, 2015, p. Ⅲ.

即"社会保障资格的获得是以牺牲个人隐私为代价"[1]。由于社会保险具有社会福利性质，社会公民要享受国家提供的护理服务，因此需要将自己的信息提供给长期护理社会保险人，以供国家获得数据，从而使得国家合理设计长期护理社会保险制度。

但是有一个问题值得注意，与长期护理商业保险不同，社会保险的投保人主体更加多元，尤其是用人单位在社会保险中扮演着为员工缴费的角色，此时有两个主体同时扮演着投保人的角色。对于社会保险人，用人单位同样也是其需要获取信息的对象，比如《社会保险法》第57条明文规定："监督管理部门、民政部门和机构编制管理机关应当及时向社会保险经办机构通报用人单位的成立、终止情况。"

再次，既然明确了长期护理社会保险需要获取投保人的信息以达到保险关系的对价平衡，那么需要进一步检讨长期护理社会保险中社会保险人所需要的信息类型。就长期护理保险所需要获取的信息类型而言，从社会保险人的角度来考量，其所需信息可概括为：（1）以供评估风险共担的信息。（2）护理保险基金的来源问题。[2] 这些需求体现在投保人身上，则包括投保人的健康状况、过往的接受医疗的频率、体检的报告以及家族有无遗传病史等问题，除此之外，还需要获知投保人的收入状况以便调整保险费率。如在美国，被保险人员选择进行居家护理时，甚至还要询问家庭成员如何补偿居家人员。[3]

值得注意的是，承接护理保险业务的商业保险公司的运营信息同样是社会保险人所需，但是这类信息并不能直接防范保险关系中投保人的逆向选择风险，只是基于对价平衡原则为社会保险人提供整个长期护理社会保险制度运营所需的信息参考。由于商业保险因其提供的保险给付是向失能人员提供护理服务，也是在间接承担国家的养老职能，因此长期护理商业保险的运营信息也是社会保险人所需要掌握的。长期护理的商业保险虽然

---

[1] 参见胡敏洁《社会保障行政中的个人信息利用及边界》，《华东政法大学学报》2019年第5期。也有学者注意到了这种随着社会保险制度的建立，公民在享受国家提供的保险给付的同时所需付出的特殊对价，主张社会保险制度为公民所享有的一种新型权利，即社会保险权。社会保险既然是权利，自然也有对应的义务，具体参见史博学《"社会保险权"在我国立法中的确立与完善》，《法学论坛》2019年第4期。

[2] Xenia Scheil-Adlung, "Long-term Care Protection for Older Persons—A Review of Coverage Deficits in 46 Countries", *International Labour Office*, 2015, p. 5.

[3] Wes Hentges, "Long-term Care Insurance—Who, What, When, Where and Why", *Experience*, Vol. 23, p. 28.

不同于社会保险，其由商业保险公司所经营，保险关系中权利义务关系也可以自由约定，但是，长期护理商业保险提供的保险给付与社会保险无异，且投保人购买商业保险可以缓解国家向失能人员提供保险给付的压力。基于此，可见长期护理商业保险和长期护理社会保险实际上是承接国家向失能人群提供护理任务的两种渠道，社会保险作为首要承接者解决了大部分国民的护理需求，社会保险不能承接或者没有足够能力承接的部分则流向了商业保险。那么，在社会保障制度的语境下，承接社会护理职能的商业保险公司实际上也是社会保险制度中重要部分。社会保险人需要了解商业保险人能够为自己承接多少的保险给付体量，进而可以影响社会保险中相关信息的评估和精算。因此，长期护理社会保险人获取长期护理商业保险信息实际上也是保险对价平衡原则的要求之一。如中国保监会2007年出台的《保险公司养老保险业务管理办法》第42条规定，"保险公司应当按照中国保监会的规定，向中国保监会提交企业年金基金管理情况报告"，正是社会保险人获取同类型商业保险信息这一需要的现实体现。

最后，社会保险获取信息的方式不同于商业保险。如果肯认社会保险人可以获取投保人的信息，那么在社会保险制度的框架下，该种权利如何得以实现？社会保险和商业保险的缔约方式不同，缺乏保险合同的磋商程序。在长期护理社会保险中，护理保险关系依照法律规定而强制产生，保险人和投保人之间并没有如商业保险合同一样的磋商阶段，保险人也就无法像商业保险公司那样通过询问获取投保人的信息。于此，有必要赋予保险人信息获取权以实现信息获取之目的。具言之，社会保险中的保险人可以通过其他渠道来获取投保人的相关信息，比如近期在医院的检查情况，被保险人缴纳医保的情况等。毕竟，长期护理社会保险的保险人具有公法人的背景，在国家的社会保险体系下，通过行政、医疗、护理等机构的信息共享制度可以解决无法直接从投保人处获取信息的问题。我国人力资源和社会保障部在2011年出台的《社会保险个人权益记录管理办法》第5条就提出，"社会保险经办机构通过业务经办、统计、调查等方式获取参保人员相关社会保险个人权益信息，同时，应当与社会保险费征收机构、工商、民政、公安、机构编制等部门通报的情况进行核对。与社会保险经办机构签订服务协议的医疗机构、药品经营单位、工伤康复机构、辅助器具安装配置机构、相关金融机构等和参保人员及其用人单位应当及时、准确提供社会保险个人权益信息，社会保险经办机构应当按照规定程序进行核查"。而商业保险公司显然并没有这样的权力和客观条件来通过其他渠道来获取投保人的个人数据。可见，社会保险人作为承担国家向社会提供长期护理服务的机构，配以国家权力和手段来收集获取投保人信息，来防范保险的逆向选择风险。

2. 通过相应机制来防范长期护理保险中保险人的逆向选择

对于长期护理商业保险而言，保险人面对的是身体情况各有差异的被保险人，如果保险公司设置了投保的前提条件，固然可以将部分需要较大给付成本的投保人排除在外，但是实际上剥夺了投保人享受长期护理商业保险的合理权益。因此，有的国家会对从事护理保险业务的商业保险公司规定特定义务。首先，设置强制保险制度。如不能拒绝某些特定人群的投保，或者不能随意增加保费。在美国，健康保险中存在"不可撤销保单"（Non-cancellable），"不可撤销保单"可以续保至被保险人达到保单约定的年龄，且保险公司在任何情况下都不能增加保费。长期护理社会保险更应如此，因为社会保险本身就是一项特殊的公共福利，最终目的依然是将护理服务提供给所有具有护理需求的失能人群。《扩大试点指导意见》也明确指出，要逐步扩大参保对象范围，调整保障范围。扩大长期护理保险参保人群，实际上也是一种防范逆向选择风险的做法，旨在做到失能人群的"应保尽保"。其次，保险人也负有告知义务。保险人需要及时将保险信息告知当事人，比如经办机构需要及时告知符合条件的被保险人领取保险给付，或者通知达到年龄的当事人参加社会保险。在德国的社会法典当中也明确规定了社保机构就是负有告知（Auskunft）义务的主体。[1]

（二）道德风险（Moral Hazard）

道德风险指在交易活动中，一方当事人作出的有利于自己的行为，从而将行为产生的不利后果转移至交易的另一方来承担的一种风险。在保险理论中，由于信息不对称，任何一方的行为不能被其他当事方察觉时都有可能引发道德风险。[2] 通常的情况是，被保险人在购买保险后，由于被保险人认为自己已经投保长期护理保险，可能会降低对自己所投保的风险的注意，甚至是放任追求风险的发生，而此时保险机构并不能监管到被保

---

[1] 参见娄宇《公民社会保障权利"可诉化"的突破——德国社会法形成请求权制度述评与启示》，《行政法学研究》2013年第1期。

[2] 参见李琳、游桂云《论保险业中的道德风险与逆向选择》，《保险研究》2003年第9期。

人的行为。

在长期护理保险中，道德风险存在两种类型，可分为事前的道德风险和事后的道德风险。前者是指投保人可能会主动追求或者故意放纵条件恶化以达到某种程度的失能以获得保险给付。后者则是被保险人接受过度的保险给付，这种情况则较为多样，在实践中存在多种形态。第一，被保险人在进行失能鉴定时故意夸大自己的失能等级以谋得更高水平的给付待遇。目前长期护理保险中评级的方式是对被保险人进行问卷，此时存在被保险人为了获得更高等级的给付待遇进行不实回答的情况。第二，被保险人也有可能会伪造单据或者接受更高的护理待遇，此时保险人无法核实，进而导致被保险人获得更多的现金给付。第三，被保险人在参加长期护理保险之后，被保险人产生依赖护理服务而不积极主动配合争取康复的行为。[1] 同时，在非实物给付的前提下，如果被保险人没有如实告知自己是否依然在接受护理服务，且保险人也不去主动核实的话，会让被保险人在经过治疗恢复后愿意接受现金给付。长护险的道德风险同逆向选择风险一样，究其产生的原因而言，是因为保险人和投保人之间的信息不对称。所谓信息不对称，是指交易中的当事方所掌握的信息和资源并不相同，掌握更多信息的一方自然处于有利地位。"归根结底，是因为保险人一方无法确知被保险人一方的实际行为和真实意图。"[2] 从保险人的角度来看，其所拥有的信息自然优于投保人。尤其是在商业保险中，保险人可以自己选择投保人，或者根据自己掌握的信息来向投保人提供并不合适的保费政策和给付条件。从被保险人的角度来看，长期护理保险保障的风险是被保险人的失能风险，其身体健康状况一旦不佳，达到保险中的给付条件则可以获得一定的给付利益。被保险人对自己的身体状况了解程度自然高于长期护理保险当中的其他主体，保险人也无法监督被保险人是否一直维持自己的身体状况处于健康水平，也无法阻止被保险人追求失能以达到保险给付条件的行为。除此之外，长期护理保险的保险给付以实物给付为原则，在实物给付的情况下，长期护理保险中实际提供护理服务的主体在大多数情况下并非保险人，如果受委托的定点护理服务机构为追求特定利益从而提供过度的护理服务（如通过用药或者增加护理环节换取政府补贴），保险

---

[1] 参见戴卫东《长期护理保险——理论、制度、改革与发展》，经济科学出版社 2014 年版，第 98 页。
[2] 参见李琳、游桂云《论保险业中的道德风险与逆向选择》，《保险研究》2003 年第 9 期。

机构也无从监督。

(三) 伦理风险

在提供长期护理保险的给付时,失能人员接受护理服务会和护理人员经常性地交流,不可避免地会产生相当多的伦理议题。第一,决策风险。在提供护理服务时,部分内容可能需要被保险人的同意,比如提供药物、为护理人员进行按摩等事项,此时需要评估被保险人是否具有决策的能力。在特定情形下,如对被保险人进行强制约束,此种内容并不需要被保险人同意,而是由护理人员决策。除此之外,被护理人员如果在接受护理期间需要订立遗嘱,此种情况也属于被护理人决策议题的类型之一。第二,虐待风险。护理人员在提供护理时需要遵守老人伦理和护理人员伦理,但是实践当中仍然存在大量虐待接受护理人员的情况。第三,约束风险。约束行为本身就是一个值得探讨的议题,接受护理的被保险人不能控制自己的行为,当其不当行为会产生损害时,护理人员会通过布条、注射镇静剂等方式来停止被保险人的行为。拘束本身就是限制他人自由的行为,何种情况下需要对接受护理人员进行拘束,是长期护理保险不能回避的问题。

第二节 信息公开制度的建立

一 长期护理保险信息公开制度的建立基础

长期护理保险分为社会保险和商业保险。在长期护理社会保险中,保险信息公开制度的建立是社会成员对国家分配社会保障资源的知情权的必然要求,是未来长期护理保险制度的发展方向,也是未来必然要实现的要求。因此,长期护理保险行业的信息公开制度不仅起到监督保险机构的作用,同样也能够使长期护理保险机构在与投保人签订保险合同或是提供保险给付时获得更多的信息,长期护理资源能够合理地流向有需要的失能人群。首先,建立信息公开制度有助于长期护理保险的长久运营。实践中的长护险信息散见于保险环节的各个承办机构之中,且各地的信息也并未共享。国家可以通过掌握更多的长期护理保险信息,进行合理整合建立完备的长期护理保险信息系统,进而根据获取的信息对行业的发展现状做出正确的判断，并且获得更高的管控能力，合理地引导行业发展。① 其次，建立信息公开制度可以有效防范保险逆选择（Adverse Selection）风险。当事人之间由于信息不对称，逆选择风险的可能便随之增加。在长期护理保险中，保险人并没有能力得知被保险人的全部信息，尤其是在长期护理商业保险中，投保人如果没有履行如实告知的义务，从而获得了高于自己失能评级的护理服务，则会增加保险机构的支出成本。通过建立信息公开系统，护理保险不同环节的机构之间在收集到被保险人的信息后，将信息进行分类和筛选，各个机构之间可以共享被保险人的健康信息和保险购买等信息，便于保险机构和护理机构了解被保险人的真实信息。

（一）是保障被保险人知情权的必然要求

知情权是指公民知悉、获取信息的权利。在社会保障的体系中，知情权是信息公开立法的依据和原则，② 通过长期护理信息公开制度，能够保障公民知情权，也是被保险人参与长期护理保险制度的运行，形成各个主体之间良性互动的有效机制。在经济合作与发展组织（OECD）2016年发布的《2016年OECD养老金展望报告》中指出："公开……相关信息，提供更多的知识和培训……对于增进公众对社会保障制度的理解和支持是至关重要的。"

对于长期护理保险来说，建立完善的信息公开制度，是保护被保险人知情权的重要措施。长期护理保险制度的各个主体中，被保险人一直是在被动地接受保险各个环节中不同机构所能提供的护理资源。如果从被保险人的视角来参与长期护理保险体系，被保险人能做的有：第一，按照规定来进行保费的缴纳；第二，在预估自己符合长期护理保险的给付条件后，向长期护理保险机构提出鉴定申请。在鉴定机构完成鉴定后，被保险人如果接受评估意见，就会进而接受保险机构提供的保险服务；如果不接受评估意见，则向相关机构提出复议申请。除此以外，被保险人在长期护理保险体系中能作出的选择实际上并不多，而护理保险制度中，服务的提供又是保险制度的最终目的，换而言之，保险服务提供的效果是评估长期护理保险制度的关键。可见，如果被保险人无从了解护理人员资质、护理条件、保险机构运营状况的真实情况，意味着被保险人缺乏畅通的获取信息

---

① 参见陆敏清《国家担保责任于长期照护保险之实现》，博士学位论文，台北大学，2010年，第265页。
② 参见熊金才、曹琼《社会养老服务信息公开的原则探析》，《政法学刊》2018年第5期。

的渠道，无法实现被保险人的有效监督，也不能保障被保险人享受护理保险的合法权益。

同时，保障被保险人的知情权，也有利于促进长期护理保险制度的有序运行。首先，被保险人通过获知长期护理保险保费缴纳信息和保险服务提供等级的信息，可以有目的性地来进行保费缴纳和保险服务的选择。被保险人在选择长期护理保险之前，通过了解长期护理保险的信息，可以结合自身情况来进行风险评估，从而选择适合自己的保险方式。在最终的保险给付环节，由于被保险人的理性评估，从而使得有限的护理资源合理流出，不仅实现了被保险人的知情权，也能够促进长期护理保险制度永续发展。从另一个角度看，长期护理保险制度如果不能够向社会提供合理的信息公布方式，将有损于长期护理保险制度的公信力。其次，在保险给付环节，将可供选择的护理服务机构和种类进行公示，便于被保险人选择心仪和合适的保险给付，实现被保险人的养老和健康权益。最后，长期护理保险的信息公开对于提高公众的信任度具有重要意义。

(二) 是保险人履行信息公开义务的自然延伸

长期护理社会保险建立信息公开制度，不仅仅是为了保护被保险人的知情权，同样也是长期护理保险机构自身的法定义务。第一，长期护理社会保险的保险人作为保险给付义务的承担者，承担着化解长期护理需求社会风险的公共职能。第二，长期护理的运作成本源自公共财源。第三，长期护理保险机构的保险人拥有着长期护理保险环节的大量信息，兼具信息管理、保障和公开的能力。可见，长期护理保险的保险人是长期护理保险信息公开制度建立的重要主体，其对保障公众的知情权具有不可推卸的责任。

就长期护理社会保险的信息公开义务而言：首先，长期护理保险是国家责任在社会保障中的体现，国家应该积极介入以确保照护需求者能够获得符合人性尊严的护理给付。[1] 将长期护理保险运行的信息进行公开和公示，是履行国家职责的要求和体现。其次，我国的社会保险监管机构负有进行信息公开的义务。我国《社会保险法》第 74 条和第 75 条对社会类

---

[1] 参见谢冰清《我国长期护理制度中的国家责任及其实现路径》，《法商研究》2019 年第 5 期。

保险经办机构的信息管理义务作出了一般性规定。① 从长护险层面来说，长期护理保险机构管理着保险业务，掌握着大量保险信息，因此对公众的知情权实现负有责任。② 建立完备高效的长期护理保险信息系统已经成为我国目前各个试点城市对于长期护理社会保险的要求。诚如林谷燕所言："提供照护需求者符合人性尊严的照护服务，是长期照护保险制度的上位概念。"长期护理服务中各个主体主动履行公开义务，是保障照护需求者及家人知情权利，也为提升照护服务提供者的服务品质。③

而对于长期护理商业保险而言，信息公开是其法定义务。由中国银行保险监督管理委员会在2018年颁布的《保险公司信息披露管理办法》规定，保险公司负有法定的信息公开义务。当然，在商业实践中，保险公司为了缔结交易或是其他目的，可以披露法定信息以外的更多信息。

二 信息公开的主体

一般而言，长期护理保险的保险人是履行信息公开义务的主体，但是在实际的运营中，可能会有多个主体同时负有信息公开的义务。长期护理保险的信息公开义务根据长期护理保险性质的不同，其公开义务的主体也不同。长期护理保险机构的运行涉及多个主体，目前也缺乏一个统一的信息公开责任主体，因此，长期护理保险的运行中，被保险人或者社会公众只能向各个环节的负责机构来获取查询。

一方面，在长期护理社会保险的语境中，负有信息公开义务的主体并不局限于某个主体。其原因在于：第一，我国实践中并没有专门的"长

---

① 第一，社会保险机构负有向社会如实收集信息的义务。社会保险经办机构通过业务经办、统计、调查获取社会保险工作所需的数据，有关单位和个人应当及时、如实提供。第二，社会保险经办机构负有数据管理的职责。社会保险经办机构应当及时为用人单位建立档案，完整、准确地记录参加社会保险的人员、缴费等社会保险数据，妥善保管登记、申报的原始凭证和支付结算的会计凭证。第三，社会保险经办机构可以依职权或者社会申请，公布相关信息。社会保险经办机构应当及时、完整、准确地记录参加社会保险的个人缴费和用人单位为其缴费，以及享受社会保险待遇等个人权益记录，定期将个人权益记录单免费寄送本人。用人单位和个人可以免费向社会保险经办机构查询、核对其缴费和享受社会保险待遇记录，要求社会保险经办机构提供社会保险咨询等相关服务。第四，明确信息共享系统负责单位。全国社会保险信息系统按照国家统一规划，由县级以上人民政府按照分级负责的原则共同建设。

② 参见漆国生、黄小琴《社会保障制度中的公众知情权问题分析》，《社科纵横》2009年第1期。

③ 参见林谷燕《长期照护保险制度之立法建议——以德国长期照护保险法为借镜》，《高龄服务管理学刊》2011年第1期。

期护理社会保险人"角色,其职责被拆分,并且由不同机构所承担。因此,长期护理社会保险中,不同行政主体负责不同业务,行政主体本身就负有信息公开的义务。第二,缺乏统一的信息系统,行政机关需要自己生产和公示收集到的信息数据。这些主体参与长期护理保险的运行后获得了数据信息,如果没有统一的信息系统来上报所收集和保存的信息,只能承担本应由保险人履行的信息公开义务。另一方面,就长期护理商业保险而言,如果商业保险公司自己不负责保险给付的业务,而是将保险给付业务委托给其他护理机构来进行,那么护理机构的信息并不是保险人所能掌握,只能由护理机构来向公众提供公众所需的信息内容。

(一) 长期护理社会保险的信息公开主体

在长期护理社会保险中,应当对相关信息予以公开的主体有:长期护理保险经办机构、护理服务机构、失能等级评定机构、护理人员所属单位、社区照护机构等。具体而言,长期护理保险经办机构负责提供保费缴纳、保费标准等信息;长期护理服务机构、护理人员所属单位负责提供服务人员和服务机构的资质、为被保险人提供服务的次数和质量等信息;失能等级评定机构负责提供等级标准、认定环节等信息;社区照护机构负责提供服务质量和服务次数等信息。结合我国目前部分试点地区对于信息制度的管理和公开要求,长期护理保险运行过程中任何参与其中的机构,因其权力和分工接触到长期护理保险的信息,均负有长期护理保险信息收集、管理和公示的职责。但是,考察我国部分试点地区的实践,可以发现部分地区并没有统一的信息发布主体,尽管国家要求建立统一的信息发布系统,但是却没有明确哪一主体负责此项工作。因此,长期护理保险的信息公开亟待制度建设。

(二) 长期护理商业保险的信息公开主体

在长期护理商业保险中,应当履行信息公开义务的主体是保险公司、与保险公司签订给付协议的护理机构、银保监会等。保险公司提供收费标准和给付标准等信息;保险公司协议机构提供给付种类和给付内容等信息;银保监会提供监督信息等内容。

三 信息公开的内容

(一) 长期护理社会保险的信息公开内容

就长期护理社会保险而言,我国立法对于长期护理保险中信息公开的内容尚无规定，但是，长期护理社会保险作为一类社会保险，应当依照《政府信息公开条例》的规定，在不违反法律规定的禁止公开内容的前提下，最大限度地公开相关信息，保障被保险人的知情权。

具体而言，社保经办机构应当公开长期护理保险的投保主体、保险费缴费基数、费率、缴费方式、投保年限、给付方式、给付标准、减免办法、失能人员名单、定点机构相关信息、办理流程等信息。护理服务机构、社区照护机构应当公开的信息如：定点证明、护理标准（照护标准、床位、餐食、清洁等）、护理方式、护理费用、护理期限、护理人员资质等。失能等级评定机构应当公开的信息包括：委托证明（社保经办机构或者商保公司的授权委托证明等）、失能评定标准、评定人员的信息、评定异议流程等。

（二）长期护理商业保险的信息公开内容

商业保险建立信息公开制度，有助于公众了解保险公司的运营状况，了解保险公司的偿付能力，进而判断是否与商业保险公司进行投保。首先，长期护理商业保险作为健康保险的一种，适用银保监会对于健康保险从业机构的管理，就健康保险的规范而言，需要在保险合同缔结阶段向具体的投保人履行告知义务。告知的方式须以书面或口头的方式为之；告知的内容除了一般保险条款所需告知的之外，还包括组合式健康保险产品中各产品的保险期间等内容。[①] 其次，保险公司还需要向不特定的公众履行信息公开义务。[②] 保监会作为商业长护险的监管机构，应当公开的信息包括：有权承保长护险的保险公司名录、保费指导标准、被保险人申诉程序、护理最低标准等。

值得注意的是，并非是所有的长期护理保险的内容都必须公示，存在不适宜公开的内容。比如相关主体在公开长期护理保险相关信息时，应当

---

① 依照《健康保险管理办法》第 39 条，保险公司销售健康保险产品，应当以书面或者口头等形式向投保人说明保险合同的内容，对下列事项作出明确告知，并由投保人确认：（1）保险责任；（2）保险责任的减轻或者免除；（3）保险责任等待期；（4）保险合同犹豫期以及投保人相关权利义务；（5）是否提供保证续保以及续保有效时间；（6）理赔程序以及理赔文件要求；（7）组合式健康保险产品中各产品的保险期间；（8）银保监会规定的其他告知事项。

② 依照《信息披露管理办法》第 7 条，保险公司应当披露下列信息：（1）基本信息；（2）财务会计信息；（3）保险责任准备金信息；（4）风险管理状况信息；（5）保险产品经营信息；（6）偿付能力信息；（7）重大关联交易信息；（8）重大事项信息；（9）中国银行保险监督管理委员会规定的其他信息。

考虑到被公开主体的合法权益,比如社保经办机构在公开"失能人员名单"时,应当注意到对其隐私权的保护,不能提供具体的私人信息(住址、身份证号等);护理人员在护理过程可能会获取被保险人的隐私等信息,也负有保密义务。除此之外,长期护理商业保险的保险人的一些信息属于豁免披露事项。

四 信息公开的方式

(一)长期护理社会保险的信息公开方式

长期护理社会保险中,负有信息公开义务的主体多为行政部门,该类部门的信息公开方式适用《政府信息管理条例》,依照我国现行的《政府信息公开条例》的规定,有依申请公开和主动公开两种方式。首先,《政府信息公开条例》第 19 条规定:"对涉及公众利益调整、需要公众广泛知晓或者需要公众参与决策的政府信息,行政机关应当主动公开。"长期护理社会保险机构主动公开保险信息,是尊重被保险人知情权和选择权的体现。长期护理社会保险机构通过公开服务提供机构、设施以及服务内容和收费价格等方式,可以使失能人员依照其自身条件来选择护理方式和护理种类,更好地实现社会养老职能。其次,在社会公众申请信息公开的情况下,长期护理社会保险机构依然需要进行信息公开。《政府信息公开条例》第 27 条规定:"除行政机关主动公开的政府信息外,公民、法人或者其他组织可以向地方各级人民政府、对外以自己名义履行行政管理职能的县级以上人民政府部门(含派出机构、内设机构)申请获取相关政府信息。"已经公布的信息如果不能满足社会公众的需求,社会公众可以通过申请的方式来获取信息。

除此之外,长期护理社会保险中还会涉及非行政部门的其他主体,如与政府签约的民营护理机构等,这些部门不属于《政府信息公开条例》所调整主体,因此需要通过其他方式来进行信息公开。一般来说,政府是长期护理社会保险中信息发布的主体。长期护理社会保险的投保人在购买保险时主要对接的是经办机构,政府部门内部如何分工,非政府主体如何参与到长期护理社会保险的运营中,被保险人很难知晓。如果被保险人直接向负责业务的特定主体来查找信息,则会付出额外的时间和金钱成本,尤其是对于失能人群而言,他们的身体状况难以应付查询信息的烦琐环节。因此,在长期护理社会保险中设立统一的信息发布主体,有利于保障社会公众的知情权。

（二）长期护理商业保险的信息公开方式

长期护理商业保险公司进行信息公开的方式有两种。

第一种方式是保险公司对自身的经营情况进行依法披露。依照《信息披露管理办法》的规定，保险公司应当建立公司网站，来进行相关信息的披露。保险公司网站中应当保留最近5年的公司年度信息披露报告和临时信息披露报告。

第二种方式是长期护理商业保险的保险人负有向投保人的说明义务，要求保险人与投保人签订保险合同时需要履行告知义务。第一，保险人需要主动告知。依照中国银保监会2019年颁布的《健康保险管理办法》第39条的要求，主动告知的方式包括口头方式与书面方式。第二，保险公司需要如实解答投保人的疑问。商业保险机构为了与更多的潜在客户缔约，一般会在合同中将整个长期护理保险的环节进行公开，公众在与保险公司进行磋商时，对自己需要的信息也会进行询问和获取。投保人和被保险人不能理解条款内容时，保险人应当以通俗的方式进行解释。

五　违反信息公开义务的后果

长期护理保险中，不同主体的信息公开义务来源不同，因此违反的信息公开义务后所产生的后果也不尽相同。长期护理保险制度中的信息由不同主体掌握，由这些主体进行保存和管理。因此，探求违反信息公开义务这一行为的后果和责任时，是由这些主体性质来决定的。如政府部门违反信息公开义务，承担责任的依据是公法中的相关法律规范，当事人也只能通过公法的渠道来寻求救济。违反义务的主体可能会受到包括相关的行政处罚、行政诉讼判决的执行、行政复议结果的执行、上级监管部门的处罚等。而商业机构在参与护理行业的建设中违反了相关义务，承担的责任可能是违约责任、侵权责任以及监管部门的处罚。

1. 长期护理社会保险中违反信息公开义务的后果

在长期护理社会保险中，信息公开义务所涉及的主体主要系行政部门。行政部门在违反信息公开义务的情况下，依照《政府信息公开条例》，根据其行为类型的不同，会产生以下后果或者责任：（1）行政机关被督促整改和通报批评。此种责任适用行政机关未按照信息主管部门的要求开展政府信息公开工作，或者未按照要求主动公开政府信息或者对政府信息公开申请不依法答复处理。（2）公民、法人、其他组织向上一级行政机关或者政府信息公开工作主管部门投诉、举报，或者申请行政复议或者提起行政诉讼。在上述主体认为行政机关侵犯其合法权益时，可以通过此种方式来寻求救济。（3）违反义务的行政机关被上级机关责令改正。此种情形适用于负责长期护理保险业务的行政机关没有建立健全政府信息公开有关制度、机制，不依法履行政府信息公开职能，没有严格履职的其他情形。

2. 长期护理商业保险中违反信息公开义务的后果

长期护理商业保险中，所涉及的主体主要是商业保险公司。首先，对于普通条款的说明义务的违反，保险公司面对的法律后果可以分成三种情况：第一种情况为保险人对于格式条款中的专业名词、术语未予说明，且投保人对该专业名词、术语的准确理解影响其投保意愿的，投保人可以按照"重大误解"撤销合同。第二种情况为保险人对于格式条款中的专业名词、术语未予说明，但投保人对该专业名词、术语的理解不影响其投保意愿，可以适用不利解释规则来确定格式条款的内容，不影响合同效力。第三种情况为保险人对于格式条款中的专业名词、术语以外的内容没有说明，依据客观标准投保人能够理解此类内容的，不影响合同效力。其次，若是保险人违反免责条款的明确说明义务，此时保险人未予明确说明的免责条款不发生效力，其他合同条款的效力则不受影响。[①] 最后，从事长期护理商业保险的保险公司还需要遵守《保险公司信息披露管理办法》，否则由银保监会按照法律、行政法规进行处罚。

第三节 独立申诉机制的创设

一 长期护理保险现有的争议解决模式及其问题

（一）现有争议解决模式的类型

长期护理保险的运行涉及多个主体，各个环节都有可能产生争议，如前所述，纠纷因其产生的阶段不同可以分为投保阶段的纠纷和保险给付阶段的纠纷，再根据护理保险的性质不同，又可以分为长期护理商业保险的

[①] 参见温世扬主编《保险法》（第三版），法律出版社2016年版，第119页。

投保纠纷和保险给付纠纷；长期护理社会保险的投保纠纷和保险给付纠纷。

在长期护理商业保险中，保险人和被保险人之间的纠纷可以按照民事纠纷的解决方式来进行处理。而在长期护理社会保险中，由于其社会保险的性质，其纠纷的解决则是按照社会保险纠纷的解决方式来进行。我国对于社会保险的纠纷并没有独立的争议解决机构，而是按照争议的性质来通过不同的程序来解决，具体而言，包括：

1. 行政争议纠纷解决机制

长期护理社会保险纠纷中涉及保险资格纠纷、保费缴纳、保险给付标准、失能等级认定等类型纠纷。由于这些纠纷都是保险人与投保人、受益人的纠纷，且长期护理社会保险的保险人具有承担国家社会保障职能的公法色彩，所以涉及社会保险中保险人的保险纠纷，一般适用行政争议的手段来救济，解决行政争议有行政复议、行政诉讼等方式。[①] 在长期护理社会保险中，保险人和服务提供者往往是不同主体，即长期护理保险的经办机构是政府的行政部门，而最终保险服务的提供者既有可能是公办的养老机构或是护理机构，也有可能是民间的社会力量，后者产生的纠纷也并不是行政诉讼的受案范围，如双方对给付环节产生分歧，在这种情况下，双方当事人只能通过协商来解决纠纷。

2. 民事争议纠纷解决机制

社会保险当中同样存在着民事争议，这一类争议常见于保费问题的纠纷。用人单位是社会保险的投保人之一，按照《劳动合同法》《社会保险法》的规定，用人单位需要按期为其职工缴纳社会保险，若是劳方和资方之间发生争议，在我国现有的争议处理框架下，只能通过民事途径来解决争议。民事争议纠纷的解决机制包括民事调解、民事仲裁和民事诉讼三种方式。[②] 我国目前针对社会保险关系的争议解决采取了民事解决机制和行政解决机制并行的方法。就各个争议解决方式的适用而言：首先，调解

---

① 依照《社会保险法》第83条第1款、第2款规定：（1）用人单位或者个人认为社会保险费征收机构的行为侵害自己合法权益的，可以依法申请行政复议或者提起行政诉讼；（2）用人单位或者个人对社会保险经办机构不依法办理社会保险登记、核定社会保险费、支付社会保险待遇、办理社会保险转移接续手续或者侵害其他社会保险权益的行为，可以依法申请行政复议或者提起行政诉讼。

② 依照《社会保险法》第83条第3款的规定，个人与所在用人单位发生社会保险争议的，可以依法申请调解、仲裁，提起诉讼。用人单位侵害个人社会保险权益的，个人也可以要求社会保险行政部门或者社会保险费征收机构依法处理。

是社会保险关系中民事纠纷解决的重要方式,国家倡导当事人将纠纷诉诸法院或者仲裁机构之前通过调解和协商解决争议。① 劳动争议系指建立劳动关系的劳动者和工作单位之间发生的争议,因此长期护理社会保险的保费缴纳环节争议可以通过调解的方式来解决。调解作为解决方式的一种,具有高效和便捷的优势,但是,调解并没有太多公权力因素的介入,这意味着最终调解协议是否能得到执行,取决于当事人自己的意愿。其次,长期护理社会保险纠纷没有单独的仲裁环节。仲裁是指争议的当事人在自愿的基础上达成协议,将纠纷由第三方进行判断和裁决的一种争议解决方式,最终的裁决对当事人具有约束力。仲裁机构并不是司法机构,但其设立、职责、权限、组织活动原则和方式同司法机构有许多共同或者相似之处。② 除劳动者索赔工伤医疗费外,仲裁程序是现行法规定的通过诉讼解决争议的前置程序。

(二) 现有争议解决模式存在的问题

我国目前的争议解决机制拥有多渠道的解决方式,但是多渠道并不意味着争议解决制度已然完善,反而表明我国长期护理保险的纠纷解决机制尤待改进。因为,目前的争议解决方式并没有区分社会保险争议与民事争议和行政争议的区别,而是将纠纷适用既有的制度来解决。长期护理保险所针对的群体是社会的失能人员,为失能人群配备以传统的民事和行政争议解决方式,难以解决当事人的真正问题。同时,保险给付阶段的纠纷若是进入诉讼程序,只会费时费力,徒增当事人讼累。基于社会保险是政府责任的法理论,社保争议与行政争议确有相似性。同时,保险关系中,部分主体之间为平等的民事法律关系,通过民事争议来救济当事人,也似乎合情合理。但是,长期护理保险中当事人并不是理想状态中的平等主体关系,传统的社会保险救济方式也难以满足解决当事人之间矛盾的需求,比如事业单位作为用人单位未履行缴纳社会保险保费的情况在生活当中也属常见。可见,"我国借用已有的争议处理机制处理社会保险争议的做法,在社会保险初创时期有其合理性和必然性。但这种借用只是权宜之计"③。

---

① 依照《劳动争议调解仲裁法》第 5 条的规定,发生劳动争议,当事人不愿协商、协商不成或者达成和解协议后不履行的,可以向调解组织申请调解;不愿调解、调解不成或者达成调解协议后不履行的,可以向劳动争议仲裁委员会申请仲裁;对仲裁裁决不服,除本法另有规定的外,可以向人民法院提起诉讼。

② 参见王全兴《劳动法学》,中国人民大学出版社 2005 年版,第 517 页。

③ 参见郑尚元、扈春海《社会保险法总论》,清华大学出版社 2018 年版,第 352 页。

一言以蔽之，最大的问题就是缺乏专门的纠纷解决部门。

首先，缺乏专门的纠纷解决部门不利于彰显长期护理保险的纠纷性质。第一，长期护理保险纠纷的性质兼具公法性与私法性，这是长期护理保险中特殊的法律关系决定的。长期护理保险作为社会保险的一种，是国家养老职能的体现。在长期护理社会保险中，国家不仅仅是护理服务的组织者。在福利服务市场的视角下，政府是集体福利服务的消费者代表，向服务提供者购买护理服务，且有责任设定最基本的护理服务标准与规章制度来监控服务过程，因此同样也是监管者和服务提供者。① 若是单纯地以行政纠纷或者是民事纠纷来考察长期护理服务中各方主体之间的关系，未必妥当。比如在长期护理社会保险中，失能人员申请失能等级鉴定时，如果对相关机构作出的评级不服，就只能通过行政救济渠道进行复议或者诉讼。而在德国则设有专门的社会法院对社会保险纠纷进行审理，德国的社会法院除了受理社会保险当中的劳动纠纷外，同时还对社会保险上的公法事务，护理保险纠纷，战争牺牲者生活援助纠纷，特定社会保险机构与医师、医院、技工保险工会或者联合会之间的纠纷具有管辖权。② 第二，社会保险中通过劳动争议来解决纠纷是目前劳资争议的通常做法。从逻辑上来看，长期护理保险的财源渠道有多种方式，其中就包括被保险人所在的工作单位为其缴纳社会保险。资方为劳方缴纳社会保险费，这一环节产生的争议看似属于劳资争议，实际上是隐蔽了资方缴费的义务来源。资方为劳方缴纳社会保险的义务源自法律规定，而非是双方签订的劳动合同。"将被保险人与投保人之间的社会保险争议按照劳动争议处理，则易仅将注意力集中于劳资关系，而忽略劳资双方主体以外社会保险权利义务，一直不能对社会保险争议进行全面考量。"③ 社会保险从性质上而言是法定义务保险，投保人是义务性地成为一家由国家统一组织的成员。④ 可见，如果劳资双方因为缴纳社会保险而产生纠纷适用劳动争议来解决，实是遮蔽了长期护理保险背后蕴含的国家职能。

其次，缺乏专门的纠纷解决部门不利于保障被保险人的长期护理保障

---

① 参见周怡君、庄秀美《德国照护保险中的国家监督管理》，《台大社工学刊》2014年第29期。
② 参见陶建国、谢何芳、谢奎柱《德国的社会法院》，《天津社会保险》2011年第6期。
③ 参见郑尚元、扈春海《社会保险法总论》，清华大学出版社2018年版，第352页。
④ 参见［英］弗里德里希·奥古斯特·冯·哈耶克《自由宪章》，杨玉生、冯兴元、陈茅等译，杨玉生、陆衡、伊虹统校，中国社会科学出版社2012年版，第441页。

权利。需要认识到，长期护理保险中最重要的因素是被保险人因失能而产生的护理需求得到实现，需求的满足需要人来完成。与其他的社会保险不同，长期护理保险的一大特点就是保险的非现金给付，世界上大多数国家都在尽力避免长期护理保险的实现方式落入向被保险人支付一定额度的现金这一状况。被保险人的护理需求得到满足，离不开专业的护理机构和护理人员，申言之，最终给付的目的是向被保险人提供护理服务，是人与人之间的互动和关怀。认识到这一问题后，单纯的民事纠纷或者行政纠纷的解决方式并不适合用于长期护理保险的纠纷解决。

第一，被保险人通过诉讼等程序解决纠纷的意愿不强，诉讼程序难以由被保险人来推动。究其原因：其一，被保险人接受护理机构或者护理人员的护理时，事实上处于受到上述主体监管的状态中，并非处于平等关系。保险给付提供者的这种优势地位在我国台湾地区被称为"权势地位"，"权势"是指"人之地位、职务、事业、资格有所威胁或与此相当之情形"。[1] 需要承认，护理机构或者护理人员对于接受保险给付的被保险人具有给予利益或者剥夺利益的权限，同时利用这样的权限影响接受护理人员的行为。加之我国民间普遍存在"厌讼"的传统，从被保险人的角度来考量，发生纠纷后，其可能依然会在原来的机构接受护理服务。如果将矛盾诉诸法院，被保险人会担心自己的权益还能否获得保障，进而导致接受护理的被保险人即便产生纠纷也不愿主动求诸诉讼来解决。所以，当事人"在遇到纠纷时（相比起诉讼）选择调解是理所当然的"[2]。可见，保险给付阶段的争议不能完全寄希望于法庭程序。其二，申诉委员会的启动程序更为简便。法院需要当事人自行完成立案程序或者委托代理人完成立案程序方可以推动。如果被保险人无意愿启动诉讼程序，法院也无权力自行审理争议，在此情况下，保险给付当中的矛盾和问题似乎就无法得到重视和解决。而如果通过申诉委员会来解决纠纷，申诉机构进行介入的程序则仅需当事人进行投诉即可开展。同时，正如有学者所指出的那样：被保险人直接接受服务人员的照护，即使相关部门接受被保险人的意见也无法保证被保险人能够对于专业的护理人员进行负面评价。因此，如何通过一种合理的申诉渠道保证申诉人能够在提出相应的建议之后不被报复和加害是一个值得考虑的问题。人都有犯错的可能，即使用心提供照护

---

[1] 参见我国台湾地区"最高法院""台上字"第190号判决。
[2] 参见古津贤、李博《医疗纠纷第三方解决机制研究》，《法学杂志》2011年第11期。

服务，还是有可能产生失误，所以需要客观的第三者定期检视有无需要改进之处。① 最后，被保险人为失能人群，失能意味着身体的某些功能丧失，而诉讼的程序又过于烦琐，包括前期的答辩、举证、质证，以及法院的开庭等环节都需要大量的精力和时间。而被保险人又不如健康公民一样能有能力和精力通过诉讼的方式来寻求救济。因此，诉讼程序对于被保险人来说并非首要选择。

第二，长期护理保险纠纷的解决需要专业人士作出判断与裁决。长期护理保险中涉及较多的专业问题，如被保险人失能等级的认定、护理人员提供服务的标准流程等问题，是否符合标准需要专业认定，而法院的行政法庭和民事法庭则难以回答当事人的诉争。在法庭解决争议的程序中，专业人士只能以证人或者鉴定专家的身份来参与矛盾的解决，对保险给付当中纠纷的理解只能作为意见向法庭提交，而最终的决策者依旧是法官。实际上，长期护理保险给付阶段领域的诸多矛盾带有非常强的专业性，何种情况下可以对接受护理的被保险人进行拘束，不同类型的护理属于何种等级，这些应该是护理或者医疗领域专业人士回答的问题。

第三，长期护理保险中有较多涉及的保险给付的纠纷，法院难以回应诸多不涉及权利义务分配的其他要求，尽管这些诉求才可能是被保险人真正想要得到的反馈和回应。保险给付的纠纷的类型涉及保险资格认定、给付方式和给付质量，前两种情况为长期护理保险经办机构所负责，被保险人通过行政救济的方式来解决问题，自无疑问。但是服务品质系保险服务提供者所负责，这种主体性质本身为私营业主。被保险人对服务质量或者服务过程中发生的纠纷有疑问，想要寻求救济，自然不能通过行政方式。保险服务提供者没有侵害被保险人权益的话也无法通过民事诉讼来解决，而单纯的投诉或者建议也不一定能够产生强制业者为或者不为的结果。以日本医疗保险解决机制为例，20世纪90年代日本有关医疗事故的诉讼激增，但是诉讼并不能很好地满足患者及其家属提出的"查明真相""医方坦然以对""防止事故再次发生""经济赔偿"等所有要求。② 同理，长期护理保险中当事人的诉求也可能不仅仅只是赔偿，继续将这些矛盾推入诉讼程序，除了增加司法工作量，还有可能引起裁判结果难以执行的问题。综上，为了保障当事人的权利得到

---

① 参见徐慧娟主编《长期照护政策与管理》，洪叶出版社2013年版，第292页。
② 参见刘兰秋《域外医疗纠纷第三方调处机制研究》，《河北法学》2012年第11期。

彰显，需要一个独立的申诉机构。

二　长期护理保险独立申诉机制设立构想

基于前述，无论是长期护理社会保险还是长期护理商业保险，目前的争议解决机制都存在两大问题：第一，"多龙治水"的争议解决模式无法彰显长期护理保险作为公共产品的特殊性质。第二，保费给付阶段的争议解决方式又不能合理保护失能人群的合法权益。因此，需要将长期护理保险体系中矛盾的解决机制进行梳理和重构。长期护理保险独立的申诉机制设立构想的基础源自第三方能够客观、公正、快速解决矛盾的预设。在未来的制度设计中，应当设置一个独立于社保经办机构、护理服务提供者的长期护理保险申诉机构，该机构采委员会制，专门受理被保险人的申诉。

（一）设立基础与正当性理由阐释

首先，长期护理保险制度需要外部监督。长期护理服务的管理可分为两类，第一类为政府对给付提供者进行监督管理的机制，谓之"外在治理"（extern Governance）[1]，"外在治理"是指国家通过设定一定服务标准、评价体系等方式来对长期护理保险给付，因此也可以被理解为对长期护理保险制度的外部监督；第二类为保险服务提供者自己进行的监督，谓之"内在治理"（intern Governance）[2]。为了确保长期护理服务的品质，外部监督起到了关键性的作用。外部监督力量主要包括：国家监督、行业协会监督、行政监督、第三方机构监督、公众监督等。相对于内部监督，外部监督具有一定的优势，其更有利于及时解决长期护理保险中出现的问题。扩大外部监督的渠道与作用，也有利于减轻政府内部管制的负担。公众监督中的一项重要方式是被保险人通过申诉渠道进行申诉、举报等。被保险人作为长期护理服务的最终接受者，对于照护服务的品质有着最为直接、全面的感受，如果我们在进行制度设计时充分考虑被保险人的反馈意见，也将有利于提升整个长期护理行业的品质与声望。外部监督中，利用外部组织进行评鉴或者考核，其理想外部组织为第三者外部公正团体。外

---

[1] Ingo Bode, Management - oder Systemversagen? Qualitätsdifferenzen und Governance - konstellationen im deutschen Pflegeheimsektor, ZSR 56 (2010), S. 270.

[2] Ingo Bode, Management - oder Systemversagen? Qualitätsdifferenzen und Governance - konstellationen im deutschen Pflegeheimsektor, ZSR 56 (2010), S. 272.

部监督制度可以采用评价、督导考核或者辅导等制度，① 申诉机制的设立就是"外部监督"理论的实践。

其次，司法程序之外的纠纷解决机制效率更高。这种独立于司法系统外的纠纷解决机制在国际上已经逐渐成熟，被称为"替代性纠纷解决方式"（Alternative Dispute Resolution，ADR）。在保险纠纷中，以非诉讼方式解决保险纠纷成为绝大多数国家化解保险活动当事人之间矛盾的首选方案。长期护理保险同样可以设立专门的申诉委员会来解决纠纷，在该委员会的人员构成上，应当以一定比例的专业人士和一定比例的无利害关系之民众构成，同时需要辅以执行程序，以免申诉人的申诉在提出之后不了了之，而导致申诉制度最终沦为摆设。从实践来看，日本设立专门的医师协会系统来处理医疗纠纷，如果当事人选择法院诉讼来解决医疗纠纷的话，平均需要35.1个月的时间才能审结，纠纷双方若是选择医师协会系统来解决纠纷，从启动程序到解决索赔事项的周期需要3—12个月。② 长期护理保险的申诉委员会机制便属于这种ADR模式。

最后，考察其他国家对长期护理保险的争议解决方式，通过设置独立的第三方机构来处理纠纷的也不在少数。德国设置了"健康保险医学鉴定服务处"（Medizinischer Dienst der Krankenversicherung，MDK）来确认被保险人的诉求是否合理。因为德国的健康保险和长期护理保险共用保险单位的资源，且护理需求涉及医疗专业领域，因此被保险人对于保险给付的方式和服务质量由专门的机构来进行处理。③ 如果被保险人不服认定程序或者保险给付的标准，可以在接到认定的4周内向保险人提出诉请，诉请提出后MDK会有一次调查回访，根据调查回访再进行一次裁定，申请人对新裁定仍然不服的，可以向德国社会法院提出诉讼。美国则设立了"长期护理仲裁人"（Long-term Care Ombudsmen）来处理被保险人的申诉，依照美国法律，美国的每一个州都要依法设立仲裁人制度为长期照护机构的居民处理诉请以保证长期护理保险制度的有序运行。长期护理仲裁人的权利包括"居民权利与尊严之侵犯、身体、语言或精神的虐待、剥

---

① 参见徐慧娟主编《长期照护政策与管理》，洪叶出版社2013年版，第296页。
② 参见陈贤新、张泽洪《国内外医疗纠纷第三方调解机制评述》，《中国医院》2015年第5期。
③ 参见周怡君、庄秀美《德国照护保险中的国家监督管理》，《台大社工学刊》2014年第29期。

夺维护居民身心健康必要之服务或是非必要、非理性之限制。提供低劣的照护品质、不适当的个人卫生、对于求助的反应迟缓、不适当地转移居民到另一地方，或是压迫居民出院、使用恰当的化学药瓶或物理抑制、居民之任何关系到所提供之照护品质或生命品质"[1]。日本则在全国范围内实行第三方评估来为患阿尔兹海默症的患者提供服务评价。[2]

(二) 长期护理保险申诉委员会的权责划分

设立长期护理保险的申诉委员会，有必要明确申诉委员会的权利和责任。

首先，长期护理商业保险有关保费的纠纷适用申诉委员会的矛盾解决机制。长期护理商业保险中，保费的缴纳系保险人和投保人之间进行磋商后的结果，订立保险与否在于投保人的个人意愿，申诉委员会本无参与其中的空间和意义。但是，保费缴纳的环节并非只出现在投保阶段，如果投保人选择分期支付模式，在缴纳保费期间对保费的费率和收缴产生了疑义，此时也可诉诸申诉委员会，由其来处理纠纷。

而至于长期护理社会保险，申诉委员会不负责投保人和社会保险人之间有关保费问题的纠纷。第一，长期护理社会保险中保险人为履行国家社会责任的公法主体，其与被保险人以及保险给付的提供者之间关系并非简单的民事关系，申诉委员会并没有权力解决这种纠纷。申诉委员会设立的目的在于解决不当或者失序的保险给付，其设置构想在于第三方客观地监督保险给付的服务过程，同时快捷、便利地解决被保险人遇到的给付问题，可见，申诉委员会的功能在于侧重保护被保险人。而长期护理社会保险中，保费的征缴属于国家的强制性义务，保费的缴纳、保费的数额、保费的缴纳时间并不由当事人之间的意思自治决定。第二，长期护理社会保险中，相关主体如果违反了缴费的义务，除了需要补缴保费外，还有可能受到行政处罚，而申诉委员会系第三方机构，并无权力对相关当事人进行处罚。

其次，长期护理商业保险和长期护理社会保险的保险给付纠纷都适用于申诉委员会的解决机制。保险给付阶段产生的纠纷为护理保险制度的技术纠纷，包括失能人员等级的认定、提供护理服务的品质、护理服务是否

---

[1] 参见李宗派《美国长期照护保险制度之检讨》，《台湾老人保健学刊》2010年第1期。
[2] 参见戴卫东《长期护理保险——理论、制度、改革与发展》，经济科学出版社2014年版，第107页。

合法适当。这些问题需要专业人员的解答,第三方机构来处理纠纷也更加便捷。长期护理社会保险中,如果通过行政方式处理纠纷难以在短时间内满足被保险人的需求,徒增当事人的讼累;长期护理商业保险中,当事人系基于意思自治才产生保险合同关系,赋予第三方机构解决给付中产生矛盾的功能,理论上能公正地解决矛盾。

再次,申诉委员会对于被保险人提起的诉请负有保密义务,除非经过被保险人的许可与同意,或者法律规定,申诉委员会负有保密义务。保密义务要求申诉委员会进行调解或者裁决的过程不能公开进行。长期护理保险中保险给付系对失能人群的给付,人需要尊严,失能人群也并不想将自己的身体状况公之于众。新加坡对于医疗纠纷的调解主要是通过医患双方、律师及调解人员都在场时,其他人或者新闻媒体则不能进行旁听。①

复次,申诉委员会的裁决或调解应当是提起诉讼的前置程序。当事双方如果要向法院提起诉讼,纠纷必须经过申诉委员会的裁决或者调解,否则法院不予受理。长期护理保险给付环节产生的纠纷如果通过诉讼程序来解决,其周期过长,当事人面临的给付压力是现实和迫切的。因此,通过第三方机制来化解纠纷,是满足当事人需求的合适举措。我国《民事诉讼法》第122条规定倡议民事调解,②而对于法院以外的机构作为调解主体则缺乏立法文件,最高人民法院于2016年出台《关于人民法院进一步深化多元化纠纷解决机制改革的意见》指出要"积极推动具备条件的商会、行业协会、调解协会、民办非企业单位、商事仲裁机构等设立商事调解组织、行业调解组织,在投资、金融、证券期货、保险、房地产、工程承包、技术转让、环境保护、电子商务、知识产权、国际贸易等领域提供商事调解服务或者行业调解服务",明确了非司法机构可作为非诉讼程序的主体。如果将申诉委员会的调解作为诉讼的前置程序,则既能便捷当事人主张权利、化解纠纷,也有利于在社会中彰显申诉委员会的价值,形成社会对于申诉委员会的公信力,社会公众也会愿意选择申诉委员会来处理纠纷,可谓相得益彰。但是,此时则产生了新的问题,基于"合意方能调解"的法理,当事人之间如果没有就纠纷适用申诉委员会机制解决矛

---

① 参见艾尔肯《发达国家医疗纠纷第三方调解机制对我国的启示与借鉴》,《时代法学》2015年第2期。
② 《民事诉讼法》第122条规定,当事人起诉到人民法院的民事纠纷,适宜调解的,先行调解,但当事人拒绝调解的除外。

盾达成一致意见，申诉委员会便没有管辖权，而如果长期护理有关的纠纷无法通过申诉委员会来解决，这一制度便形同虚设。因此，需要讨论申诉委员会能否作为诉讼的前置程序。从我国目前的立法来看，尽管纠纷的解决逐渐重视非诉讼程序的功能和作用，但是在处理长期护理保险纠纷时，将申诉委员会制度作为诉讼的前置程序则缺乏法律明文。实际上，在2012年的《民事诉讼法（修正案草案）》第一次审议稿的第25条（对应现行《民事诉讼法》第122条）中，对调解的内容并未出现但书条款，立法者似乎想赋予法院依职权启动调解的权力。[1] 如果按照上述设想，法院将有权启动调解作为诉讼前置程序，但申诉委员会作为社会保险的调解机构，在整个诉讼程序中处于何种地位的问题依然没有得到解答。从比较法的视野来看，我国台湾地区"立法部门"曾于2014年审议"医疗纠纷处理及医疗事故补偿法（草案）"，其中第11条第1款规定："病人或者其他的提起民事诉讼之人，未依法申（声）请调解者不得提起医疗纠纷事件之民事诉讼"，受理调解的机构也并非法院，而是由"具有医学、法律或其他专业知识及素孚信望之公正人士"所组成的"医疗纠纷争议调解会"。考察是否应当将调解作为诉讼的前置程序，问题的症结在于"调解前置"是否存在剥夺了当事人的诉权和实体权利的嫌疑。应当认为，将申诉委员会作为诉讼的前置条件并没有违背"合意方能调解"的法原理，当事人在调解过程中依然可以自由选择申诉委员会委员和鉴定机构，对委员会促成的和解或者委员会作出的裁决不满意时，依然可以提起上诉，因此其诉权和实体权益并未受到限制。同时，将申诉委员会的调解作为诉讼的前置程序，可以控制纠纷进入诉讼渠道，缓和紧缺的司法资源。因此，"将申诉委员会的调解或者裁决作为诉讼的前置程序，并没有剥夺当事人的诉讼权利，只是对其诉权做出了适当的限制，将适合非诉讼方式解决的纠纷分流至第三方调解机构进行调解"[2]。

最后，申诉委员会除了由医疗护理领域、护理机构从业者、长期护理经办机构工作人员等专业人士组成外，还需要设立一定比例的非专业人员。第一，申诉委员会需要专业人士的参与。失能情况的鉴定，护理服务是否适当并非普通人的知识所能回答的问题。实践中，各国涉及医疗活动

---

[1] 参见王阁《强制调解模式研究》，《政法论丛》2014年第6期。
[2] 参见艾尔肯《发达国家医疗纠纷第三方调解机制对我国的启示与借鉴》，《时代法学》2015年第2期。

的第三方调解机构的人员组成都有专业人员的参与，如德国设有医疗事故调解处，调解处的工作人员一般由一名法律专家和两名到四名医生共同组成，以保证对事故发生的过程进行专业鉴定。① 日本则是由专家和学者等十名审查员进行审议。② 第二，申诉委员会需要非专业人士的参与。非专业人员并不能准确地把握长期护理保险的运行。但需要注意到，委员们的理解和判断基于自己的经验而非是专业知识，能够与专业人士的判断形成互补。同时，非专业人士作为申诉委员会的成员，还可以起到监督和辅助的作用。

三 长期护理保险申诉制度与司法救济的衔接

长期护理保险申诉委员会所形成的决定并不具有终局性，被保险人或者被申诉的对象对结果不服，可以提起向法院提起诉讼。德国的长期护理保险中，被保险人如果对申诉的裁决不服，可以以书面或者口头的形式向德国社会法院提起诉讼。由于我国并没有如德国一样设置专门的社会法院，确定长期护理保险申诉委员会做出的裁决可以通过诉讼来执行，对于申诉委员会作出的裁决提起的诉讼是否具有前置程序，申请执行是否附带其他条件，立法上目前尚无结论。应当根据争议解决结果的内容和达成争议解决结果的方式来进行判断。

第一种情况，当事人在申诉委员会的主持下达成调解。首先，在申诉委员会主持下达成的调解协议具有民事合同的性质。若是纠纷的当事人在裁决的过程中达成协议，并且经签字盖章，协议体现出的是双方当事人的意思合意，主要内容是双方的权利和义务的协调配置，因此具有民事合同的效力。从我国的立法和政策来看，承认调解协议具有民事合同的效力经过了一个递进的过程。最早可以追溯至2002年的最高人民法院出台的《关于审理涉及人民调解协议的民事案件的若干规定》，其在第1条指出："经人民调解委员会调解达成的、有民事权利义务内容，并由双方当事人签字或者盖章的调解协议，具有民事合同性质。"确定了非司法机构组织达成的调解协议具有民事合同的性质。之后，最高人民法院又在2009年

---

① 参见陈贤新、张泽洪《国内外医疗纠纷第三方调解机制评述》，《中国医院》2015年第5期。
② 参见［日］植木哲《医疗法律学》，冷罗生、陶芸、江涛等译，法律出版社2006年版，第43页。

出台《关于建立健全诉讼与非诉讼相衔接的矛盾纠纷解决机制的若干意见》（以下简称《矛盾解决机制的若干意见》），《矛盾解决机制的若干意见》再次肯定了这类协议的民事合同性质，指出："人民法院鼓励和支持行业协会、社会组织、企事业单位等建立健全调解相关纠纷的职能和机制。经商事调解组织、行业调解组织或者其他具有调解职能的组织调解后达成的具有民事权利义务内容的调解协议，经双方当事人签字或者盖章后，具有民事合同性质。"其次，调解协议可以申请执行。在确认协议具有民事合同的效力之后，又需要探明纠纷双方之间所达成的协议内容如何得以实现，否则申诉委员会定纷止争的设立构想将会落空。需要辨明的是，调解协议当中，并非所有内容都可以通过法院来执行：

第一，依照我国《民事诉讼法》第3条的规定，人民法院的受案范围限于受理公民之间、法人之间、其他组织之间以及他们相互之间因财产关系和人身关系提起的民事诉讼。因此，调解协议中关于人身关系或者财产关系的内容方可通过法院来申请确权，依照《民事诉讼法》第194条规定，申请司法确认调解协议，由双方当事人依照人民调解法等法律，自调解协议生效之日起30日内，共同向调解组织所在地基层人民法院提出。但是，可以向法院申请确权并不意味着可以直接强制执行，法院执行协议中的人身或者财产权益仍然需要经过对协议内容进行审核和认证。此时则产生了新的问题，既然我们承认申诉委员会是执行的前置程序，该程序的设置本身就是为了便于当事人快捷、合理地解决纠纷，那么再要求对申诉委员会作出的调解协议的执行设置一道确权程序是否有多此一举之嫌？因为这一设置反而增加了当事人对权利义务实现的障碍。对此，有学者指出，调解协议经过当事人签字或者盖章后，就应该"直接赋予其法律执行的效力，免去当事人向法院提出司法确认的申请程序，实现医疗纠纷第三方调解与诉讼的有效衔接"[1]。对此，应当认为，直接赋予调解协议可以执行的效力可能会剥夺当事人的诉权，因此调解协议需经过法院的司法确认方进入执行程序。申诉委员会促成调解后，调解协议进入执行程序需要区分两种情况：一为当事人对调解协议存在争议。在当事人对协议内容存在争议的情况下，有异议的当事人依旧可以向法院起诉来实现诉权。如果设置司法确权作为执行前置的程序，此时的问题在于：一方当事人存在

---

[1] 参见艾尔肯《发达国家医疗纠纷第三方调解机制对我国的启示与借鉴》，《时代法学》2015年第2期。

异议时另一方径行申请执行。依照《民事诉讼法》第 179 条的规定，此时属于对权利义务的内容存在争议，法院告知当事人可以另行起诉，当事人的诉权则得以实现；如果不设置司法确权作为执行的前置条件，一方当事人申请执行，另一方当事人对调解协议存在争议，此种情况下法律并无明文规定，只能通过执行异议程序来阻断执行，或是通过再审程序来申请撤销调解协议，此时当事人的一审诉讼权利显然被剥夺。二为当事人之间并没有争议。此时调解协议需要通过执行程序来实现权利义务，那么也不可以直接赋予此类协议可以执行的效力，因为法院需要审核调解协议的内容有无违反法律强制性规定或者公序良俗的内容。第二，协议内容当中与人身和财产关系无关的内容，并不能通过法院的执行程序来达成当事人的诉求。比如家属要求护理人员进行道歉，或者是更换被保险人的住宿地点，保险给付时提供当事人要求等其他内容。法院无法解决此类问题，为此，申诉委员会需要设立相关争议的委员，还应当建立起申诉委员会与行业监督机构之间的联系，通过行业内部手段或者行政手段来解决当事人的诉求。

第二种情况，当事人没有达成和解，申诉委员会作出裁决。裁决并非是当事人之间通过和解或者协商达成的，因为裁决内容包括对当事人之间的权利义务分配，如护理保险保费收取、保险给付等级的认定的内容是申诉委员会作出的裁决。此类裁决的效力如何，当事人该如何寻求救济，存在疑问。从比较法的视野来看，当事人在非诉讼程序中的裁决并不当然具备强制执行的效力。如英国设有金融投诉服务局（Financial Ombudsman Service，FOS）以专门快速受理保险投诉及采用非司法途径处理保险消费争议。经 FOS 受理的案件并达成的裁决中，并不是所有的裁决都具有强制执行意义，补偿裁决超过 15 万英镑时，裁决仅具有劝告意义，没有拘束力。同时，FOS 如果对当事人进行调停或者和解失败，则会进入最终裁决阶段（Final Decision），对被保险人有效力的仅仅只是 FOS 的最终裁决，同时，被保险人在保险人不履行裁决的情况下可以申请强制执行。

但是该类裁决对被保险消费者来说并不具备强制执行力，同时裁决作出后会赋予保险消费者 30 天的"犹豫期"，投保人在不接受裁决结果的情况下可以提起诉讼以维护权利。[①] 在涉及长期护理保险申诉委员会时，

---

① 参见于海纯《国外保险消费纠纷替代性解决机制及其启示》，《大连理工大学学报》（社会科学版）2015 年第 4 期。

可以参考此类设计。保险消费者（或是投保人、被保险人）往往相较于保险人而言处于弱势地位，其诉求者无非是自己利益相关之事，如果裁决认定提供护理服务的一方需要承担更多的责任，对于个体来说这部分利益能够解决其需求。因此，为长期护理保险中弱势一方设置更多的救济方式和渠道，是社会法中偏重保护弱者的应有之义。

四　长期护理保险行政复议与申诉委员会

（一）长期护理保险行政复议的既有方式

基于前述，申诉委员会可以解决长期护理保险给付阶段的纠纷以及长期护理商业保险的保费纠纷。那么，尚待解决的问题就是社会保险人与被保险人之间产生的纠纷该如何设计救济渠道。从我国目前的立法来看，行政复议是解决保费缴纳等保险人和社会保险人之间问题的主要途径。在长期护理社会保险中，被保险人与社会保险人（社保经办机构）之间具有公法关系，根据我国《社会保险法》第83条的规定，个人认为社会保险经办机构侵害其社会保险权益的，可以依法申请行政复议或提起行政诉讼。因此，作为社会保险之一的长期护理社会保险，也应当适用该条规定，以保障行政相对人（被保险人）能够得到合理的救济。行政复议的时间应适用《行政复议法》第9条，作为行政相对人的被保险人认为行政机关（保险人）的具体行政行为侵犯其合法权益的，可以自知道该具体行政行为之日起60日内提出行政复议申请。关于行政复议的主体资格，根据《行政复议法》第10条，申请行政复议的公民（被保险人）是申请人，如果失智、失能的被保险人被宣告为无民事行为能力或者限制行为能力人，其法定代理人可以代为申请行政复议。而被申请人则为作出具体行政行为的行政机关（社会保险经办机构）。根据《行政复议法》第11条，行政复议的申请形式较为灵活，申请人（被保险人）可以书面申请，也可以口头申请。口头申请的，行政复议机关应当当场记录申请人（被保险人）的基本情况、行政复议要求、申请行政复议的主要事实、理由和时间。关于复议机关，根据《行政复议法》第12条，申请人可以选择向该部门的本级人民政府申请行政复议，也可以向上一级主管部门申请行政复议。对长期护理保险中行政相对人（被保险人的）行政复议受理、行政复议的决定也应当参照《行政复议法》的相关规定。

(二) 长期护理保险行政复议路径的完善

基于纠纷的不同性质，长期护理保险的纠纷可以通过两种不同的渠道来解决。已如前述，社会保险中含有的公法性质需要在处理社会保险产生的纠纷中得到彰显，因此行政复议程序依然是长期护理社会保险中投保阶段纠纷的解决方式。从比较法的视野来看，此种做法也非孤例，在德国法中，纠纷当事人如欲向法院提起诉讼，必须要经过复议程序的审核。当事人对行政复议的结果不服的，再向法院提起诉讼。仍需说明的是，社会保险中，诸多事项属于非可裁量事项，如办理登记、参保险种、缴费基数、缴费年限等，这些事项本不得调解、和解。① 对于长期护理保险中的类似问题，申诉委员会也并无介入和审理并作出裁决的权力，因此当事人只能诉诸诉讼或者行政手段来寻求救济。此时存在的问题在于，从当事人的角度来看，在设立申诉委员会的情况下，将长期护理保险的部分争议和矛盾流向行政纠纷的解决方式，会导致当事人在寻求救济时面临两难情景。当事人并不了解自己身处纠纷的法律性质为何，该由何类部门解决，当事人此时所需要的只是一个能解决争议的部门。那么，由于争议的解决依旧是"分而治之"的方式，便并没有达到解决长期护理保险纠纷旨在快捷解决矛盾与维护被保险人权益的目标。

造成这种情况的症结在于，申诉委员会并非政府的行政部门，申诉委员会并没有权限来越俎代庖，处理本属于政府机构负责的纠纷。同时，交由申诉委员会来处理上述类型的纠纷，也无法体现社会保险背后蕴含的政府责任，以及长期护理社会保险背后隐藏的为公民提供养老支持的国家义务。

对于这种情况，学者们设计的解决思路通常是：将类似申诉委员会的社会保险争议解决机构整合入行政部门之中，从而使得社会保险争议解决机构获得处理涉及行政行为的争议的权力。具体来说：无须调整我国现有的争议解决方式，只是在行政复议部门中再设置一个独立委员会。通过选派社会保险经办机构的代表、各专业领域的代表进入纠纷解决委员会担任委员，用来体现专业委员会的社会公正性和社会专业性；或是在行政机构内部设置独立的社会保险争议解决部门，争议解决部门可以同时处理社会

---

① 参见桑小瑶《论建立社会保险争议的前置性行政救济》，《山东行政学院学报》2019 年第 4 期。

保险纠纷以及行政复议纠纷。当事人若对争议解决部门或者申诉委员会的处理结果存在异议，依旧可以提起行政诉讼。[1]

但如此设计依然存在问题：对于长期护理保险而言，如果将申诉委员会设置为行政机构的内设部门，那么申诉委员会的独立性便不能体现，也无法满足第三方客观处理争议的需求。这时，便需要重新审视解决这类纠纷所指向的真正矛盾所在。

首先，需要厘清行政复议所针对的纠纷类型。按照《行政复议法》第6条的规定，行政复议的对象应当是行政机构作出的具体行政行为，而对于长期护理社会保险中涉及的社会保险人与被保险人之间产生的纠纷，例如社会保险费的费率或是社会保险期间和保险期限等问题，并非属于行政机构的不当行为所导致。从实践中来看，社会保险费率的厘定并不是行政机构的具体行政行为，依照国务院于1999年出台的《社会保险费征缴暂行条例》第3条第5款的规定，社会保险费的"费基、费率依照有关法律、行政法规和国务院的规定执行"，与行政机构的具体行为无涉。而能够属于行政复议所能调整的纠纷，仅包括"针对用人单位不缴纳、少缴纳保险费的行政不作为或者行政行为瑕疵[2]"的情况。这类用人单位不缴纳或者少缴纳社会保险费的情况，系有社会保险费征收义务的行政机构的作为或者不作为，因此可以被纳入行政复议所针对的对象。可见，需要限制流入行政复议的纠纷体量，将本不属于行政复议所能解决的纠纷排除在外。实际上，德国对于社会保险纠纷虽然采取了"先行政复议程序，不服者再进入行政诉讼程序"的做法，但是其行政复议所针对的对象也是"社会保险经办机构的作为或者不作为"。[3]

其次，需要明确社会保险诉讼程序在纠纷解决机制中的特殊地位。"社会保险争议行政救济程序属于依法行政之范畴，亦为专业行

---

[1] 参见桑小瑶《论建立社会保险争议的前置性行政救济》，《山东行政学院学报》2019年第4期；刘文华、白宁《社会保险法治化政策研究专题：社会保险争议法律救济制度与实践》，《中国劳动》2018年第8期；杨复卫《社会保险争议处理机制路径选择：以去私法化为中心》，《中国劳动》2016年第12期。

[2] 参见郑尚元《依法治国背景下社会保险法制之建构》，《武汉大学学报》（哲学社会科学版）2017年第4期。

[3] 参见谢德成《劳动者社会保险权法律救济程序之探讨》，《河南省政法管理干部学院学报》2010年第3期。

政之必需。而社会保障争议诉讼程序乃是权利救济的最终依赖。"① 依照我国《社会保险法》第 83 条的规定，行政复议制度并非社会保险纠纷解决的前置选择，在对社会保险经办机构的行为存在异议时，当事人可以选择诉讼或者选择复议来解决纠纷。那么，为何行政复议会作为纠纷解决的一个选择项，来处理本非自己责任的纠纷呢？依笔者推断，原因在于：第一，前述的社会保险纠纷诉求不适宜通过诉讼程序来解决，即"当事人的请求并未形成法律上的请求权"②。在尚未建设出专门的社会保障纠纷解决机制的情况下，需要将部分纠纷分流至行政纠纷解决管道中，从而减轻法院的诉讼压力。第二，将部分不适宜通过法院来解决的矛盾和纠纷通过行政手段来解决，也可以避免法院在执行阶段面对无从下手的纠纷请求。将行政复议作为社会保险纠纷的争议解决渠道，只是避免这些纠纷进入司法程序、挤占紧张司法资源的权宜之计。

最后，从我国目前的立法来看，行政复议也并非社会保险纠纷的前置程序，而是和诉讼处于同样的选择次序。《工伤保险条例》第 53 条曾经将行政复议作为工伤认定的前置程序，但是在 2010 年《工伤保险条例》修改后将 53 条内容改为第 55 条，赋予当事人通过行政复议和行政诉讼来解决纠纷的选择权。基于前述，行政部门所负责的纠纷类型被严格限定在小部分范围内，法院又是解决所有社会保险纠纷的最终选择，而具备调解功能的申诉委员会在我们的构想中又可以作为诉讼的前置程序。那么，就可以在申诉委员会中设立一个立案审查部门，诉诸申诉委员会的纠纷通过该部门进行筛选：第一，如果是属于行政机构的行为侵犯当事人权益，应当告知当事人前往行政部门进行复议申请。第二，如果纠纷属于缴费基数、缴费年限等类型，这些问题属于法定事由，而不是行政行为出现的纠纷。申诉委员会缺少调解纠纷的权限，应当告知当事人直接向法院提起行政诉讼。第三，对于属于自己的管辖范围的纠纷则依法进行调解或者裁决。如此设计，则申诉委员会依旧为当事人寻求解决的最佳选择。

---

① 参见郑尚元《依法治国背景下社会保险法制之建构》，《武汉大学学报》（哲学社会科学版）2017 年第 4 期。
② 参见郑尚元《依法治国背景下社会保险法制之建构》，《武汉大学学报》（哲学社会科学版）2017 年第 4 期。

第四节　司法救济渠道的落实

在我国，法定的诉讼形式有民事诉讼、行政诉讼和刑事诉讼，三者各有其调整范围与适用对象。长期护理保险法律关系涉及多方主体，不同主体间的法律性质存在差异，因此适用何种诉讼形式加以救济不能一概而论。一方面，社会保险与商业保险的保险人法律性质不同，因此司法救济途径存在差异，前者适用行政诉讼，后者适用民事诉讼；另一方面，因为长期护理保险以实物给付为原则，以现金给付为例外。而在实物给付的场合，保险人无法亲自提供服务，一般通过委托的方式经由专业的护理服务机构代为给付，法律关系的主体由"二人模式"变为"三人模式"，因此法律纠纷的争议主体不易确定。下文将以长期护理社会保险与商业保险的区分为基础，探讨相关法律纠纷的司法救济渠道。

一　长期护理社会保险的司法救济

社会保险法是社会保障法律体系的重要组成部分，通常被视为兼具公法与私法某些特征的第三法域。长期护理社会保险的保险人是国家社会保障责任能否得到体现的重要主体。如前所述，为了与其他社会保险的经办相衔接，以社会保险经办机构来充当长期护理社会保险的保险人角色，是较为务实且易行的做法。而实践中，社会保险经办机构一般为同级政府部分的下属事业单位，其费用由政府财政负担，工作人员参照公务员进行管理，因此社保经办机构通常被认为是行使国家公权力的公法主体，由此形成的法律关系极具有公法色彩，一般适用行政诉讼的方式加以解决。

根据《行政诉讼法》的有关规定，被保险人可以先申请复议，再提起诉讼，也可以径行向法院提起行政诉讼。被保险人直接向法院提起诉讼的，应当在知道社保经办机构具体行政行为之日起三个月内提出。人民法院在作出宣告判决或裁定前，社保经办机构可以改变其具体行政行为。人民法院经过审理，认为社保经办机构的具体行政行为合法的，作出维持判决；也可以根据违法情形判决社保经办机构撤销或部分撤销具体行政行为，并可判决其重新作出具体行政行为。若社保经办机构不履行或拖延履行法定职责的，人民法院可判决其在一定期限内履行。

（一）保险人提供非标准的保险给付

在保险人委托第三方提供实物给付的场合，他们之间通常签订定点护理机构服务协议，该协议本质上属于行政合同。与一般行政合同不同的是，该服务协议中护理服务机构的对待给付通常指向被保险人。因此，若以被保险人为中心来看，其并非行政合同的行政相对人，但是却有接受护理服务机构提供护理服务的权利。而保险人之所以和护理机构签订向被保险人给付的行政合同，乃是基于其对被保险人负有行政给付义务，由此可见，真正对被保险人负有保险给付义务的主体是保险人。但是，实践中存在长期护理保险只提供部分护理服务，而剩余的护理服务项目由当事人自行负担的情况。在这样的场合则存在行政法律关系和民事法律关系的交错。

一方面，在实物给付的场合，当护理服务机构按照法律规定或是按照服务协议的约定向被保险人提供护理服务时，其只是在履行对保险人依法律或依合同所负担的公法上的义务，这部分争议根据行政合同以及第三人利益契约的见解，争议的双方主体是护理机构与保险人而不涉及被保险人。当护理机构违反服务协议约定，如无故拒绝接受被保险人护理、因被保险人身份故意提高护理服务价格、提供不必要的护理服务赚取利益等，从而产生争议。此类争议事项并非被保险人与护理机构之间的权益之争，而仅仅是护理机构违背法律及与保险人订立的服务协议中所确定的义务。此时，被保险人并不能直接向护理服务机构提出请求并诉诸法院，而是应当将情况反馈到保险人并由保险人向保险监督机构反映，或由被保险人直接向保险监督机构申诉。同时，被保险人也可以以保险人的具体行政行为侵害其权益为由提起行政复议或者行政诉讼。以机构养老服务为例，实践当中判断养老机构的给付是否违约存在两个标准：一是保险合同签订当事双方的约定标准；二是国家、行业或者地方政府对于服务品质的法定标准。[①] 长期护理保险中保险给付与养老机构提供的护理服务不同，前者的保险人和护理服务的提供者可能并非同一主体，后者是服务提供者直接与接受护理人员签订合同。但是，长期护理保险中，即便保险人和服务提供者并非同一主体，在被保险人没有接受法定给付的情况下，依然属于保险

---

① 参见汪敏《中国机构养老服务的民事法律风险研究——基于567份裁判文书的整理与分析》，《社会保障评论》2018年第5期。

人的责任。此外,长期护理服务协议内容不能因一次给付而完成,属于继续性合同,① 在协议履行过程中的非紧急状态下,如果未经被保险人同意,护理服务提供者擅自改变合同双方当事人约定的服务方案,此行为属于不按合同履行合同义务,在这种情况下保险人也没有正确履行职责。

另一方面,在现金给付的场合,则存在两种具体情形。一种是保险人直接将定额的现金给付给被保险人,另一种是保险人对被保险人的护理费用全部报销或者按比例报销。在前者,不涉及第三方主体,因此法律关系最为清晰,由此产生的纠纷,属于行政纠纷。被保险人可以进行行政申诉、行政复议或者向人民法院提起行政诉讼。在后者,则类似于现行的医疗保险给付,学者通常认为混合了公法和私法两个部分,② 其救济方式存在争议。

本书认为,在这种情况下,长期护理保险是按比例报销护理费用而非提供全额保障,因此护理服务关系存续期间被保险人负有向医疗机构缴纳自负部分款项的义务。此时,长期护理保险费用偿付实际上是作为对被保险人购买护理服务的一种经济补偿,故被保险人自负部分应当作为对医疗机构提供医疗给付对等的债务,因这部分引发的纠纷适用民事诉讼的方式解决。而对报销比例、报销范围以及报销数额等存在争议的,则应该以保险人作为纠纷当事人,适用行政纠纷的救济方式。

(二) 被保险人因他人侵权遭到损害

护理服务提供者在为被保险人提供长期护理服务时,会与被保险人之间产生较为密切的接触,有深度介入对方日常生活的机会。在护理过程中,护理服务提供者有可能会侵害被保险人的隐私权、生命权、身体权、健康权和财产权。护理保险的保险给付的形式除了个人护理外,大多数为机构护理的情形,此种情况类似于养老机构提供养老服务,因此,违约和侵权往往是相伴而生的,共同构成民法上的加害给付。③

---

① 继续性合同是指合同的内容并非一次给付可以完结,而是继续地实现,其基本的特色是,时间因素在债的履行上居于重要的地位。参见韩世远《合同法总论》,法律出版社 2011 年版,第 62 页。

② 参见李晓鸿《论我国医疗保险法律关系的定性及争议回应》,《甘肃社会科学》2013 年第 6 期。

③ 参见汪敏《中国机构养老服务的民事法律风险研究——基于 567 份裁判文书的整理与分析》,《社会保障评论》2018 年第 5 期。

1. 因护理服务机构的不当给付遭受损害

保险人提供不当给付指的是被保险人因护理机构的不当护理而遭到人身损失或者财产损失。护理保险中，保险给付主要是护理人员的护理行为，如果给付行为带给被保险人损害，保险人除了会因不当给付行为要承担违约责任，还有可能承担侵权责任，从而导致责任竞合。因此，在与之类似的长期护理保险中，若是保险人提供实物给付，此时因存在不同的法律事实产生两种法律关系，针对不同主体产生两类诉权。其一，护理机构的不当给付导致被保险人受有损害，构成侵权行为，被保险人对护理机构享有侵权损害赔偿请求权。其二，护理服务机构与保险人之间存在行政合同关系，本身是代替保险人提供给付，因此可以视为保险人的给付不符合法律规定，被保险人有权向保险人请求损害赔偿。在被保险人提供现金给付的场合，则被保险人仅仅对被保险人的护理费用进行补偿，不涉及具体服务的提供，不成为纠纷的主体。此时被保险人针对护理服务机构产生两项诉权，一是属于合同违约的情形，一般情况下，被保险人可以要求违约的护理服务提供者继续履行提供护理服务的义务，但如果受困于法律或事实等因素确实已无法继续履行，或者被保险人没有在合理期限内提出继续履行的要求，被保险人只能通过要求护理服务提供者采取补救措施、赔偿损失、支付违约金等方式承担违约责任。二是因其雇员的侵权行为而承担替代性的侵权责任，被保险人享有侵权损害赔偿请求权。

2. 侵害隐私权

如果护理服务提供者素质较低，未经被保险人同意偷窥其身体，或者在被保险人家中私自放入监视器等设备偷拍偷录被保险人活动，使得被保险人的私生活安宁受到侵害，被保险人可以要求护理服务提供者承担停止侵害等侵权责任，精神受到损害的被保险人还可以要求护理服务提供者承担精神损害赔偿责任。另外，如果护理服务提供者利用自己的便利条件获得被保险人的秘密，不得将之随意公开，如若不然，也可能因为侵害被保险人的隐私权而承担侵权责任。① 如果护理服务的相关合同条款有规定护理服务提供者不得侵害被保险人隐私权，会发生违约责任与侵权责任的竞合，被保险人有权在这两种责任之中择一要求护理服务提供者承担相应的责任。

---

① 关于侵犯隐私权的详细阐述，参见程啸《侵权责任法》，法律出版社 2015 年版，第 164—173 页。

3. 侵害健康权

因护理服务提供者与被保险人接触较为密切，在护理过程中容易产生摩擦，而被保险人通常为生活不能自理的残障人士或老年人，护理服务提供者为泄愤或者怠于提供护理服务时，可能会出现虐待、伤害被保险人的情况。视具体情况护理服务提供者可能会侵害被保险人的生命权、身体权或健康权。在被保险人死亡的情况下，护理服务提供者的行为可能不仅构成侵权行为，还会构成故意杀人行为和过失致人死亡行为；在被保险人受伤的情况下，护理服务提供者的行为可能会构成故意伤害行为或过失致人重伤的行为，这些情形下涉及护理服务提供者的刑事责任。

4. 护理机构的监护责任

长期护理保险中接受保险给付的当事人不排除属于限制民事行为能力人或者无民事行为能力人，那么此时自然产生的监护人的问题，接受护理的人员此时若是遭受损害或是有损害他人权益的行为，由谁来承担最终责任？从实在法的规定来看，法律允许监护人将自己的监护职责转交给其他主体，《民法典》规定无民事行为能力人、限制民事行为能力人造成他人损害，监护人将监护职责部分或者全部委托给他人的，由监护人承担侵权责任；受托人有过错的，承担相应的责任。据此，即便监护人将监护职责转移给了其他主体，也不能免除自己的监护人责任，受托人只是在存在过错的情况下依照其过错程度承担责任。以此来检讨长期护理保险中的法律关系可以推知，失能人员的认定本身就意味着被保险人身体功能和认知功能的下降，那么进入机构护理的被保险人在民法上就可以被认定为限制民事行为能力人或者无民事行为能力人，失能等级就是辅以认定的证据。被保险人在护理机构接受护理期间造成的损害或者遭受损害，其监护人需要承担责任，护理机构仅在存在过错的情况下承担过错责任，而不会发生监护人完全免责的情形。

5. 机构违反安全保障义务

我国《民法典》第 1198 条第 1 款规定，宾馆、商场、银行、车站、机场、体育场馆、娱乐场所等经营场所、公共场所的经营者、管理者或者群众性活动的组织者，未尽到安全保障义务，造成他人损害的，应当承担侵权责任。在机构护理的情形中，护理机构面向社会公众开放，民营的护理机构还通过从事护理行业来进行营利活动，因此属于负有安全保障义务的主体。护理机构违反安全保障义务同样会出现责任竞合的情况，因为在签订保险合同时会在合同中约定护理机构应当承担的安全保障义务，同时，护理机构自身也担负着法定的安全保障义务。我国目前并没有专门的护理机构管理立法，但是对同样承接护理业务的养老机构，民政部曾出台《养老机构管理办法》进行规制，《养老机构管理办法》第12条第2款规定，养老机构应当提供符合老年人居住条件的住房，并配备适合老年人安全保护要求的设施、设备及用具，定期对老年人活动场所和物品进行消毒和清洗；第21条规定：养老机构应当实行24小时值班，做好老年人安全保障工作。

二 长期护理商业保险的司法救济

基于私法自治之本旨，长期护理商业保险合同由当事人自由协商订立，形成平等民事主体之间的法律关系，由此产生的纠纷适用民事诉讼的方式加以救济。但是，因为长期护理保险的给付中有实物给付的类型，因此可能会涉及第三人的问题，有详加说明的必要：

首先，在提供现金给付的场合，一旦发生保险合同约定的保险事故，保险人即向被保险人支付合同约定的保险金。这种情形法律关系清晰明了，纠纷当事人就是保险人与被保险人，被保险人对认为对方违约的，可以向人民法院提起民事诉讼。

其次，在提供实物给付的场合，保险人并不向被保险人支付保险金，而是通过现实的服务履行保险义务。但是由于护理服务具有专业性，大多数的保险公司并不具备这一能力，因此常常委托第三方护理服务机构代为提供。这种情况下保险公司与护理服务机构签订委托合同或者服务协议，由护理机构向被保险人提供长期护理服务，由此产生的费用由保险公司负担。该合同实质上是一个为第三人利益合同，护理服务机构之所以愿意向合同之外的第三人提供护理服务，是因为保险公司为其服务支付对价，同时，对待给付之所以改变方向指向被保险人，是因为保险公司的指定。而保险公司之所以愿意支付护理服务的费用，则最终根源于其与被保险人之间的长期护理保险合同。因此，从被保险人的角度看，其既可以根据与保险公司之间的长期护理保险合同向保险公司主张违约责任，也可以根据保险公司与长期护理服务机构的为第三人利益合同主张救济。因为若长期护理服务机构提供的给付不符合为第三人利益合同的约定，被保险人基于该为第三人利益合同享有合同债权,取得独立诉权,① 因此可以直接要求护理服务机构承担违约责任。

最后,在被保险人因第三人侵权而受到损害的场合,因侵权责任的产生系由法律明文规定,因此与长期护理社会保险的情形相比并无不同,具体请参酌前文。

---

① 吴文嫔:《第三人利益合同原理与制度论》,法律出版社2009年版,第179页。

第六章　长期护理保险制度的监督管理

第一节　对保险机构的监管

一　长期护理社会保险机构的监管

(一) 长期护理社会保险机构监管的对象

建立长期护理社会保险制度的监督管理体系，首先需要明确监督管理的对象，即哪些主体负责长期护理社会保险的日常运行与保险经办。长期护理社会保险的保险机构主要是负责长期护理社会保险事务的行政机构。从当前情况来看，我国缺少专门的负责长期护理保险事务的政府部门。依照《指导意见》第15条的规定："长期护理保险制度试点工作政策性强，涉及面广，各级人力资源社会保障部门要高度重视，加强部门协调，上下联动，共同推进试点工作有序开展。"可见，人力资源社会保障部门作为长期护理社会保险的组织部门，负责协调联动其他主体。

从目前的实践来看，长期护理社会保险的运营需要多个主体互相配合，法律关系复杂，各个部门之间的职权也存在差别，也没有法律明确哪一主体承担长期护理社会保险的保险人责任。就各试点城市的运行而言：长期护理社会保险的运营中，人保、卫生、发改等部门皆欲接手保险的监管工作。综观我国目前对于长期护理社会保险试点城市中主体混乱的情况，实际上反映了我国自推行社会保险制度以来一直未能解决的困惑，即社会保险制度中难以明确谁是真正的社会保险人。

为何会产生这种情况，从实在法上看，是因为我国立法和实践中并没有设立独立社会保险人。我国的《社会保险法》单纯规定了社保机构的产生办法、职能分工和财务的具体运行，但是社会保险的经办机构并没有在法律上被赋予社会保险保险人的地位。为何立法没有规定统一的社会保险主体，则需要探求其背后的法理原因。造成这种保险义务人主体不明的困惑原因在于：第一，政府代表的是国家承担一定的国家给付责任，但是社会保险机构则是直接负责具体的社会保险业务经办；第二，实践当中，保险经办职能属于经办机构，保险给付则由专门的给付提供机构提供，二者分别属于不同主体，割裂了社会保险中保险人的职能。从比较法上来看，长期照护保险的监管对象并不限于保险人。在德国法中，长期照护被认为是整体社会的责任，因此照护保险人承担的是国家责任。[①] 长期照护的保险人在进行社会照护中承担了十分特殊的作用。首先，德国长期护理社会保险的法定保险人，在联邦政府层级为长期照护保险基金。长期照护保险基金（Pflegekassen）依托于"健康保险基金"（Krankenkassen），[②] 前者是后者的一项内容，医疗保险的保险人与长期照护保险的保险人合二为一，业务分开办理，保险基金也各自运行。[③] 长期照护保险基金是具有权利能力的社团法人，但以公办民营的方式取得独立的公法人地位，兼具健康保险和照护职能，受到国家监督。[④] 其次，由于德国的国家体系和政治制度的原因，各州行政上高度自治，不同地区的长期护理基金会相互独立、多元运作，形成了并非完全统一的照护保险基金协会及管理基金协会。这些协会一般由理事会与行政委员会两个层面构成；而联邦政府也存在着相应的照护保险基金机构。[⑤]

日本的介护保险的保险人是市町村，但是介护保险护理服务的输送却涉及多个主体。首先，作为基层行政组织的市町村负责自己辖区的需求；测算需要的服务数量、费用、设施，并且制订服务计划。市町村是直接与居民之间联系的介护保险主体，因此，介护服务对象的保险费以及医疗保险机构征收的第二类保险人的保险费最终都会被转移到市町村来。其次，都府道县负责指定服务机构、指导保险机构的运营、设立相关委员会、处理市町村的申诉等事项。[⑥]

---

① 参见陈君山《德国照护保险制度之研究》，《社区发展季刊》1997年第78期。
② 参见钟秉正《德国长期照护法制之经验》，《长期照护杂志》2006年第2期。
③ 参见郑尚元《长期照护保险立法探析》，《法学评论》2018年第1期。
④ 参见梁亚文、徐明仪《德、荷长期照护保险之比较》，《护理杂志》2010年第4期。
⑤ 参见郑尚元、扈春海《社会保险法总论》，清华大学出版社2018年版，第126页。
⑥ 参见高春兰《老年长期护理保险制度——中日韩的比较研究》，社会科学文献出版社2019年版，第101页。

在韩国，究竟何者为护理保险的保险人，并无法律的明文规定。从最终国会通过的法案来看，有两大主体负责护理保险运营和监督：第一，健康保险公团是老年长期护理保险的运营机关，负责管理参保者及医疗救助对象、征收保险费用、调查保险申请者、管理和指导护理等级评定委员会的运营及长期护理等级判定等业务。第二，韩国地方政府则负责指导、监督和管理护理机构，指定或取消护理机关，推荐护理等级评定委员会成员等业务。[①]

我国台湾地区的"长照保险法案"并未获得"立法"通过，长期照护服务的资金来源仍然采用税收补助制，因此事实上不存在长照保险的保险人。长期照护相关法制呈现碎片化状态，管理和运行权力散于社政、卫政和退役军人部门手中，被称为"多头马车"，导致管辖权的冲突以及社会资源的浪费。[②] 2015年，我国台湾地区"立法院"通过"长照服务法"，依据"该法"第2条的规定，长期照护服务体系的主管机关，在"中央"为"卫生福利部"，在"直辖市"为"直辖市政府"，在"县（市）"则为"县（市）政府"。依据该法第3条和第8条的规定，"中央主管机关"可以指定长期照护管理中心，由长期照护管理中心或县市主管机关具体负责评估被保险人的长照服务需求，包括按照民众失能程度核定其长照需要等级及长照服务给付额度、依据失能者失能程度及其家庭经济情况确定保费补助额度等具体事项。但依据"该法"第6条和第62条的规定，涉及长照服务人员职业教育、资质评定、技能检定等事项，仍由教育、劳工、退役军人等相关职能机关负责。

可见，长期护理社会保险制度的一大特点就是参与长期保险服务输送的主体具有多元化倾向。造成这种结果的原因在于：第一，长期护理保险的保险给付既有现金给付也有实物给付，涉及不同的种类，服务提供的主体也非出自一家，从而相较一般的社会保险法律关系更为复杂。这种局面的出现是由于长期护理保险制度作为一种国家为公众提供的福利，并不再由政府全权负责整个过程，而是政府将部分权力和职能让渡于社会力量。在福利市场化的大背景下，政府不再是福利唯一的提供者，而是由非营利部门与营利部门共同参与社会服务市场。[③] 政府在这种局面中扮演的角色

---

① 参见高春兰《老年长期护理保险制度——中日韩的比较研究》，社会科学文献出版社2019年版，第149页。
② 参见钟秉正《德国长期照护法制之经验》，《长期照护杂志》2006年第2期。
③ 参见周怡君、庄秀美《德国照护保险中的国家监督管理》，《台大社工学刊》2014年第29期。

可能是提供者，也可能只是行业监管者。第二，各国行政体系和政府组成方式不同，负责不同事务的部门在政府中所处的位置也不同，从而各国在设计本国的护理保险制度时的实践也多有乖背。以上区别的体现就在于，长期护理社会保险制度的参与主体不限于保险人，基于公私合作的现代行政理念，社会力量也被纳入整个长期护理服务的输送体系，在各个不同的环节扮演者不同的角色。保证长期护理保险服务的正常输出与品质保障，便需要监督长期护理社会保险的保险人以及其他参与服务供给的主体。在明确监督的对象之后，还需要探寻监督的法理依据与监督方式。前已述及，在我国的实践中，虽然保险人的职能最终是通过不同的机构承担，但是护理保险的经办机构仍然是担任长期护理社会保险的保险人的最佳之选。因此，在讨论对长期护理社会保险的保险人进行监督时，监督对象限定为经办机构。

(二) 长期护理社会保险机构监管的法理依据

对长期护理社会保险的保险人监督的法理依据为何？此问题并不能草率作答，其背后蕴藏的是对国家、社会与公民之间的利益衡平问题，涉及三者如何参与护理需求的保障和落实过程，又如何分配权利和义务的特殊关系。

作为保险人的社会保险机构担负着国家责任，行使着国家赋予的权力，其权力的运行自然需要公众监督。经办机构在长期护理社会保险的法律关系中处于保险人地位，需承担保险人这一特殊身份所带来的责任和义务，其中便包括接受社会监督的责任与义务。具体而言：社会保险人依照其公法人身份需要受到监督。与商业保险中保险人是私法主体不同，投保人和社会保险人之间并不需要签订合同来形成保险关系，当事人之间的权利义务关系基于法律规定而产生。我国的《社会保险法》作为国企改革的配套制度而发展起来，制定时的目光聚焦在企业与劳动者的关系之上，因此并未在立法中抽象出社会保险的法律关系，因此也并无"社会保险人"的概念。[1] 因此，单从立法上难以寻得"社会保险人"这一主体所应承担的责任与义务。从社会保障的一般法理来看，社会保险关系中投保人与保险人之间的法律关系性质为公法关系。社会保险人不仅是自主经营、自负盈亏的独立主体，还是作为社会保险公共服务的提供者，以及承接国

---

[1] 参见李秀凤《论社会保险关系成立的时间》，《理论学刊》2015年第3期。

家意志、分担国家职能的特殊主体。① 社会保险的保险人一般是依照法律来行使国家社会保障职能的行政主体，"换言之，社会保险之保险人为行政授权主体，其业务之开展取决于法律规定，其法律地位为公法人"②。由此，公法人行使公权力需要受到监督，经办机构作为长期护理社会保险的保险人也因此同样需要接受监督，自无疑问。经办机构在其性质上虽然多有争议，但是现阶段经办机构无论在中央还是在地方，均属于依法设立的事业单位，一般被认为属于公法人中的社团法人③。从实践中看，我国长期护理保险的社会保险人多为此类单位所承接，社会保险人行使着国家职权，运行和经办长期护理保险业务的行为应当依照法律来进行。从法理上进行检讨，社会保险人与一般意义上的保险人一样，通过收取公众的保险费进而成立保险基金，用于保费的支付以及保险事业的运行。保险人对于保费的收取、自身经营状况的控制、保险支付条件的设置，关系到投保人的保险权益最终能否得到实现。"社会保险人始终作为最为关键的一方主体主导、接续着各种权利义务关系。"④ 可见，对社会保险人进行监督是保证整个社会保险制度健康运作与发展的重要条件。

需要注意到的是，从长期护理社会保险中保险人的职能来看，保险人通过收取投保人的保费形成保险基金，在保险给付条件成就时向被保险人提供保险给付。此种模式与一般商业保险中保险人的工作存在相似之处。因此有学者指出：作为社会保险人的经办机构不仅拥有独立的法人地位之外，还拥有独立人事权和经办费用自主权，此种模式也符合规范法学意义上的"请求给付权利—给付义务"的模型，承担着类似于民法债权关系中的给付义务；从投保人的角度来看，因缴费来享受社保服务更具有私法合同的性质。若落实到经办机构这一主体中，经办机构的业务服务于参保人，独立于国家，其管理个人账户的行为也是典型的民事行为。⑤ 这种将社会保险中保险人与被保险人的关系界定为公法上债之关系，将被保险人

---

① 参见李秀凤、张静《社会保险费率调整的法理基础与进路选择》，《东岳论丛》2018年第2期。
② 参见郑尚元《社会保险之认知——与商业保险之比较》，《法学杂志》2015年第11期。
③ 参见胡川宁《社会保险经办机构的性质和定位研究——从公法人的组织模式出发》，《行政法学研究》2016年第2期。
④ 参见李秀凤、张静《社会保险费率调整的法理基础与进路选择》，《东岳论丛》2018年第2期。
⑤ 参见娄宇《论我国社会保险经办机构的法律地位》，《北京行政学院学报》2014年第4期。

缴纳保费的行为与经办机构提供保险给付的行为视为民事合同的观点,虽不为本书所采,但这种观点提醒我们,社会保险与商业保险在功能上具有相同的属性。从制度的发展历史上来看,社会保险作为国家保障公民社会权利的一种制度,其脱胎于商业保险,本质上是借助保险制度来转移和分散社会成员所面临的一般化风险,因而一定程度上也应该遵循保险制度的基本法理。基于此,则产生新的疑问:商业保险法律关系中对保险人的监管要求是否也适用于长期护理社会保险法律关系之中?一般而言,商业保险公司的成立需要满足《保险法》第72条所规定的条件,同时经过保险监督管理机构的批准方可设立;且商业保险公司与投保人之间通过签订合同产生保险合同法律关系,投保人本身就可以通过合同约定来监督当事人。而社会保险关系并不基于当事人的意思自治而产生,其设立条件也由行政法律所规范,仅以长期护理社会保险的运作具有某些私法特征,就认为社会保险人需要承担和私法主体一样的接受监督义务,似乎也难以为据。进一步考察对商业保险人监督的原理,国际保险监督官协会(ISIA)为了建立高效、公平和良好的保险市场出台了一系列的指导文件和标准文件,监管原则被分为市场行为监督和偿付能力监督,同时被反复提及的具体要求便是"资本充足和偿付能力"。[1] 可见其监督商业保险人的目的在于保证保险公司的偿付能力,减少商业保险公司不能清偿保费的风险。长期护理社会保险中,若是承认经办机构系社会保险人,则经办机构需要拥有对长期护理社会保险业务的人事权和财政权,保费的核定、给付标准的确定以及保险基金的运作等事项均应当受控于经办机构。但现实显然并非如此,如前所考察,长期护理社会保险的经办机构大多只是承接了社会保险的部分职能,比如资金的划拨、核算,信息数据的维护等功能。此时,保险的经办机构只是长期护理社会保险事务的执行机构,不享有长期护理保险基金的所有权(甚至大部分地区都没有建立独立的长期护理基金,而是将其列于医保基金项下),也无法参与长期护理社会保险保费的核定。可见,经办机构事实上无权控制长期护理保险的运作,也无法独立地承担风险,寄希望于通过监督来达到完全控制长期护理保险风险的目的也就无从谈起。因此,商业保险法律关系中对保险人的监管要求不应当然地适用于长期护理保险法律关系中。

---

[1] 参见王颖《保险监管模式国际比较及其借鉴》,《保险研究》2012年第12期。

(三) 对长期护理社会保险机构监管的方式

对长期护理社会保险的社会保险人监管方式有两种，为外部监管和内部监管。前者指通过外部力量来对社会保险人的运作进行监管，后者则是指社会保险人通过组织内部对自己的决策和行为进行监督。

首先，就外部监督而言，我国的经办机构系公法人。依照《社会保险法》的规定，对社会保险相关主体的监督可以分为：(1) 人大监督；(2) 财政、审计部门监督；(3) 社会保险行政部门监督；(4) 社会保险监督委员会监督的四维监督体系。

其次，就内部监督而言，指长期护理社会保险的保险人能够进行自发的内部监督和管理。第一，长期护理社会保险的保险人作为一种社会保险人，在德国法上被称为"公法团体"（Körperschaft des öffentlichen Rechts），所谓公法团体是指国家为特定任务而创立，具备权利义务能力的自治社团，且拥有自我管理（即"自治"）（Selbstverwaltung）的能力，其中两个要素"公共法律实体"和"自治管理"是一起出现并且相互补充。[①]。第二，长期护理社会保险的保险人是社会保险法上的公法人，其承担的保险给付义务属于行政给付的一种类型。[②] 依照德国法律，照护保险人与其他长期照护的主体之间通过民主方式与集体协商来解决长期照护保险所涉及的问题，照护保险的保险人需要遵守集体决策结果。其中，社会保险的其他主体主要包括经办机构的管理者以及劳资双方。[③] 可见，行业内部主体之间的监督同样是对于社会保险人的一种约束方式。我国《社会保险法》第十章专章规定社会保险监督的规范，但是对于社会保险关系当中内部监督没有太多着墨。对于长期护理社会保险的保险人而言，目前可依照的最高层级法律是 2007 年原劳社部颁布的《社会保险经办机构内部控制暂行办法》，除此之外，有的地方也出台了地方性规章以要求社会保险经办机构自行进行内部监督。立法层次低必然会对法律的严肃性、权威性和稳定性产生影响。[④] 同时，我国的经办机构尚没有建立起完整的法人结构以进行内部监督，经办机构可以参照现在企业制度建立法人治理结构，在内部设立

[①] 参见 [德] 托斯顿·肯格林《德国社会保险的自治管理》，姜景宇译，《社会保障研究》2006 年第 1 期。

[②] 参见郑尚元《长期照护保险立法探析》，《法学评论》2018 年第 1 期。

[③] 参见李志明《德国社会保险自治管理机制：历史嬗变、改革及其启示》，《欧洲研究》2012 年第 4 期。

[④] 参见张毅《社保基金管理机构违规的博弈论解读》，《中国劳动》2016 年第 6 期。

理事会、董事会、监事会等机构,① 有效地监督机构的决策和行为。

二 长期护理商业保险机构的监管

在部分国家的长期护理保险制度中,护理保险人并不是行政部门,在这种情况下,监督商业保险公司的方法,各个国家采取的做法也不同。第一,政府的作用是决定哪些商业护理保险公司进入市场。如荷兰的长期护理保险运作中,政府仅仅起到中间人的作用,而真正扮演保险人角色的是政府选定的商业机构。在荷兰的长期护理保险制度下,健康保险局(college voor zorgverzakeringen, CVZ)是联系政府、商业保险机构、服务提供者和被保险人之间的一个独立主体,职责是向其他长期护理保险机构提供意见和咨询。② 在荷兰的制度中,长期护理保险制度的保险人为私人保险公司,这些保险公司需要向政府注册,并且接受政府监管,负责监管商业保险公司的机构为健康照护机构(zorgautoriteit, NZa)③。在美国,商业保险公司同样可以成为长期护理保险的保险人。第二,设立行业协会来监督商业保险公司。美国的长期护理模式分为两种:一种是由政府提供的护理保险,主要由医疗照顾(Medicare)和医疗求助(Medicaid)两种计划组成,覆盖对象为贫困人口。④ 另一种则是由市场提供的护理保险,主要针对社会保险不能触及的中高产阶级。⑤ 商业保险机构有保险监督管理协会来进行监管。⑥

在中国,长期护理保险业务被认为是健康保险的一种类型,因此,对于从事护理保险业务的商业保险公司监管可以按照现有的健康保险公司的方式进行。依照《健康保险管理办法》第2条第5款所作的定义:护理保险是指按照保险合同约定为被保险人日常生活能力障碍引发护理需要提

---

① 参见娄宇《论我国社会保险经办机构的法律地位》,《北京行政学院学报》2014年第4期。
② 参见梁亚文、徐明仪《德、荷长期照护保险之比较》,《护理杂志》2010年第4期。
③ 参见江清馦《德国、荷兰长期照护保险内容与相关法令之研究》,2009年我国台湾地区行政部门经济计划委员会委托研究计划成果报告。
④ 参见王莉《美国长期护理保险市场不完备政府行为及其交互分析》,《经济论坛》2015年第6期。
⑤ 参见胡宏伟《美国长期护理保险体系:发端、架构、问题与启示》,《西北大学学报》(哲学社会科学版)2015年第5期。
⑥ 参见戴卫东《长期护理保险——理论、制度、改革与发展》,经济科学出版社2014年版,第52页。

供保障的保险。据此，从事护理行业业务的保险公司首先需要满足银保监会对于健康保险公司的资质要求，同时也要接受银保监会的监督和管理。首先，没有银保监会的批准，才具备经营健康保险业务的资格。① 其次，除了健康保险公司之外，依照《健康保险管理办法》第 9 条的规定，其他保险公司经营健康保险业务还应当成立专门的健康保险事业部。② 在长期护理商业保险模式中，投保人和保险人签订合同与否是市场的自由选择，国家并无需要干预的必要，只要保险公司满足长期护理保险的资质就可以进入市场进行长期护理保险的业务。

第二节　对护理服务提供机构的监管

长期护理保险制度旨在解决失能者的长期护理需求，在保险给付中以实物给付为原则，以现金给付为例外。但是在前者，护理服务具有专业性特征，商业保险公司或者社会保险的保险人难以亲自提供给付。从比较法上来看，长期护理商业保险中通常由保险机构委托服务机构来提供护理服务。长期护理社会保险也借由公私合作的方式引入社会力量参与护理服务的供给。实际上，作为给付内容的护理已经逐渐市场化，有相当多的社会组织进入长期护理保险的护理市场中，承担护理服务的输送任务。长期护理保险中护理服务的市场化有利于满足不同被保险人的需求，同时也可以通过内在的竞争提升护理品质。但是，这并不意味着护理服务不会产生问题，市场化后的护理服务依旧存在着诸多风险，危及长期护理行业发展和被保险人利益。首先，社会保障的公共属性和市场的逐利性之间的矛盾需要调和。市场化中各主体追逐利益，获取利润是参与护理市场的主体能够在护理行业中生存下去的首要原因。因此，护理主体可能会因为过度注重利益而无法顾及被保险人的需求，无法完成护理服务的完整输送。有学者

---

① 依照《健康保险管理办法》第 8 条的规定，必须是依法成立的健康保险公司、人寿保险公司、养老保险公司，经银保监会批准，才可以经营健康保险业务。
② 依照该条规定，健康保险事业部应当持续具备下列条件：（1）建立健康保险业务单独核算制度；（2）建立健康保险精算制度和风险管理制度；（3）建立健康保险核保制度和理赔制度；（4）建立健康保险数据管理与信息披露制度；（5）建立功能完整、相对独立的健康保险信息管理系统；（6）配备具有健康保险专业知识的精算人员、核保人员、核赔人员和医学教育背景的管理人员。

认为这种情况是护理目的和市场化后的护理服务的营利目的相抵触造成的。① 其次，被保险人在长期护理的体系中处于弱势，需要护理人员的关心与照顾。由于被保险人相较于健康的社会群众而言，其行为能力和认知能力处于弱势地位。而救济程序的启动和推进又需要专业人士来进行辅助和跟进，被保险人一旦权益受到损害，其个人寻求救济的门槛和难度显然就会过高。再次，市场化的护理机构以追逐利益为目标，也有可能会发生护理机构选择被保险人，导致被保险人不能获得合理保险给付的风险。② 复次，照护机构虽然需要通过政府的认证或是许可，但是照护机构提供的是需要长期输出的服务，如果缺乏监管系统时刻监督服务质量，将难以保证服务质量始终与机构和政府签订协议时作出的品质承诺一致。最后，被保险人是独立的个体，其护理需求也是依照其失能程度而单独设计的。护理服务可能在不同的被保险人之间产生差异，面临市场竞争的照护机构如果产生财务、管理问题等市场风险时，并不会考虑被保险人的需求导致服务输送的落空。③ 基于上述原因，国家需要对长期护理保险的护理市场进行监管。

一 护理服务提供机构监管的比较法经验

（一）机构准入资格监管的比较法经验

在德国，提供长期护理服务并不由政府直接负责，而是由政府委托给专门的"非公营"（Nicht Staatlich）的服务提供者。德国的护理提供者以是否营利为标准可分为两类：营利照护组织和非营利照护组织，除此之外还有公营的护理机构。非营利组织参与照护服务最早可以追溯至19世纪末期，这个时期德国的各个邦政府便开始培育志愿性质的社团参与社会服务。在德国1995年开始实施照护保险法之后，照护保险的被保险人拥有选择护理机构的选择权，因此非营利照护组织也需要参与护理市场的竞争。④ 而营利性质的照护组织则在当年德国制定照护保险法后开始参与照护市场，由于其提供高品质的服务，营利性质的机构照护的形式为"护

---

① 参见黄松林等《长期照护保险建制与社会照顾》，《社区发展季刊》2010年第2期。
② 参见庄朝荣《老人福利与照顾相关产业推广及营业登记之研究》，2004年我国台湾地区内政部门委托研究报告。
③ 参见莫永荣《政府服务委托外包的理论与实务：台湾经验》，《行政暨政策学报》2014年第39期。
④ 参见周怡君、庄秀美《德国照护保险中的国家监督管理》，《台大社工学刊》2014年第29期。

理之家"（Pflegedienst）①。在多种主体参与护理市场的前提下，德国形成特殊的政府监管护理服务的体制。照顾服务的费率、价格、护理机构的规模等事项属于保险人自己管理的事项，政府对于这部分内容实际上并无话语权。因此，首要的监督便是对照护机构的资质进行审核。德国的护理机构与所管辖的政府之间属于行政管理关系，属于机构护理的护理之间需要向其主管的邦政府申请执照。照护机构申请资格需要满足多项条件：② 首先需满足德国法律对于社区机构和照护机构的定义；其次需要保证具有提供护理服务的给付能力；再次需要满足支付员工报酬的财务能力；最后需要有专业水平来保证给付品质。③

美国的长期护理保险的主力军是商业保险，因此，护理服务的机构也多与商业公司有着关联，即便如此，护理机构也需要通过政府的资格认证。比如美国的养老院的营业需要得到州政府的许可；家庭保健机构在一些州也需要通过政府认可，被保险人才能得到老年人医疗保险计划（Medicare）和医疗补助计划（Medicaid）的报销。

荷兰政府会在保密的情况下对非营利组织实行每年一次的ISO9001以及HKZ认证，非营利组织想要进入护理行业需要同时满足以上两个标准要求。④

日本政府对社会力量进入长期介护行业持积极态度，出台了各种宽松政策、优惠措施以鼓励民间非营利组织、企业法人、社会福利机构、医疗相关机构加入服务给付行业中。⑤ 同时，为了保证服务质量，日本政府也没有放松对于护理服务从业者的监督和管理。日本政府在2008年新修订了《介护保险法》，从两个方面对服务从业者进行规制：第一，政府可以取消从业者的从业资格。都府道县有权对政府制定的服务机构进行调查和监督；同时劝告、命令从业者改善服务内容，直至停止和取消从业者的资格并进行处罚。第二，政府每六年对于从业者的资质进行重新审查，不符

---

① 参见周怡君、庄秀美《德国照护保险中的国家监督管理》，《台大社工学刊》2014年第29期。
② 德国的护理照护机构主要包括疗养院（Heimgesetz）和养老院（Altenheime），不同的机构在法律上有着不同的设立条件，如机构规模、特殊设施的设置等条件要求不同。
③ 参见林谷燕《长期照护保险制度之立法建议——以德国长期照护保险法为借镜》，《高龄服务管理学刊》2011年第1期。
④ 参见戴卫东《长期护理保险——理论、制度、改革与发展》，经济科学出版社2014年版，第102页。
⑤ 参见许敏敏《日本、韩国长期护理保险的经验借鉴及对中国的启示》，《保险职业学院学报》2019年第5期。

合规定的从业者将被取消资格。①

韩国面临的问题和日本类似,同样是长期护理服务的供给不足导致长期护理服务的输送遇到困难,因此也采取了宽松的准入政策和认证标准,通过最低的服务设施标准和最低的劳工标准要求来吸引韩国社会力量进入长期护理领域。②

(二) 机构服务品质监管的比较法经验

国家对于提供护理服务质量进行品质监督是保证被保险人能够得到合理的保险给付,同时确认国家的护理资源能够完整地输送至国民手中。国家在对护理提供护理服务的社会主体进行监督时,面临着国家角色转变带来的挑战。因为此时国家从护理服务的给付者变成监督者,一方面需要对提供服务提供者进行调控,另一方面又需要避免琐碎的管理。③

如何保证护理质量,通常存在如下措施:第一,通常的做法是让国家介入护理服务的输送环节,担任起监督者的角色。以德国为例,德国政府为了确保护理服务的品质与质量,先后在2007年通过了《品质保证法》(Qualitätssicherungsgesetz)和《照护维持发展法》(Pflege weiteren twicklungsgesetz)。就德国对照护品质的实践而言,有以下方案值得借鉴:首先,为了保证护理服务的品质,要求照护服务的提供者必须达到标准化的"专家标准"(Expertenstandards)。所谓的专家标准是指以学术方法进行护理品质检查的一种工具,对于不同的护理主题和护理范围,专家标准也不尽相同,且标准须不断更新以保证服务品质。④ 其次,通过MDK来对照护服务提供者提供的服务进行考核,考核结果并不通知当事人。考核的内容包括照护措施对受照顾者产生的效果、是否有照顾缺失的现象、受照顾者对照护机构的评价以及满意度。最后,保险人会通过MDK的考核结果来决定采取何种方案来解决品质缺失的问题。

第二,政府部门设置一套护理标准的要求,要求护理服务的提供者达到要求的护理品质。如我国台湾地区卫生部门通过建立品质目标的方式来

---

① 参见宋金文《日本护理保险改革及动向分析》,《日本学刊》2010年第4期。
② 参见许敏敏《日本、韩国长期护理保险的经验借鉴及对中国的启示》,《保险职业学院学报》2019年第5期。
③ 参见陆敏清《国家担保责任于长期照护保险之实现》,博士学位论文,台北大学,2010年,第263页。
④ 参见林谷燕《长期照护保险制度之立法建议——以德国长期照护保险法为借镜》,《高龄服务管理学刊》2011年第1期。

确保机构的照护品质。首先，通过明确品质目标来进行品质标准的设计。①其次，通过设置具体的评价内容来细化评价目的。具体而言：对于住宿型护理机构，评价的内容分为五个面向，第一个面向为行政组织与经营管理，包括行政制度、人员配置、工作人员权益、教育训练、绩效管理、咨询管理等内容；第二个面向为专业服务与生活照顾，包括专业服务、生活照顾、膳食服务等内容；第三个面向为环境设施与安全维护，包括环境设施安全、安全维护、卫生维护等内容；第四个面向为被保险人的权益保护；第五个面向为改进创新。对于居家型机构照护而言，评价内容分为四个面向，居家服务的评价内容包括行政组织与经验管理、专业服务管理、人力资源管理和服务绩效管理。最后，我国台湾地区的医院评鉴暨医疗品质策进会（医策会）还专门设置了"台湾医疗品质指标计划"（Taiwan Quality Indictor Project，TQIP）作为医疗标准的护理品质标准，其长期照护品质包括：(1) 跌倒；(2) 压疮；(3) 约束；(4) 院内感染；(5) 非计划性转至急诊医院住院；(6) 非计划性体重改变等六项内容。由于 TQCP 系统偏向行政部门的品质管理，因此医策会还根据临床标准制定了临床照护指标"临床成效指标计划"（Taiwan Clinical Performancer Indicator，TCPI），其内容包括：(1) 营养；(2) 跌倒；(3) 压疮；(4) 约束；(5) 管路使用；(6) 感染；(7) 转出/出院至急性照护；(8) 多重药物使用；(9) 日常活动九大类。②

二 我国试点阶段的实践与反思

（一）我国护理机构准入资格监管的探索与构建

护理机构是保险给付的直接提供者，其服务供给质量的高低关系着长期护理社会保险的提供给付的任务能否真正落实。从整个长期护理保险的给付环节来看，对护理机构设置准入条件属于事前的监督。因此，需要实现制定明确的准入标准和资质来保证保险给付的质量，从我国对护理机构或者养老机构制定的准入标准来看，社会力量欲进入长期护理行业不仅需

---

① 我国台湾地区内政部门对于住宿型机构护理设置了标准，根据"2013 年度老人福利机构评鉴实施办法"第 1 条规定，其目的在于：(1) 保障老年人权益；(2) 促进老人福利机构业务发展与经营管理理念；(3) 确保受服务者在机构得到整体性之服务。同时，其卫生福利部门颁布的《办理老人福利机构评鉴及奖励办法》第 5 条规定，老人福利机构评鉴项目包括：(1) 经营管理效能；(2) 专业照护品质；(3) 安全环境设备；(4) 个案权益保障；(5) 服务改进创新。

② 参见徐慧娟主编《长期照护政策与管理》，洪叶出版社 2013 年版，第 306—318 页。

要满足法定条件，承接社会保险的保险给付任务，还需要经过评审程序。具体而言：

1. 标准设置

就护理机构的资质监督而言，一般采用国家标准和地方标准来限定资质。通过对护理机构的设立设定明确的资质要求，并审慎审核业者的从业资格，可从事前排除不合适的护理机构，减少后续的指导及监督成本。[①] 从各试点城市的经验来看，大部分会选取现有的养老机构作为提供护理服务的机构，这是因为养老机构行业发展较为成熟，资质成熟且现有成套的配套设施，同时，长期护理保险给付针对的失能老人和养老机构服务的老年人有重合之处，经验也更为丰富，不失为探索阶段作为试点机构的最佳选择。养老机构将接受护理人员集中在养老场所内提供服务，同时服务对象为老年人人群，恰好满足长期护理保险中对护理机构的要求，只要养老院的设施和人员结构能够匹配长期护理保险的要求，养老院便是可以承担提供护理给付的职能机构的最佳选择。[②] 同时，医疗机构也是能够作为长期护理保险给付定点机构的另一选择，根据《医疗机构管理条例》的规定，医疗机构包括从事疾病诊断、治疗活动的医院、卫生院、疗养院、门诊部、诊所、卫生所（室）以及急救站等组织。医疗机构能够为失能人员提供基本的医疗保障，医疗机构的医护人员也可以作为护理人员上门为失能人员提供保险给付服务。[③] 除了满足国家的标准之外，还需要满足机构所在地对于养老机构的标准要求，如齐齐哈尔市要求定点协议机构要"设置护理床位的定点协议服务机构，应在营业场所设置专门、集中、独立的护理病区和护理床位，集中收住符合条件的失能人员。护理病区和护理床位的护理服务标识、标牌应统一、规范"。

---

① 参见马晶《长期护理服务质量监管机制研究——以德国法为例》，《西南民族大学学报》（人文社会科学版）2018年第1期。

② 《养老机构设立许可办法》第6条规定，设立养老院需要满足以下条件：（1）有名称、住所、机构章程和管理制度；（2）有符合养老机构相关规范和技术标准，符合国家环境保护、消防安全、卫生防疫等要求的基本生活用房、设施设备和活动场地；（3）有与开展服务相适应的管理人员、专业技术人员和服务人员；（4）有与服务内容和规模相适应的资金；（5）床位数在10张以上；（6）法律、法规规定的其他条件。

③ 依照《医疗机构管理条例》第16条的要求，申请医疗机构执业登记，应当具备下列条件：（1）有设置医疗机构批准书；（2）符合医疗机构的基本标准；（3）有适合的名称、组织机构和场所；（4）有与其开展的业务相适应的经费、设施、设备和专业卫生技术人员；（5）有相应的规章制度；（6）能够独立承担民事责任。

2. 招标与申请

我国目前的护理机构可分为公立机构和私营机构，公立机构的资源无法满足长期护理社会保险给付的需求时，给付的职能就会被私营机构所分担，如何选择私营机构进入长期护理社会保险的体系，需要设置新的条件和程序。就定点护理机构的认定来看，社会力量有两种情况可以成为长期护理保险的定点机构：一是长期护理经办机构或者其他政府职能部门根据国家法律以及地方规定，公布招标公告，组织方会面向全社会发布招标信息。采取统一招标的方式来向社会招募机构进行竞标，符合条件的机构进行报名，由负责招标的机构组织评审报名的护理机构，从中择优选择护理机构来作为护理给付的定点机构；二是接受有资格进行护理服务机构的申请，再由政府或者社会保险机构组织认定，每年实行动态的进入和退出机制。

3. 签订服务协议

确定护理给付定点机构后，经办机构或者其他政府职能部门会与定点机构签订协议，服务协议属于对给付品质的事前监督，德国就认为协议监督的方式较之使用单方权力进行监督的方式更优。[1] 就其性质而言，首先，此种协议属于行政契约性质，合同中约定双方的权利义务，服务协议当中包括对服务品质、人员配置等保险给付的要求。其次，服务协议系格式合同。合同的内容事先由长期护理经办机构拟定，同时，合同当中需要约定护理服务的水平和质量要求。从各地的实践来看，从事护理业务的机构与政府签订特许合同来经营护理业务，在与政府签订合同前，需要审查护理机构是否符合法定标准，审查通过后通过法定程序进入政府的护理机构名单中。但是，我国目前尚无专门提供长期护理服务的机构，提供护理服务的机构基本上为养老院、医院、私人诊所甚至是护理公司。[2] 由此可见，长期护理服务机构尚没有统一的从业标准，满足特定行业的要求，再来承接长期护理的业务，是目前实践推广阶段的做法，经办机构或者其他政府职能部门会设置标准来为护理机构打分评级。

4. 护理机构的退出机制

当护理机构不再符合申请时的资质要求，或者是私营机构不愿再进行

---

[1] Heinrich Griep/Heribert Renn, Pflegesozialrecht, Nomos, 2002, S. 404.

[2] 参见青岛市西海岸新区政府发布《关于拟同意承担长期护理保险服务业务的机构公示》，其中承担护理业务的单位包括中医医院、私人内科诊所、综合门诊部、医疗管理有限公司医务室。http://www.huangdao.gov.cn/n10/n27/n98/n2283/n2316/200414160540630721.html。

护理业务时，此时需要建立起行业的动态退出机制，使得不适任的机构退出护理行业。退出机制也是我国目前采用的一种监督办法，如临汾市政府2017年度颁布的《关于建立长期护理保险制度的指导意见》对违反协议或是不具备标准的机构中止服务协议；"违反规定，套取护理保险基金构成犯罪的，还会依法追究相关责任人的刑事责任"。如果建立动态的退出机制，需要考虑护理机构现存的接受护理人员如何安置。

（二）我国护理服务品质监管的探索与构建

我国对于长期护理保险的服务品质缺乏统一的监管和指导标准，各地方采用的品质监管方式除了传统的政府指导外，也有地方探索出新的监管和品质保证手段。具体包括：

1. 制定服务标准

制定服务标准指长期护理保险的负责部门拟定出适用于全国或者是部分地区的服务规范，护理机构在提供护理服务时需要按照既定的服务规范的要求来完成保险给付。我国尚未出台全国统一的长期护理服务标准，各试点城市则因地制宜，地方标准逐次出台。需要指出，服务标准的出台对于长期护理保险的监管有着重要意义：第一，护理服务标准为监管部门审核提供依据。监管部门对护理机构进行考评，检验护理机构的服务是否能够按照预计得到执行，需要有据可循，而服务标准则可以提供经过量化的绩效指标。第二，服务标准也利于护理机构自行根据标准来进行护理服务，接受护理服务人员也能通过公示的护理保准来监督护理行为，利于行业自律。

2. 定期检查与指导

定期检查与指导是指长期护理保险监督机构对护理机构的护理状况进行不定期的检查，以达到监督品质的目的。如前所述，虽然对护理机构提供服务的行为需要由国家进行监控，但是又必须节制力道，避免过于严格的监督沦为琐碎管理。护理服务由私营机构承接意味着国家角色的转变，国家既不能过于干涉民间机构的自主行为，又不能使得国家责任落空。因此，对于定期检查与指导的频率、检查方案以及反馈机制，都需要经过适当的设计。[①]

3. 第三方评价机制

第三方评价机制是指长期护理保险服务的评价方由政府和护理机构之

---

① 参见陆敏清《国家担保责任于长期照护保险之实现》，博士学位论文，台北大学，2010年，第263页。

外的第三方来进行。引入第三方评价机制，可以客观地对护理及结构进行评价。《扩大试点指导意见》就指出，要"引入完善第三方监管机制，加强对经办服务、护理服务等行为的监管"。

第三节 对护理人员的监管

一 护理人员监管的比较法经验

对护理人员进行监管主要体现在护理人员的供给环节，为保证高素质的人才进入长期护理行业，需要对学员进行培训和考核，进而建立起职业化的长期护理行业。参考各个国家和地区的做法，可发现各国都对护理人员做出了资质要求，具体而言：

在德国，护理人员在法律上定义不仅仅只针对长期护理人员，还包括疾病护理以及精神和心理护理人员。对于老年人护理而言，首先要求护理人员具有中学以上的教育程度证明。其次规定从事老年人护理的护理人员需要经过3年的职业培训，培训内容包括理论和实务训练，时间以3年为限。完成训练后需要参加考试以获得从业资格。[1] 部分大学还开发了长期护理自愿型管理培训课程，同时，护理基金会还会为护理人员的培训提供资金，对非正式的护理者进行免费课程培训以及针对负责检查质量的人员进行培训。[2] 护理人员想要正式进入长期护理产业中从事相关专业，需要与长期护理保险人进行签约，内容包括：（1）护理范围；（2）品质要求；（3）品质维护方法；（4）报酬；（5）品质核查；（6）是否是与被保险人失能等级对应的合理给付；（7）护理人员需要提供的其他内容。[3] 除此之外，德国对于机构护理的管理人员同样存在要求，如要求疗养院（Heimgesetz）的院长在执行职务时，需要尽到对机构中接受护理人员的注意义务，履行职务需要考虑他们的利益。其次，要求疗养院的院长需要具备相关的专业背景，或者通过相关的培训。再次，院长需要在类似的机构当中从业两年以上。最后，担任院长的人员不能有侵害生命、性自主或者人

---

[1] 参见钟秉正《德国长期照护法制之经验》，《长期照护杂志》2006年第2期。
[2] 参见戴卫东《长期护理保险——理论、制度、改革与发展》，经济科学出版社2014年版，第103页。
[3] 参见林谷燕《长期照护保险制度之立法建议——以德国长期照护保险法为借镜》，《高龄服务管理学刊》2011年第1期。

第六章　长期护理保险制度的监督管理　　239

身自由、欺诈、偷窃等其他犯罪行为。①

　　在荷兰，长期护理服务提供主体较为多样化，不同主体之间的资质要求也不相同。养老院、护理院、照料中心依照其机构特点，对设施、人员的配备也并不相同。

　　在日本，早在1994年便成立了专门的看护福利学校，随后各个大学中开办了专门的介护专业，以用来为长期护理保险行业培养护理人员。② 通过建立从业人员的资格体系来对加强对护理人才的支持，体系明确了护理人员的职业资格、准入途径、发展空间和培养方式，同时在待遇上对护理从业人员给予优厚的福利。③ 日本的长期护理人员被称为"介护福祉士"，需要通过政府举办的资格考试，一般需要3年的专科培训。④ 除此之外，日本还设立了专门的介护管理师制度（Care Manager），介护管理师并不直接参与对被保险人的护理服务，而是在服务输送环节扮演一个中间人的角色，其主要任务是参与介护认定访问调查、根据服务利用者的身心状况、调节利用者和服务提供者之间的关系。⑤

　　在韩国，由于护理人员的缺口较大，因此政府对于护理人员的进入并没有设置过多的门槛。首先，为了增加护理人员的数量，政府依然采取了较为宽松的政策来吸引人们进入长期护理行业，韩国的企业可以自主培训护理人员，这样护理人员的选拔权便交给了社会。⑥ 其次，韩国对于护理人员设立了护理师职业制度，依照韩国的法律，护理师（Home Helper）可分为一级护理师和二级护理师，护理师因其级别不同所承担的护理对象也不同。⑦

---

① 参见钟秉正《德国长期照护法制之经验》，《长期照护杂志》2006年第2期。
② 参见原彰等《日本介护保险对我国长期护理保险的启示》，《卫生软科学》2019年第10期。
③ 参见张晓斌《日本护理保险制度给我们的启示》，《健康报》2020年1月8日第6版。
④ 参见吕学静《日本长期护理保险制度的建立与启示》，《中国社会保障》2014年第4期。
⑤ 参见高春兰《老年长期护理保险制度——中日韩的比较研究》，社会科学文献出版社2019年版，第101页。
⑥ 参见许敏敏《日本、韩国长期护理保险的经验借鉴及对中国的启示》，《保险职业学院学报》2019年第5期。
⑦ 一级护理师承的服务对象主要是重症老人。欲从事老年长期护理行业的一级护理师，需要接受240小时的教育和培训。培训的内容包括80小时的理论课程、80小时的实务课程以及80小时的实习，培训结束后可以获得一级护理师的资格。护理师课程的内容包括护理的基本理论，护理保险相关制度和政策等内容；二级护理师承担轻度失能老人的护理服务。二级护理师要求接受120小时的培训，其课程的内容与一级护理师课程类似，具有一年以上的机构护理或者具有护理经验，服务时间超过1200小时以上者，可以不经过实习阶段即可获得护理师资格。参见高春兰《老年长期护理保险制度——中日韩的比较研究》，社会科学文献出版社2019年版，第151—152页。

我国台湾地区对于护理人员的培养系统经历了从无到有的过程。我国台湾地区早期对于照护人员并没有特殊的专业要求，也没有要求护理人员取得资格证书。直到 2004 年将照护服务员进行明确定义，并设置了统一的培训课程和资格考试；2007 年颁布《老人福利服务专业人员资格及训练办法》，将照社会工作人员、照护服务员、居家服务督导员、护理人员、老人福利机构院长（主任）五类人员建立人员基本资格和课程；2009 年卫生主管部门将照护服务员取得丙级执照的比例纳入护理机构考核的标准之一。对于长期护理服务的护理人员，需要接受长期护理专业人员在职教育训练计划，课程分为三级：第一级以长期照护通识课程为重点；第二级则以不同专业分列 24—32 小时的专业课程设计；第三级为整合进阶课程。[1]

总结各个国家和地区的经验，可以发现对于从事长期护理的护理人员的从业和培养具有以下特点：第一，保证护理人员的专业性，需要建立护理人员职业体系。体系设计准入、考核、评级、培训和惩戒等多个环节。护理人员要求接受一定时长的培训且持有资格证书，护理人员在获得职业资格后，也会进行培训和考核来督促从业人员的自我提升，有利于服务品质的优化。第二，为了解决护理人员数量不足的问题，会通过设置优惠政策来鼓励劳动力流入护理市场。德国早期为了缓解护理人员不足的压力，甚至鼓励被保险人的家属来参与护理。规定对于有护理需要的被保险人，其家属在拥有 15 个人以上雇员的公司有权利享有 6 个月的无薪假。[2] 第三，除了直接向被保险人提供给付服务的护理人员外，参与护理过程的配套服务人员也逐渐在各国的长期护理保险制度中出现，这一群体并非护理人员，但是在长期护理保险整个服务输送过程中发挥着特殊作用。这表明护理保险的实践和发展更加成熟，被保险人在接受服务的过程中与护理有关的其他需求也逐渐得到重视。

二 我国护理人员监管的实践与探索

我国试点中，长期护理保险的护理从业人员同护理机构的现状一样，并无具体的护理人员从业要求，还是从不同行业中选择有资质的专业人士

---

[1] 参见张淑卿、许铭能、吴肖琪《台湾长期照护机构品质确保机制发展之趋势》，《长期照护杂志》2010 年第 2 期。
[2] 参见戴卫东《中国长期护理保险制度构建研究》，人民出版社 2012 年版，第 204 页。

进入长期护理行业,据统计,我国目前有2.49亿名老年人、4000万名失能或半失能老年人,而养老护理从业人员仅有30万名,[①]可见我国长期护理行业的护理人员存在巨大缺口。如何在短时间内补充护理人员空缺,实际上,由于养老、医疗、社工、家政等行业的性质与长期护理从业人员的性质高度重合,因此从上述行业的从业者当中选出长期护理保险的护理人员是现阶段一种可行且节约成本的做法。典型代表如上海地区,其规定根据提供服务的不同类型,要求护理人员需要具备健康照护、养老护理员、养老护理员(医疗照护)、执业护士、执业护师、执业专科护士等资格。又如荆州市可以进入护理服务行业的从业人员包括执业医师、执业护士、康复治疗师(士)、养老护理员等人员,而且其按规定可以获得一定的补贴。在公益岗位中可以设立相关的护理岗位,使其享受补助好优待。同时,护理人员在执业期间,也需要接受护理培训,提高服务质量和服务水平。此外,还需要设立护理人员队伍,探索执业护士和养老护理员的科学管理。各地实践中,多是通过资质审核的方式来事前监督护理人员的给付。在未来,长期护理保险制度应当建立起培训机制,并且通过不定时的监督保险给付的方式,来保证给付的品质。

(一)设置护理人员的从业资质

护理人员获得从业资质应当是其从事长期护理服务的前置条件,护理机构招聘护理人员也需以护理人员具备资质为必需条件。长期护理行业欲进行长远规划,需要创设完善的护理人员培养模式。民政部于2019年出台了《养老护理员国家职业标准》(2019年版),要求从业者人员至少具备初中毕业的文化程度,并设置不同的职业等级,以向不同等级的失能人员提供护理服务。

(二)建立护理人员的教育培训体系

首先,应当对护理人员设置完善的执业申请程序、标准化的技能考核要求。其次,应当鼓励专科学校与养老机构进行合作,可在护理专科学校开设专门的长期护理学员班,学院可定向至合作单位就业,为长期护理保险行业提供持续的护理人才供给。

(三)定期对从业人员进行审核

对专业人员进行审核要求按年度对从业人员的服务质量进行核查,如

---

① 参见《养老护理员巨大缺口如何补?》,《北京晚报》2019年11月25日第9版。

果从业人员有不适任的行为，应当进行处罚甚至吊销资格。对护理人员的定期进行审核可以通过随访接受护理的失能人员，通过访问的方式对护理人员的服务水平、服务态度进行询问。此外，定期考核的方式不限于传统的监督手段。还可以向护理人员提供定期的岗位培训，不定期举行护理技能竞赛以保证护理人员的护理水平和能力与时俱进，满足长期护理保险的需求。

参考文献

一 中文著作

［美］奥利弗·威廉姆森：《治理危机》，王健、方世健等译，中国社会科学出版社2001年版。

蔡雅竹：《论我国长期照护双法草案及其法律问题——兼论德国之长照保险制度》，元照出版公司2016年版。

曹信邦：《中国失能老人长期护理保险制度研究——基于财务均衡的视角》，社会科学文献出版社2016年版。

常凯：《劳权论——当代中国劳动关系的法律调整研究》，中国劳动社会保障出版社2004年版。

常敏：《保险法学》，法律出版社2012年版。

陈云中：《保险学》，五南图书出版公司1984年版。

程啸：《侵权责任法》，法律出版社2015年版。

戴卫东：《OECD国家长期护理保险制度研究》，中国社会科学出版社2015年版。

戴卫东：《长期护理保险——理论、制度、改革与发展》，经济科学出版社2014年版。

戴卫东：《中国长期护理保险制度构建研究》，人民出版社2012年版。

党俊武主编：《老龄蓝皮书：中国城乡老年人生活状况调查报告（2018）》，社会科学文献出版社2018年版。

董云虎、刘武萍：《世界人权约法总览》，四川人民出版社1991年版。

［英］弗里德里希·奥古斯特·冯·哈耶克：《自由宪章》，杨玉生、

冯兴元、陈茅等译，杨玉生、陆衡、伊虹统校，中国社会科学出版社2012年版。

［英］弗里德里希·奥古斯特·哈耶克：《自由宪章》，杨玉生等译，中国社会科学出版社2012年版。

郭士征：《社会保险基金管理》，上海财经大学出版社2006年版。

韩世远：《合同法总论》，法律出版社2011年版。

和红：《社会长期照护保险制度研究：范式嵌入、理念转型与福利提供》，经济日报出版社2017年版。

贾林青：《保险法》，中国人民大学出版社2014年版。

贾清显：《中国长期护理保险制度构建研究——基于老龄化背景下护理风险深度分析》，南开大学出版社2010年版。

江朝国：《保险法基础理论》，瑞兴图书股份有限公司1995年版。

江国华主编：《中国行政法（总论）》，武汉大学出版社2011年版。

荆涛：《长期护理保险理论与实践研究：聚焦老龄人口长期照料问题》，对外经济贸易大学出版社2015年版。

荆涛：《长期护理保险研究》，对外经济贸易大学出版社2005年版。

［奥］凯尔森：《法与国家的一般理论》，沈宗灵译，商务印书馆2013年版。

黎建飞：《社会保险基金信托法研究》，中国法制出版社2016年版。

林海权：《社会保险法律关系》，中国人民大学出版社2007年版。

林美色：《长期照护保险：德国荷兰模式析论》，巨流出版社2011年版。

林义主编：《社会保险》，中国金融出版社2016年版。

林喆：《公民基本人权法律制度研究》，北京大学出版社2006年版。

刘波等：《公共服务外包——政府购买服务的理论与实践》，清华大学出版社2016年版。

刘金涛：《老年人长期护理保险制度研究》，科学出版社2014年版。

吕思勉：《中国政治思想史》，中华书局2012年版。

米红、纪敏等主编：《青岛市长期护理保险研究》，中国劳动社会保障出版社2019年版。

米红、赵殿国主编：《海峡两岸农村社会保险理论与实践研究论文集》，华龄出版社2012年版。

［美］塞缪尔·弗莱施哈克尔：《分配正义简史》，吴万伟译，译林出版社 2010 年版。

邵文娟：《我国长期护理保险从试点到普及的跨越》，东北财经大学出版社 2019 年版。

唐大鹏：《社会保险基金风险管理》，东北财经大学出版社 2015 年版。

王东伟：《我国政府购买公共服务问题研究》，经济科学出版社 2015 年版。

王福重：《公平中国》，东方出版社 2013 年版。

王全兴：《劳动法学》，中国人民大学出版社 2005 年版。

魏华林、林宝清主编：《保险学》（第四版），高等教育出版社 2017 年版。

温世扬主编：《保险法》（第三版），法律出版社 2016 年版。

吴文嫔：《第三人利益合同原理与制度论》，法律出版社 2009 年版。

徐慧娟主编：《长期照护政策与管理》，洪叶出版社 2013 年版。

徐敬惠、梁鸿主编：《长期护理保险的理论与实践》，复旦大学出版社 2018 年版。

薛刚凌：《行政主体的理论与实践——以公共行政改革为视角》，方正出版社 2009 年版。

杨复卫：《社会保险争议处理机制研究》，上海人民出版社 2018 年版。

张浩淼：《发展型社会救助研究：国际经验与中国道路》，商务印书馆 2017 年版。

张世雄：《社会福利的理念与社会安制度》，唐山出版社 1996 年版。

张盈华等：《长期护理保险制度探索的郑州模式》，经济管理出版社 2019 年版。

郑功成主编：《社会保障》，高等教育出版社 2007 年版。

郑功成主编：《中国社会保障改革与发展战略（救助与福利卷）》，人民出版社 2011 年版。

郑尚元、扈春海：《社会保险法总论》，清华大学出版社 2018 年版。

郑晓珊：《工伤保险法体系——从理念到制度的重塑与回归》，清华大学出版社 2014 年版。

［日］植木哲：《医疗法律学》，冷罗生、陶芸、江涛等译，法律出版社 2006 年版．

中国社会科学院外事局编：《当代外国发展考察与研究》，中国社会科学出版社 1993 年版。

周佑勇：《行政法原论》（第三版），北京大学出版社 2018 年版

朱铭来、李新平主编：《护理保险在中国的探索》，中国财政经济出版社 2017 年版。

邹海林：《保险法》，社会科学文献出版社 2017 年版。

二　中文论文

艾尔肯：《论医疗合同关系》，《河北法学》2006 年第 12 期。

蔡宏政：《社会保险作为一种风险治理的政治技艺：以台湾的保健为例》，《健康与社会》2014 年第 2 期。

蔡维音：《全民健保行政之法律关系》，《成大法学》2002 年第 4 期。

曹信邦等：《中国长期护理保险需求影响因素分析》，《中国人口科学》2014 年第 4 期。

曹洋：《我国社会保险业务经办的现状、问题与对策》，《中国劳动》2015 年第 4 期。

陈步雷：《简论社会保险权益的民事可诉性安排——关于〈社会保险法〉立法的若干建议》，《河南省政法管理干部学院学报》2010 年第 2 期。

陈璨：《个人税收递延型商业养老保险试点进展与经验思考》，《中国保险》2019 年第 8 期。

陈诚诚：《韩国长期护理保险制度、政策过程及其对我国的启示》，《桂海论丛》2015 年第 1 期。

陈杰：《日本的护理保险及其启示》，《市场与人口分析》2002 年第 2 期。

陈晶莹：《老年人之长期照护》，《台湾医学》2003 年第 3 期。

陈君山：《德国保险制度之研究》，《社区发展季刊》1997 年总第 78 期。

陈伶珠：《韩国老人长期照护保险服务输送之实施经验：对我国的启

示》,《长期照护杂志》2015 年第 1 期。

陈娜、王长青:《日本介护保险制度对健全我国失能老人照护体系的启示》,《中国卫生事业管理》2019 年第 2 期。

陈松:《公私合作的公法调适——以国家担保责任为中心》,《武汉理工大学学报》(社会科学版) 2015 年第 5 期。

陈滔等:《商业医疗保险的保费计算方法研究》,《保险研究》2002 年第 4 期。

陈贤新、张泽洪:《国内外医疗纠纷第三方调解机制评述》,《中国医院》2015 年第 5 期。

陈晓安:《公私合作构建我国的长期护理保险制度——国外的借鉴》,《保险研究》2010 年第 11 期。

陈信勇、陆跃:《社会保险法基本原则研究》,《浙江工商大学学报》2006 年第 5 期。

陈耀峰:《中国长期护理保险制度建构的研究——基于湖北荆门长期护理保险试点工作》,《当代经济》2018 年第 14 期。

崔建远:《行政合同族的边界及其确定根据》,《环球法律评论》2017 年第 4 期。

戴卫东:《商业长期护理保险的全球趋势及其思考》,《中国医疗保险》2016 年第 10 期。

邓素文:《浅谈我国长期照护机构之评鉴制度》,《长期照护杂志》2010 年第 2 期。

邓炜辉:《从文本到实践：中国社会保障的宪法学透视》,《甘肃政法学院学报》2013 年第 2 期。

丁少群等:《社会医疗保险与商业保险合作的模式选择与机制设计》,《保险研究》2013 年第 12 期。

杜霞、周志凯:《长期护理保险的参与意愿及其影响因素研究——基于陕西省榆林市的微观样本》,《社会保障研究》2016 年第 3 期。

方雨:《荷兰长期照护保险制度述评》,《中国医疗保险》2015 年第 5 期。

房连泉:《社会保险经办服务体系改革：机构定位与政策建议》,《北京工业大学学报》(社会科学版) 2016 年第 6 期。

高传胜:《供给侧改革背景下老年长期照护发展路径再审视》,《云南社会科学》2016年第5期。

高春兰、班娟：《日本和韩国老年长期护理保险制度比较研究》，《人口与经济》2013年第3期。

古津贤、李博：《医疗纠纷第三方解决机制研究》，《法学杂志》2011年第11期。

关博等：《中国长期护理保险制度试点评估与全面建制》，《宏观经济研究》2019年第10期。

广州大学人权理论研究课题组：《中国特色社会主义人权理论体系论纲》，《法学研究》2015年第2期。

韩振燕等：《关于构建我国老年长期护理保险制度的研究——必要性、经验、效应、设想》，《东南大学学报》（哲学社会科学版）2012年第3期。

郝利杰、王璐璐：《长期护理保险制度的构建探究》，《九江学院学报》（自然科学版）2013年第3期。

何玉东等：《美国长期护理保障制度改革及其对我国的启示》，《保险研究》2011年第10期。

洪大用等：《困境与出路：后集体时代农村五保供养工作研究》，《中国人民大学学报》2004年第1期。

胡川宁：《社会保险经办机构的性质和定位研究——从公法人的组织模式出发》，《行政法学研究》2016年第2期。

胡宏伟等：《美国长期护理保险体系：发端、架构、问题与启示》，《西北大学学报》（哲学社会科学版）2015年第5期。

胡敏洁：《社会保障行政中的个人信息利用及边界》，《华东政法大学学报》2019年第5期。

胡苏云：《荷兰长期护理保险制度的特点和改革》，《西南交通大学学报》（社会科学版）2017年第5期。

华颖：《德国长期护理保险最新改革动态及启示》，《中国医疗保险》2016年第7期。

华颖：《中国社会保障70年变迁的国际借鉴》，《中国人民大学学报》2019年第5期。

黄松林等：《长期照护保险建制与社会照顾》，《社区发展季刊》2010年第130期。

黄雪等：《个人税收递延型商业养老保险优惠政策研究》，《经济与管理》2015年第6期。

黄运财等：《试论保险规模经营》，《银行与企业》1992年第8期。

江必新：《中国行政合同法律制度：体系、内容及其构建》，《中外法学》2012年第6期。

江治强：《我国社会救助的财政问题与对策探析》，《山东社会科学》2005年第5期。

姜朋：《从与机关法人的关系视角看事业单位改革》，《北方法学》2011年第5期。

金碚：《中国经济发展新常态研究》，《中国工业经济》2015年第1期。

荆涛等：《长期照护保险制度的国际经验及借鉴》，《中国医疗保险》2017年第10期。

荆涛等：《影响我国长期护理保险需求的实证分析》，《北京工商大学学报》（社会科学版）2011年第6期。

景跃军、李涵等：《我国失能老人数量及其结构的定量预测分析》，《人口学刊》2017年第6期。

柯菲菲：《检视我国社会保险争议处理法律制度——基于社会保险法律关系的视角》，《湖南工业职业技术学院学报》2011年第1期。

匡亚林：《社会福利引论：福利体制模式的类型化考察》，《国家行政学院学报》2018年第3期。

［德］拉尔夫·格茨等：《德国长期护理保险制度变迁：财政和社会政策交互视角》，苏健译，《江海学刊》2015年第5期。

雷文玫：《全民保健保险人与被保险对象间法律关系之研究》，《中原财经法学》2001年第7期。

雷晓康：《社会长期护理保险筹资渠道：经验借鉴、面临困境及未来选择》，《西北大学学报》（哲学社会科学版）2016年第5期。

黎建飞、侯海军：《构建我国老年护理保险制度研究》，《保险研究》2009年第11期。

李长远、张会萍：《发达国家长期护理保险典型筹资模式比较及经验借鉴》，《求实》2018年第3期。

李光延：《日本介护保险实施现况、发展与未来》，《研考双月刊》

2008 年第 6 期。

李红梅：《社会福利领域选择性和普遍性原则的应用》，《社会福利》2006 年第 6 期。

李慧欣：《美国商业长期护理保险的发展及其启示》，《保险研究》2014 年第 4 期。

李琳、游桂云：《论保险业中的道德风险与逆向选择》，《保险研究》2003 年第 9 期。

李树茁、王欢：《家庭变迁、家庭政策演进与中国家庭政策构建》，《人口与经济》2016 年第 6 期。

李晓鸿：《论我国医疗保险法律关系的定性及争议回应》，《甘肃社会科学》2013 年第 6 期。

李秀凤：《论社会保险关系成立的时间》，《理论学刊》2015 年第 3 期。

李秀凤、张静：《社会保险费率调整的法理基础与进路选择》，《东岳论丛》2018 年第 2 期。

李友梅：《当代中国社会治理转型的经验逻辑》，《中国社会科学》2018 年第 11 期。

李月娥：《长期护理保险筹资机制、实践、困境——基于 15 个试点城市政策的分析》，《保险研究》2020 年第 2 期。

李志明：《德国社会保险自治管理机制：历史嬗变、改革及其启示》，《欧洲研究》2012 年第 4 期。

李卓伦等：《台湾长期照护保险的理论与挑战》，《护理杂志》2010 年第 4 期。

李子芬等：《香港安老院老年人对隐私的理解及需求》，《中华护理杂志》2006 年第 12 期。

李宗派：《美国 2014 年实施之健康保险制度对高龄者之影响》，《台湾老人保健学刊》2014 年第 1 期。

梁川、[韩] 朴顺景：《"参与式政府"的构筑——韩国卢武铉政府行政改革综述》，《东北亚论坛》2008 年第 5 期。

梁亚文、徐明仪：《德、荷长期照护保险之比较》，《护理杂志》2010 年第 4 期。

林谷燕：《长期照护保险制度之立法建议——以德国长期照护保险法

为借镜》,《高龄服务管理学刊》2011 年第 1 期。

林谷燕:《德国法定健康保险制度之探讨——以 2010 年底之修法为中心》,《弘光人文社会学报》2012 年第 15 期。

林蓝萍、刘美芳等:《德、日长期照护保险制度之简介》,《台湾老人保健学刊》2005 年第 2 期。

林丽敏:《日本介护保险制度相关问题分析》,《现代日本经济》2018 年第 2 期。

林志鸿:《德国长期照顾制度之发展、现状及未来》,《研考双月刊》2008 年第 6 期。

林宗浩:《韩国老年人长期疗养保险立法的经验与其实》,《法学论坛》2013 年第 3 期。

蔺思涛:《经济新常态下我国就业形势的变化与政策创新》,《中州学刊》2015 年第 2 期。

刘昌平、毛婷:《长期护理保险制度模式比较研究》,《西北大学学报》(哲学社会科学版)2016 年第 6 期。

刘金涛等:《构建我国老年长期护理保险制度》,《财经问题研究》2012 年第 3 期。

刘军怀:《当代美国家庭的多元化趋势》,《当代亚太》2003 年第 8 期。

刘兰秋:《域外医疗纠纷第三方调处机制研究》,《河北法学》2012 年第 11 期。

刘淑范:《公私伙伴关系(PPP)于欧盟法制下发展之初探:兼论德国公私合营事业适用政府采购法之争议》,《台大法学论丛》2011 年第 2 期。

刘思洁、冉焌金:《我国长期护理保险费率的城乡差异比较与建议》,《上海保险》2019 年第 8 期。

刘文华、白宁:《社会保险法治化政策研究专题:社会保险争议法律救济制度与实践》,《中国劳动》2018 年第 8 期。

刘亚娜等:《美国长期照护服务与支持体系受益分析及对中国的启示——从美国医疗补助视角考察》,《理论月刊》2015 年第 12 期。

娄宇:《公民社会保障权利"可诉化"的突破——德国社会法形成请求权制度述评与启示》,《行政法学研究》2013 年第 1 期。

娄宇：《论我国社会保险经办机构的法律地位》，《北京行政学院学报》2014年第4期。

吕国营、韩丽：《中国长期护理保险的制度选择》，《财政研究》2014年第8期。

吕学静：《日本长期护理保险制度的建立与启示》，《中国社会保障》2014年第4期。

马广博：《多支柱长期护理社会保障体系构建研究》，《吉林工商学院学报》2018年第4期。

马晶：《长期护理服务质量监督机制研究——以德国为例》，《西南民族大学学报》（人文社科版）2018年第1期。

马彦、徐凤亮：《政府主导型长期护理保险制度在中国的探索》，《中国老年学杂志》2014年第2期。

莫永荣：《政府服务委托外包的理论与实务：台湾经验》，《行政暨政策学报》2014年第39期。

漆国生、黄小琴：《社会保障制度中的公众知情权问题分析》，《社科纵横》2009年第1期。

邱仁宗：《护理伦理学：国际的视角》，《中华护理杂志》2000年第9期。

冉克平：《论强制缔约制度》，《政治与法律》2009年第11期。

桑小瑶：《论建立社会保险争议的前置性行政救济》，《山东行政学院学报》2019年第4期。

上官丕亮：《究竟什么是生存权》，《江苏警官学院学报》2006年第6期。

盛政、何蓓等：《苏州市长期护理保险制度试点探析》，《中国医疗保险》2020年第2期。

石龙潭：《日本行政诉讼救济范围之拓展——"行政处分性"之理论解析》，《行政法学研究》2017年第3期。

史柏年：《养老保险制度中经济支持与服务保障的一体化构建——日本"介护保险"制度及其启示》，《中国青年政治学院学报》2008年第3期。

史博学：《"社会保险权"在我国立法中的确立与完善》，《法学论坛》2019年第4期。

宋金文：《日本护理保险改革及动向分析》，《日本学刊》2010年第4期。

苏群、彭斌霞：《我国失能老人的长期照料需求与供给分析》，《社会保障研究》2014年第5期。

孙国华、方林：《公平正义是化解社会矛盾的根本原则》，《法学杂志》2012年第3期。

孙裕增：《制度性交易成本演变与改革路径》，《浙江经济》2016年第23期。

孙正成：《需求视角下的老年长期护理保险研究——基于浙江省17个县市的调查》，《中国软科学》2013年第3期。

谭湘渝、樊国昌等：《商业保险与农村社会保障体系协同发展研究》，《保险研究》2007年第5期。

唐莹等：《人口老龄化视角下中国老年人的长期护理》，《中国老年学杂志》2014年第1期。

陶建国、谢何芳、谢奎柱：《德国的社会法院》，《天津社会保险》2011年第6期。

陶凯元：《法治中国背景下国家责任论纲》，《中国法学》2016年第6期。

田申：《我国老年人口长期护理需要与利用现状分析》，《中国公共卫生管理》2005年第1期。

田香兰：《韩国长期护理保险制度解析》，《东北亚学刊》2019年第3期。

田勇：《中国长期护理保险财政负担能力研究——兼论依托医保的长期护理保险制度的合理性》，《社会保障研究》2020年第1期。

［德］托斯顿·肯格林：《德国社会保险的自治管理》，姜景宇译，《社会保障研究》2006年第1期。

汪敏：《中国机构养老服务的民事法律风险研究——基于567份裁判文书的整理与分析》，《社会保障评论》2018年第5期。

王阁：《强制调解模式研究》，《政法论丛》2014年第6期。

王国军：《我国个税递延型养老保险试点的发展态势和制度优化》，《中国保险》2019年第8期。

王莉：《美国长期护理保险市场不完备政府行为及其交互分析》，《经济论坛》2015年第6期。

王品：《德国长期照护保险效应分析：1995—2013》，《人文及社会科学集刊》2015年第1期。

王起国：《我国商业长期护理保险的困境与出路》，《浙江金融》2017年第10期。

王未：《国际商业长期护理保险发展情况及启示》，《保险理论与实践》2018年第5期。

王文韬、尚浩：《承德市长期护理保险试点路径分析》，《中国医疗保险》2020年第2期。

王新军、郑超：《老年人健康与长期护理的实证分析》，《山东大学学报》（哲学社会科学版）2014年第3期。

王翌秋等：《税收递延型养老保险：国际比较与借鉴》，《上海金融》2016年第5期。

王颖：《保险监管模式国际比较及其借鉴》，《保险研究》2012年第12期。

王跃生：《中国城乡家庭结构变动分析——基于2010年人口普查数据》，《中国社会科学》2013年第12期。

［德］乌尔里希·贝克尔：《社会法：体系化、定位与制度化》，王艺非译，《华东政法大学学报》2019年第4期。

伍江、陈海波：《荷兰长期照护保险制度简介》，《社会保障研究》2012年第5期。

武亦文、杨勇：《保险法对价平衡原则论》，《华东政法大学学报》2018年第2期。

肖金明：《构建完善的中国特色老年法制体系》，《法学论坛》2013年第3期。

谢冰清：《我国长期护理制度中的国家责任及其实现路径》，《法商研究》2019年第5期。

谢德成：《劳动者社会保险权法律救济程序之探讨》，《河南省政法管理干部学院学报》2010年第3期。

谢荣堂等：《德国照护保险法制之研究——作为我国未来立法借镜》，《军法专刊》2009年第5期。

邢鸿飞：《行政合同性质论》，《南京大学法律评论》1996年第3期。

熊金才、曹琼：《社会养老服务信息公开的原则探析》，《政法学刊》2018 年第 5 期。

徐龙震、曹勇：《论〈行政许可法〉的便民原则》，《四川行政学院学报》2005 年第 1 期。

徐为山：《长期护理保险的开发建议》，《上海保险》2000 年第 11 期。

许敏敏：《日本、韩国长期护理保险的经验借鉴及对中国的启示》，《保险职业学院学报》2019 年第 5 期。

杨彬权：《论国家担保责任：主要内涵、理论依据及类型化》，《西部法学评论》2016 年第 4 期。

杨复卫：《社会保险争议处理机制路径选择：以去私法化为中心》，《中国劳动》2016 年第 12 期。

杨杰：《安庆市长期护理保险试点现状及对策研究》，《劳动保障世界》2019 年第 32 期。

杨菊华、何炤华：《社会转型过程中家庭的变迁与延续》，《人口研究》2014 年第 2 期。

杨菊华等：《中国长期照护保险制度的地区比较与思考》，《中国卫生政策研究》2018 年第 4 期。

杨明旭、鲁蓓等：《中国老年人失能率变化趋势及其影响因素研究——基于 2000、2006 和 2010 SSAPUR 数据的实证分析》，《人口与发展》2018 第 4 期。

叶静漪、肖京：《社会保险经办机构的法律定位》，《法学杂志》2012 年第 5 期。

叶启洲：《长期照护保险法草案简评》，《月旦法学杂志》2016 年第 9 期。

游春：《长期护理保险制度建设的国际经验及启示》，《海南金融》2010 年第 7 期。

于海纯：《国外保险消费纠纷替代性解决机制及其启示》，《大连理工大学学报》（社会科学版）2015 年第 4 期。

余淋：《经济新常态背景下中国的就业形势及政策改革分析》，《经济研究导刊》2017 年第 4 期。

喻术红、李秀凤：《迷局与反思：社会保险经办机构的主体定位》，

《时代法学》2016 年第 5 期。

原新:《独生子女家庭的养老支持——从人口学视角的分析》,《人口研究》2004 年第 5 期。

原彰等:《日本介护保险对我国长期护理保险的启示》,《卫生软科学》2019 年第 10 期。

曾光霞:《中国人口老龄化新特点及影响》,《重庆大学学报》(社会科学版)2014 年第 2 期。

曾念华、李红:《美国人口老龄化及相关福利政策》,《人口与经济》1991 年第 3 期。

詹军:《韩国老年人长期护理保险制度述要——兼谈对中国建立养老服务新体系的启示》,《北华大学学报》(社会科学版)2016 年第 2 期。

詹镇荣:《论民营化类型中之"公私协力"》,《月旦法学杂志》2003 年第 10 期。

张杰等:《竞争如何影响创新:中国情景的新检验》,《中国工业经济》2014 年第 11 期。

张勘、董伟:《上海城市社区失能老年人长期照料的现状和政策建议》,《中国卫生政策研究》2009 年第 9 期。

张琳:《我国长期护理保险的供需现状研究》,《卫生经济研究》2017 年第 6 期。

张荣芳:《论我国社会保险人的法律地位》,载肖永平主编《珞珈法学论坛》第 13 卷,武汉大学出版社 2014 年版。

张瑞:《中国长期护理保险的模式选择与制度设计》,《中州学刊》2012 年第 6 期。

张深深:《长期照护保险如"荷"构筑——概说荷兰长护保险制度》,《天津社会保险》2018 年第 4 期。

张淑卿、许铭能、吴肖琪:《台湾长期照护机构品质确保机制发展之趋势》,《长期照护杂志》2010 年第 2 期。

张腾:《日本介护保险制度及其效用与特点分析》,《西北人口》2010 年第 6 期。

张炜:《基于制度经济学视角的"营改增"改革成本分析》,《税务研究》2014 年第 1 期。

张贤明:《以完善和发展制度推进国家治理体系和治理能力现代化》,

《政治学研究》2014 年第 2 期。

张小靓：《日本"介护保险"养老制度对中国养老政策的启示》，《齐齐哈尔大学学报》（哲学社会科学版）2016 年第 3 期。

张毅：《社保基金管理机构违规的博弈论解读》，《中国劳动》2016 年第 6 期。

张颖：《指向个人自由："公共利益"的原理辨析》，《西北工业大学学报》（社会科学版）2011 年第 2 期。

赵斌、陈曼莉：《社会长期护理保险制度：国际经验与中国模式》，《四川理工学院学报》（社会科学版）2017 年第 5 期。

赵娜：《风险认知对长期护理保险购买意愿影响分析》，《保险研究》2015 年第 10 期。

赵晓芳：《健康老龄化背景下"医养结合"养老服务模式研究》，《兰州学刊》2014 年第 9 期。

赵艳：《我国实施老年人长期护理保险制度探析》，《经济纵横》2014 年第 8 期。

郑功成：《论社会保险财政问题及其政策取向》，《中国社会保险》1997 年第 4 期。

郑尚元：《长期照护保险立法探析》，《法学评论》2018 年第 1 期。

郑尚元：《社会保险之认知——与商业保险之比较》，《法学杂志》2015 年第 11 期。

郑尚元：《依法治国背景下社会保险法制之建构》，《武汉大学学报》（哲学社会科学版）2017 年第 4 期。

郑贤君、李样举：《作为宪法权利的物质帮助权辨析》，《长白学刊》2009 年第 3 期。

钟秉正：《德国长期照护法制之经验》，《长期照护杂志》2006 年第 2 期。

仲利娟：《德国长期护理保险制度的去商品化及其启示》，《河南社会科学》2018 年第 7 期。

周福林：《我国家庭结构变迁的社会影响与政策建议》，《中州学刊》2014 年第 9 期。

周世珍：《日本介护保障法制及其基本理念之发展》，《明新学报》2007 年第 2 期。

周怡君等：《德国照护保险中的国家监督管理》，《台大社会工作学刊》2014年第29期。

朱大伟、保荣：《基于蒙特卡洛模拟的我国老年人长期照护需求测算》，《山东大学学报》（医学版）2019第8期。

朱俊生：《完善税收递延型养老保险发展的政策环境》，《中国保险》2019年第8期。

庄秀美：《高龄社会的老人长期照护对策：以日本的公共介护保险法为例》，《东吴社会工作学报》2006年第6期。

自赵曼、韩丽：《长期护理保险制度的选择：一个研究综述》，《中国人口科学》2015年第1期。

总报告起草组（李志宏等）：《国家应对人口老龄化战略研究总报告》，《老龄科学研究》2015年第3期。

[日] 佐藤孝弘、高桥孝治：《日本护理保险法修改及其存在的问题》，《社会保障研究》2015年第4期。

三 硕博士论文

李秀凤：《社会保险人研究》，博士学位论文，武汉大学，2016年。

陆敏清：《国家担保责任于长期照护之体现》，博士学位论文，台北大学，2010年。

潘兴：《我国商业健康保险风险管理研究——基于产品和健康管理的视角》，博士学位论文，对外经济贸易大学，2014年。

袁中美：《中国养老基金投资基础设施的可行性的理论与实证分析》，博士学位论文，西南财经大学，2011年。

卓俊吉：《德国长期照护保险法制之研究》，硕士学位论文，台湾政治大学，2004年。

四 外文文献

Alan M. Garber, "To Comfort Always: The Prospects of Expanded Social Responsibility for Long-Term Care, Individual and Social Responsibility", 134 *Victor R. Fuchs* 143 (1996).

American Taxpayer Relief Act of 2012, Pub. L. No. 112-240 § 642, 126 Stat. 2313, 2358.

Brown, J. & A. Finkelstein, "Insuring Long Term Care in the US", I 11 *NBER Working Paper* 1 (2011). An online appendix is available at: http://www.nber.org/data-appendix/w17451.

Brown, J. & A. Finkelstein, "Why Is the Market for Long Term Careinsurance so Small", 91 *Public Economics* 1967 (2007).

Brown, J. R., and A. Finkelstein, "The Interaction of Public and Private Insurance: Medicaid and the Long-term Care Insurance Market", 98 *American Economic Review* 1083 (2008).

Chiappori P. & Salanie, "Testing for Asymmetric Information in Insurance Markets", 38 *Political Economy* 56 (2000).

Community Living Assistance Services and Supports Act, Pub. L. No. 111-148, 124 Stat. 148 (2010).

Gene Coffey, "Gerald McIntyre & Anna Rich, Medicare, Medicaid and SSI", *GPSolo*, July-August (2008).

Grega Strban, "Distinctive Long-term Care Schemes as a Response to Changed Family Structures and Demographic situation", 67 *Original Scientific Article* 259 (2012).

Ingo Bode, "Management-oder Systemversagen? Qualitätsdifferenzen und Governance - konstellationen im deutschen Pflegeheimsektor", *ZSR* 56 (2010).

Jalayne J. Arias, "The Last Hope: How Starting over Could Save Private Long-Term Care Insurance", 29 *Health Matrix: Journal of Law-Medicine* 127 (2019).

Joshua M. Wiener, Jane Tilly & Susan M. Goldenson, "Federal and State Initiatives to Jump Start the Market for Private Long-term Care Insurance", 8 *Elder Law Journal* 57 (2000).

Judy Feder, "The Challenge of Financing Long-term Care", 8 *Saint Louis University Journal of Health Law & Policy* 47 (2014).

Kali S. Thomas & Robert Applebaum, "Long- term Services and Supports (LTSS): A Growing Challenge for an Aging America", 25 *Gerontological Soc. of America* 56 (2015).

Karin C. Ottens, "Using Tax Incentives to Solve the Long-term Care Crisis: Ineffective and Inefficient", 22 *Tax Review* 742 (2003).

Kenneth S. Abraham, "Four Conceptions of Insurance", 161 *University of Pennsylvania Law Review* 653 (2013).

Kenneth S. Abraham, *Insurance Law and Regulation*, Foundation Press, 2010.

Lawrence. A. Frolik, "Paying for Long-term Care", 17 *Experience* 35 (2006).

Mash Gold, "How to Provide and Pay for Long-term Care of an Aging Population is an International Concern", 2 *Israel Journal of Health Policy Research* 1, (2013).

Melissa M. Favreault, "Financing Long-term Services and Supports: Option Reflect Trade-offs for Older Americans and Federal Spending", 34 *Health Affairs* 2181 (2015).

Organization for Economic Co-operation and Development, "Ensuring Quality Long-term Care for Older People", *Policy Brief*, (2005).

Organization for Economic Co-operation and Development, Insurance and Private Pensions Compendium for Emerging Economies, Book 1, part1: 7) b (2001).

Peter Kyle, "Confronting the Elder Care Crisis: The Private Long-term Care Insurance Market and the Utility of Hybrid Products", 15 *Marquette Elder's Advisor* 101 (2013).

Prince Waterhouse Coopers, *International Comparison of Insurance Taxation*, 2011.

Robert R. Pohls, "Long Term Care Insurance", 32 *Brief* 28 (2002).

Schlenker R. E., Powell M. & C Goodrich G. K., "Initial Home Health Outcomes under Prospective Payment", 38 *Health Services Research* 177 (2005).

Sloan, F. & E. Norton, "Adverse Selection, Bequests, Crowding out and Private Demand for Insurance: Evidence from the LTC Market", 15 *Risk and Uncertainty* 201 (1997).

Taxpayer Relief Act, P. Law No. 112-240, § 642, 126 Stat. 2313 (2012).

The Patient Protection and Affordable Care Act, Pub. L. 111-148, 124 Stat. 119 (2010).

Thomas D. Begley, Jr. & Jo-Anne Herina Jeffreys, "Assuring Quality Long-term Care in America", 2 *Elder's Advisor* 1 (2001).

Timothy C. Pfeiffer, "The Long-term Care Dilemma: An Insurance Strategy", 13 *Experience* 10 (2003).

WesHentges, "Long-term Care Insurance—Who, What, When, Where and Why", 23 *Experience* 26 (2013).

Williams, Brendan, "Failure to Thrive: Long-term Care's Tenuous Long-term Future", 43 *Seton Hall Legislative Journal* 285 (2019).

Xenia Scheil-Adlung, *Long-term Care Protection for Older Persons—A Review of Coverage Deficits in 46 Countries*, International Labour Office (2015).

Yee D. L., "Long-term Care Policy and Financing as a Public or Private Matter in the United States", 13 *Aging Social Policy* 35 (2001).

后 记

习近平总书记指出，社会保障是保障和改善民生、维护社会公平、增进人民福祉的基本制度保障，是促进经济社会发展、实现广大人民群众共享改革发展成果的重要制度安排，是治国安邦的大问题。21世纪的中国是一个不可逆转的老龄社会。第七次全国人口普查数据显示，我国老龄化程度进一步加深，并将逐步迈入中度老龄化社会。老龄化伴随着严重的空巢化、高龄化以及老龄失能者激增的问题。人口出生率下降、老年人口抚养比上升等现象对传统家庭保障带来冲击，失能老人的长期护理需求与服务供给之间，存在巨大的制度性缺口。如何让更多的失能老人拨开沉重的阴霾，在生命的暮霭中寻找到幸福的曙光，成为我国健全多层次社会保障体系，实施积极应对人口老龄化国家战略的探索方向。

2016年6月27日，人社部印发《关于开展长期护理保险制度试点的指导意见》，以"十三五"期间基本形成与我国国情相适应的长期护理保险制度政策框架为目标，正式开展长期护理保险政策试点。其后，不仅首批全国试点城市和两个重点联系省份陆续出台实施文件并启动试点，其他城市也在陆续跟进中。2019年，李克强总理在政府工作报告中指出："扩大长期护理保险制度试点，让老年人拥有幸福的晚年"，长期护理保险按下扩大试点启动键。2020年9月16日，国家医保局、财政部印发《关于扩大长期护理保险制度试点的指导意见》，力争在"十四五"期间，基本形成适应我国经济发展水平和老龄化发展趋势的长期护理保险制度政策框架，推动建立健全满足群众多元需求的多层次长期护理保障制度。

试点城市六年来的探索，为长期护理保险制度的建立积累了丰富的经验。在参保对象和保障范围方面，试点阶段从职工基本医疗保险参保人群起步，重点解决重度失能人员基本护理保障需求，优先保障符合条件的失能老年人、重度残疾人。在资金筹集方面，基本遵循互助共济、责任共担的原则，建立多元渠道筹资机制。筹资普遍以医保基金划转为主，个别地方实行单位和个人缴费按比例分担。有条件的地方还通过财政、福利彩票等其他筹资渠道，对特殊困难退休职工缴费给予适当资助。在待遇给付方面，采取现金给付和实物给付相结合的方式，根据护理等级、服务提供方式等不同实行差别化待遇保障政策，鼓励使用居家和社区护理服务。在服务管理方面，完善对护理服务机构和从业人员的协议管理和监督稽核等制度。引入和完善第三方监管机制，加强对经办服务、护理服务等行为的监管。在经办管理方面，鼓励引入商业保险公司等社会力量参与长期护理保险经办服务。加快长期护理保险系统平台建设，逐步实现与协议护理服务机构以及其他行业领域信息平台的信息共享和互联互通。据国家医保局披露，2021年长期护理保险国家试点城市增至49个、参保超过1.4亿人，累计160万失能群众获益，年人均减负超过1.5万元，这显示长期护理保险的制度功能和社会效用正在逐步发挥，失能老人的权益保障得到进一步加强。

但是，目前长期护理保险的试点具有强烈的行政治理倾向，法律定位不清晰、主导机构不适宜、筹资机制不合理等现象依然突出，有待于尽快从政策促进迈向法治规范。长期护理保险制度是构建多层次长期护理保障制度、积极有效应对老龄化挑战、保障失能人员长期护理需求的重大举措，然而长期护理保险的立法并非朝夕之功，不断增强实体规范内容相比推进程序立法更为迫切。扩大试点阶段，要坚持以人民为中心的发展思想，逐步扩大参保对象范围，调整保障范围，将全体国民纳入保险保障范围。要坚持风险共担的风险分散原则，建立多元化筹资机制，实现国家责任从兜底责任向担保责任转变。要坚持正确处理政府和市场关系，在基本长期护理服务供给方面政府要有所作为，在非基本长期护理服务供给方面要激发市场活力。基金管理要参照现行社会保险基金有关制度，实行基金单独建账和单独核算。建立健全基金监管机制，创新基金监管手段，完善举报投诉、信息披露、内部控制、欺诈防范等风险管理制度。

"老有所终、壮有所用、幼有所长、鳏寡孤独废疾者皆有所养"，中国古代圣贤孜孜以求的大同梦想，必将随着中华民族的伟大复兴而落地生根、开花结果。不断把群众的期盼点变成推进老年保障事业的着力点，长其护理保险制度的构建就能不断取得新突破、带来新亮点，就能更好守护群众的生命健康。本书以我国长期护理保险制度的开展历程为主线,在深入分析我国建立长期护理保险制度的必要性和可行性基础上,就长期护理保险的实施模式、法律关系、收支运行、纠纷化解以及监督管理等方面进行深入考察和分析,提出了构建长期护理保险制度的中国进路。全书由武亦文负责整体构思、修订和统稿。具体章节分工如下:武亦文,第一章第一、二节,第二章第四节、第三章第四节;汪状元,第一章第三节,第二章第一、二、三节,第六章第三节;彭玺,第三章第一节,第四章第二节,第五章第一、二、三、四节;赵亚宁,第三章第二、三节,第四章第一、三节,第六章第一、二节。感谢泰康保险集团对本项研究的鼎力支持。在本书的筹备阶段,泰康保险集团慷慨邀约武汉大学大健康法制研究中心成员赴集团总部以及旗下养老社区、康复医院和纪念园等地参观调研,泰康集团积极参与长期护理保险试点经办,发挥自身专业优势,提出"人工智能+物联网赋能长期护理保险智慧经办"方案,为本书的观察和写作提供了创新的思路启发与生动的实践案例。

长期护理保险仍处于扩大试点的探索阶段,制度的规范内容和运行机制还处于不断发展和完善中。因此,本书的写作必然有不全面、不深入的地方。真诚期待理论界、实务界人士以及广大读者朋友的批评与建议,这对于本书的理论完善与作者的进一步研究大有裨益。